广东省社会工作专业人才重点实训基地教材
国家社科基金“留守儿童反社会行为预防机制研究”（20BSH132）及教育部高等教育司产学合作育人“‘互联网+’社工实践管理云平台建设”（202102458043）阶段性成果

社会工作案例精编

（四）

来自粤穗的服务经验

谢建社　谢宇◎编著

中国社会出版社
国家一级出版社 · 全国百佳图书出版单位

图书在版编目（CIP）数据

社会工作案例精编．四，来自粤穗的服务经验 / 谢建社，谢宇编著．-- 北京 ：中国社会出版社，2022.4
ISBN 978-7-5087-6730-7

Ⅰ.①社… Ⅱ.①谢… ②谢… Ⅲ.①社会工作－案例－汇编－中国 Ⅳ.①D632

中国版本图书馆 CIP 数据核字（2022）第 038638 号

出 版 人：浦善新
终 审 人：王　前
责任编辑：刘云燕
策划编辑：刘云燕
责任校对：杜　康
封面设计：李　尘

出版发行：中国社会出版社
邮政编码：100032
网　　址：shcbs.mca.gov.cn
地　　址：北京市西城区二龙路甲 33 号
编 辑 部：（010）58124846
发 行 部：（010）58124864，58124845
经　　销：新华书店

印刷装订：北京虎彩文化传播有限公司
印　　张：16.75
版　　次：2022 年 4 月第 1 版
定　　价：68.00 元
开　　本：170 mm×240 mm　1/16
字　　数：280 千字
印　　次：2022 年 4 月第 1 次印刷

中国社会出版社微信公众号

中国社会出版社天猫旗舰店

序

当代中国社会工作研究热点及其趋向

谢建社　朱小练

改革开放以来，国内学者一直致力于中国社会工作的本土化研究，并取得了丰硕的成果。为了促进社会工作研究的持续发展，我们通过 Citespace 软件对 CNKI 期刊全文数据库中的核心期刊和 CSSCI 来源期刊收录的 2373 篇论文进行计量分析，并绘制出社会工作研究的知识图谱，结果显示，国内该领域的研究不同时期呈现出不同的特征，从早期的介绍性论文到之后聚焦社会工作实务、社会工作人才队伍建设，再到关注社会治理的创新。由关键词聚类以及时区分布图谱可知，社会工作研究的热点集中在社会工作的重要方法、实务、重要任务以及服务平台上。由关键词凸显词的突变强度图谱可知，社会工作研究的前沿以及未来发展趋势为：首先是巩固理论基础，促进社会工作的跨学科和跨地区研究；其次是挖掘内源资源，促进社会工作本土化；再次是创新社会治理，建立多元主体交互联动机制；最后是加强人才队伍建设，提高社会工作的专业化和职业化水平等。

一、当代中国社会工作问题研究

社会工作以利他价值为基础，以科学知识为手段，运用科学的专业方法帮助有需要的人。它是一项专业活动，解决服务对象生活困境，帮助个人及其社会环境更好地适应彼此。20 世纪 80 年代中期，国家教委决定在部分高校开设社会工作专业，极大地促进了中国社会工作的本土化和专业化发展。社会工作具有极强的实践性，以相关服务平台为基点，开展基层服务，进而推动高校和一些研究机构进行理论与实践层面上的探索。沈东在《社会工作研究综述》一文中指出，中国的学术界关注社会工作和社区建设、社会工作实践研究、社会工作理论讨论和社会工作本土化等主题，并就社会工作未来发展的前景进行三个方面的预测：社会工作的跨学科研究、加强社会工作理论的建设以及促进社会工作的本土化。王金水和李瑶在《中国社会工作学术研究的回顾与展望——基于2007—2016年CSSCI论文的内容分析》一文中系统地回顾近10多年来中国社会工作学术研究状况时指出，中国社会工作研究成果数量保持稳定，但存在一定的出版困境；在研究主题上，形成了基于实践研究的成果，但存在缺乏理论导向和重点领域等问题。结合社会工作研究的方法与理论对学术规范性问题、社会工作的研究问题以及具体研究领域进行讨论和展望，作者认为应规范研究方法、强化理论导向、立足中国实践提出研究问题以及积极开展评估研究、循证社会工作研究和反贫困研究等。冯守林在《社会工作专业化与职业化的研究综述及展望》一文中基于社会工作专业化与职业化的发展，指出社会转型导致了对社会工作的需求，但由于社会工作理论的研究深度与广度问题，导致社会工作教学的模仿、地方经验的制约，使得社会工作理论十分脆弱。因此，有必要加强社会工作的学科建设和理论研究，以促进社会工作专业化和职业化的健康发展。

由此可见，梳理社会工作理论研究成果，对于探讨新时代中国社会工作理论以及社会工作专业人才培养，具有重要的现实意义。本书运用Citespace软件对2008—2018年CNKI期刊全文数据库中的核心期刊和CSSCI来源期刊收录的2373篇论文样本进行可视化分析，揭示了中国社会工作研究与发展轨迹，并预测其发展趋向，为中国社会工作理论与实践研究提供了参考。

二、中国社会工作研究热点及其分析

本研究团队以中国知识基础设施工程（China National Knowledge Infrastructure）数据库（CNKI）为数据来源，在数据库中，以“社会工作”为主题进行高级准确的搜索，搜索期间截止2018年12月31日。来源类别为“中文核心”与“CSSCI”。经过筛选和比较，删除了会议通知、重复文件等，选择了2373份有效论文。2373个搜索结果以Refworks格式导出，并重命名为Citespace可用的download-×××.txt格式。时间分区（time slicing）为2008—2018年，每一年一个分区；节点类型（node types）分别选择作者（author）、机构（institution）、关键词（keyword）。现有数据可视化四次，以获得作者、组织和关键字的可视化地图。

（一）中国社会工作论文发表的年际变化

本研究采用德雷塞尔大学中国学者陈超美开发的基于Java语言的信息可视化-Citespace软件。该软件专注于分析科学分析中包含的基础知识，并通过科学计量手段，在数据和信息可视化的背景下开发出引文可视化分析软件。因为它是一种可视化结构，展现规律和科学知识分布，因此，通过这些方法分析的视觉图也称为“地图知识域”，即有图和谱的双重特性。该软件最初设计用于分析文献的共同引用并挖掘引文空间的知识聚类和分布。它还提供其他知识单位（如作者、国家和机构）之间的共现分析功能。通过可视化知识谱图的绘制可以让社会工作研究更加清晰准确，并得出其研究热点、前沿趋势等。通过对知识地图的解释，我们可以更好地探索该领域的知识结构及其演化的动力机制，探索知识发展前沿和知识界限，掌握该领域的热点话题和发展规律。

资料显示，2008—2018 年，我国学者关于社会工作研究的论文数量整体趋于平稳，平均每年发文量在 200 篇以上，2008—2009 年呈上升趋势，2013 年以后出现了小幅波动，如图 1 所示。

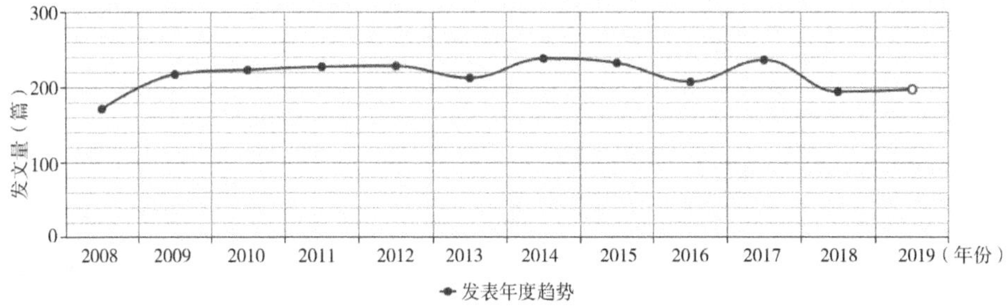

图 1　2008—2018 年中国社会工作研究论文的年际变化

2008—2009 年，社会工作研究处于理论建设和专业人才建设阶段。中文核心期刊和 CSSCI 来源期刊论文总量为 388 篇，主要集中于社会工作专业化和职业化、社区服务、社会工作本土化和社会工作人才队伍建设等议题上。这一阶段，学术界积极构建社会工作研究的理论基础，并着重于社会工作专业人才的培养和队伍建设，推动社会工作职业化和专业化发展；学界积极引进国外先进理论，并呼吁中国的社会工作研究本土化，既打造属于自身的学术话语体系，也推进国外先进理论的中国化。这一阶段比较有代表性的论文有李迎生的《构建本土化的社会工作理论及其路径》、唐咏的《中国内地社会工作理论本土化研究》。

2010—2013 年，社会工作研究进一步深化。中文核心期刊和 CSSCI 来源期刊论文总量为 890 篇，主要集中于社会组织、社会建设、医务社会工作、司法社会工作、社会管理创新和民族社会工作等议题上。社会工作以专业科学的方法深入社会组织，促进和谐社会建设，积极参与社会管理创新，实现社会治理多元化发展。民族社会工作、医务社会工作和司法社会工作是社会工作专业服务的基础领域，对于特定的服务需求使用独特的工作方法。代表性的文献有徐延辉和兰林火的《社会建设研究：回顾与展望》、王思斌和赛牙热·依马木的《多民族地区发展社会工作的族群视角》。

2014—2018 年，社会治理创新的社会工作研究进入了一个新的阶段。中国核心期刊和 CSSCI 来源期刊总数为 1109 篇。党的十八大以来，习近平总书记关于新时代社会治理系列重要讲话，为广大学者提供了新内容、新思路和新战略研究方向。中国经济增长速度放缓，产业结构调整，经济高质量发展受到更多关注；针对当前社会结构的新变化，全面深化改革的新要求，以及人民群众需求新特点和新变化，社会工作研究也发生了较大的转变，致力于积极介入社会治理，推动小康中国建设发挥重要作用。代表性文献是李迎生和袁小平的《经济新常态时期的社会工作发展：需求、挑战与应对》、江必新和李沫的《论社会治理创新》等。

（二）高产专家与学术研究机构分析

我们将相关数据导入 Citespace 并将作者设置为 Node 类型，以获得社会工作研究中高产专家分布的可视化图（见图 2），可以发现，在社会工作研究主题中，按照专家发文量进行排序，排名前 24 的专家分别是：徐选国（22 篇）、张昱（19 篇）、刘斌智（15 篇）、何雪松（15 篇）、王思斌（14 篇）、彭华民（14 篇）、文军（12 篇）、周勇（12 篇）、姚进忠（12 篇）、徐永祥（10 篇）、冯元（9 篇）、马福云（7 篇）、彭善民（7 篇）、杨慧（7 篇）、童敏（7 篇）、刘继同（7 篇）、方舒（7 篇）、熊贵彬（6 篇）、刘玉兰（6 篇）、王瑞华（6 篇）、袁光亮（6 篇）、陈伟东（6 篇）、李迎生（6 篇）、张丽芬（5 篇）。专家们从宏观到微观角度研究社会工作，解读和探讨社会工作的功能、发展方向、专业化和职业化、本土化、系统建设和社会工作的实践探索，他们为中国社会工作理论研究作出了重要贡献。

我们再将相关数据导入 Citespace 中，并将 institution 设置为节点类型（node types），从而得到社会工作学术研究机构分布情况的可视化图谱（见图 3）。由图 3 可知，在社会工作研究领域中，按照学术机构发文量进行排序，排在前 20 的学术机构分别是：华东理工大学社会与公共管理学院（57 篇）、

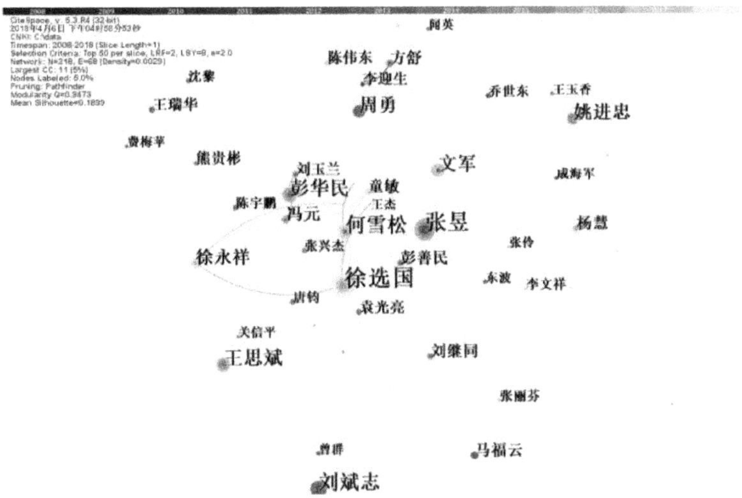

图 2　2008—2018 年国内社会工作核心研究作者分布情况

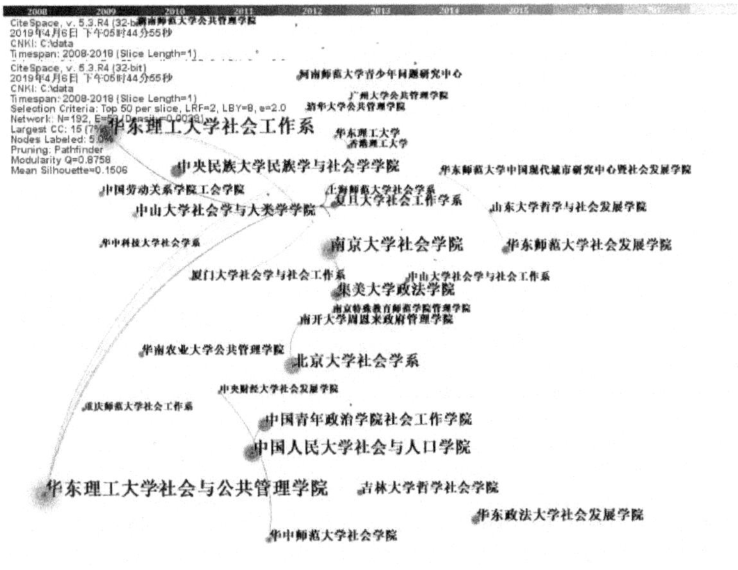

图 3　2008—2018 年我国社会工作研究的学术机构呈现情况

华东理工大学社会工作系（55 篇）、南京大学社会学院（39 篇）、中国人民大学社会与人口学院（34 篇）、北京大学社会学系（31 篇）、中央民族大学民族学与社会学学院（23 篇）、中国青年政治学院社会工作学院（22 篇）、集美大学政法学院（20 篇）、中山大学社会学与人类学学院（17 篇）、吉林大学哲学社会学院（16 篇）、华东政法大学社会发展学院（16 篇）、华东师范大学社会发展学院（15 篇）、复旦大学社会工作学系（14 篇）、华中师范大学社会学院（12 篇）、华南农业大学公共管理学院（10 篇）、中国劳动关系学院工会学院（9 篇）、山东大学哲学与社会发展学院（9 篇）、南开大学周恩来政府管理学院（9 篇）、厦门大学社会学与社会工作系（9 篇）、中山大学社会学与社会工作系（8 篇）。这些机构目前是社会工作研究领域较为权威的机构，它们引领社会工作理论和实践研究的发展。总体而言，高产专家与学术机构存在较强的相关关系。

需要强调的是，在 Citespace 知识地图中，节点越大，学者或学术机构发送的节点数越多，节点中的颜色从冷色到暖色表示时间从远到近；节点之间的联系意味着学者或学术机构之间的共现与合作。但从图 2 和图 3 可以看出，学者与学术机构之间的联系还有较大空间，说明我国社会工作学界有待进一步建立和完善跨学科、跨区域的研究机制，从而推动社会工作研究的深化。

（三）高被引文献与学术影响分析

为了进一步分析我国社会工作研究状况，有必要看看高被引文献情况。高被引文献是通行的用以衡量作者或学术机构研究成果水平的重要评价指标。一个作者被引用的论文数量越多，该作者的研究成果反响越大，甚至在该学科建设中处于引领地位。通过对高被引用论文的分析，可以有效揭示高校科研能力及其科研成果的学术认可程度，以及全面了解国内社会工作研究的发展和分布状况。

我们以过去 10 年相关研究成果为样本，从 CNKI 网络中筛选出社会工作研究成果高被引的前20 篇（见表1），主题主要涉及社会工作的理论基础、发展方向、面临的挑战、专业人才队伍建设等。

大多数早期的社会工作研究论文都是介绍性论文，侧重于社会工作的发展、理论参考、社会组织与社会工作的互动、社会工作专业化的发展。王思斌在《中国社会工作的嵌入性发展》中回顾了中国社会工作的发展过程，并介绍和界定了嵌入的概念和特征，指出嵌入性的视角可以更好地解释改革开放中社会工作在制度创新、动力机制与构建和谐社会的作用。赵立波介绍了上海、深圳、青岛等地政府在“完善政府购买服务机制，促进民间组织发展”中购买民间社会服务的基本情况，并得出具有建设性的经验和启示，例如政策制定与实施应根据区域经济发展的需求性差异，政府购买服务应有利于基层社会治理多元主体的参与，只有充分发挥中央和地方的积极性才能更好地完善政府购买民间服务的机制。李迎生在《我国社会工作职业化的推进策略》中指出，社会工作专业化有利于和谐社会的建设，促进社会公平，解决民生问题，维护社会稳定，防止社会问题，并且认为促进社会工作专业发展的时代背景是：社会建设的需要、中央和地方政府的推动和支持、国外与我国港台地区的先进经验等；制约条件包括：社会认同度低、服务组织发展薄弱、岗位和制度设置模糊等。因此需要提高社会工作专业的认同度，明确岗位和制度的设置和建立健全服务组织发展体系等。

此后，社会工作研究注重其基本领域的挖掘，例如农村社会工作、民族社会工作、司法社会工作等。张和清等在《优势视角下的农村社会工作——以能力建设和资产建立为核心的农村社会工作实践模式》中梳理了西方社会工作研究的文献，指出西方有关农村社会工作方面的研究文献较为缺乏，认为西方社会工作具有以下三个特点：服务为本、教育为本和组织为本，并提出能力建设和资产建设是中国社会工作介入农村的新范式，这一范式超越了以往的“问题为本”的扶贫模式。王思斌在《民族社会工作：发展与文化的视角》中回顾了民族社会工作的发展进程和研究成果，认为民族社会工作与民族地区工作具有较大的差异，阐释了民族社会工作的多元视角、发展视角和文化视角的内涵，并提出民族社会工作应与经济建设、文化建设和社会建设相协调配合，以及培养一批专业的社会工作者对解决少数民族地区的民生问题的重要性。

社会工作研究者开始关注社会治理问题，紧紧围绕保障和改善民生、促进社会公平正义、深化社会体制改革以及收入分配制度和基本公共服务均等化等内容进行深入探讨。学术界积极地为社会治理谋篇布局，运用社会工作的理论、方法和技术介入社会治理，推动社会治理社会化、专业化、智能化和法治化。郁建兴和任泽涛在《当代中国社会建设中的协同治理——一个分析框架》中指出，社会治理创新有利于和谐社会的构建、社会发展活力的激发以及国家治理体系和治理能力现代化的基层实践。江必新、李沫在《论社会治理创新》中认为，当前中国社会建设中政府需要发挥主导作用，构建多元化主体协同治理的制度化平台，推进社会组织的培育和发展，形成共建共治共享的社会治理新格局，最终有效地促进政府和社会之间的良性运行和协调发展。

表1　2008—2018年国内社会工作研究领域排名前20的高被引文献

排名	作者	标题	被引频次	发表时间	来源期刊
1	王思斌	中国社会工作的嵌入性发展	470	2011/02	社会科学战线
2	王思斌、阮曾媛琪	和谐社会建设背景下中国社会工作的发展	325	2009/09	中国社会科学
3	朱健刚、陈安娜	嵌入中的专业社会工作与街区权力关系——对一个政府购买服务项目的个案分析	217	2013/01	社会学研究
4	张和清、杨锡聪、古学斌	优势视角下的农村社会工作——以能力建设和资产建立为核心的农村社会工作实践模式	217	2008/11	社会学研究
5	郁建兴、任泽涛	当代中国社会建设中的协同治理——一个分析框架	200	2012/08	学术月刊
6	江必新、李沫	论社会治理创新	189	2014/01	新疆师范大学学报
7	叶南客、陈金城	我国“三社联动”的模式与策略研究	172	2010/12	南京社会科学
8	陈洪涛、王名	社会组织在建设城市社区服务体系中的作用——基于居民参与型社区社会组织的视角	160	2009/01	行政论坛
9	彭善民	上海社会工作机构的生成轨迹与发展困境	156	2010/02	社会科学
10	李迎生	我国社会工作职业化的推进策略	151	2008/09	社会科学研究
11	赵立波	完善政府购买机制、推进民间组织发展	141	2009/03	行政论坛
12	文军	当代中国社会工作发展面临的十大挑战	140	2009/07	社会科学
13	王思斌	民族社会工作：发展与文化的视角	134	2012/07	民族研究
14	王思斌	走向承认：中国专业社会工作的发展方向	132	2013/11	河北学刊
15	安秋玲	社会工作者职业认同的影响因素	131	2010/04	华东理工大学学报
16	陈雅丽	城市社区服务供给体系及问题解析——以福利多元理论为视角	125	2010/02	理论导刊
17	刘玉兰	西方抗逆力理论：转型、演进、争辩和发展	123	2011/11	国外社会科学

续表

排名	作者	标题	被引频次	发表时间	来源期刊
18	李迎生、韩文瑞、黄建忠	中国社会工作教育的发展	122	2011/05	社会科学
19	许爱花	社会工作视域下的机构养老服务	120	2010/02	江淮论坛
20	李迎生	对中国城市社区服务发展方向的思考	117	2009/01	河北学刊

三、我国近十年社会工作研究的热点分析

我们通过近十年社会工作研究热词的共现分析，可以看出不同时期的研究热点。我们将 Citespace 软件中的参数的时间跨度设置为 2008—2018 年，time slice 设为 1，node type 设为 keyword，topN = 50，过滤掉每个时间片中排名为 50 后的热词，且在生成的图谱中显示前 50 个热词，进而简化图谱的清晰度，得到节点数为 461 的热词分析图，连线数为 621，密度为 0.0059。在分析过程中，本书进行了一些数据清洗，删除了与主题相关的泛义词，例如创新、发展、意义、启示等词，合并社会工作者和社工，结果可见图 4、图 5。

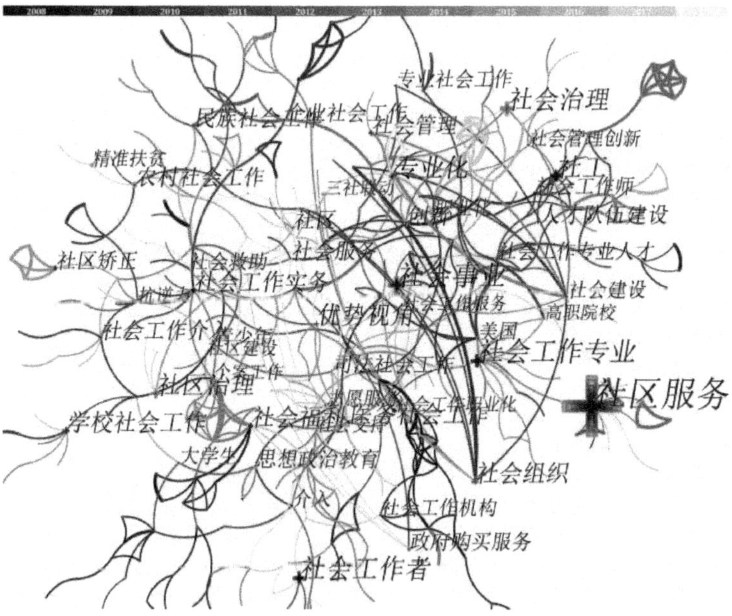

图 4　2008—2018 年国内社会工作研究热词共现图谱

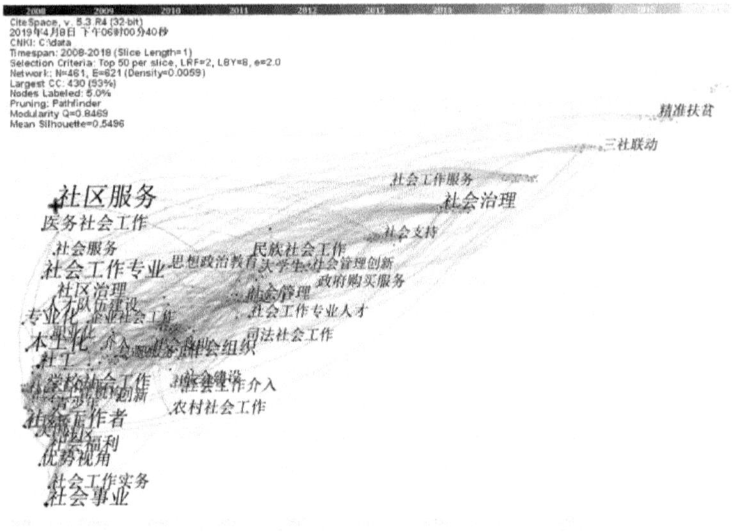

图 5　2008—2018 年社会工作研究热词时间分布图

在图 5 中，节点中心表示相应的关键字，节点年轮表示文档的体积随时间的分布。年轮的颜色代表相应的时间，例如较早时间的深色和最近时间的浅色。年轮的厚度与相应时间的出版物的数量成比例，因此节点的直径越大，文件的数量越多。节点大小的排序是：社区服务、本土化、社会事业、社会工作者、社会工作专业、发展社会工作、专业化、社区治理、优势视角、学校社会工作、医务社会工作、社会组织、社会福利、社会工作实务、社会管理等。词频通常是指可用于显示论文的主要思想和核心内容的关键词或主题词的出现次数。其在论文中出现的次数可以用来显示特定研究领域的热点和前沿。Citespace 软件可以通过绘制知识地图来计算论文中关键词的出现次数，并且可以获得高频关键词（见表 2）。

通过对图 4 和图 5 国内社会工作研究关键词图谱以及表 2 国内社会工作高频关键词和词频统计表的结合分析可知社会工作研究不同时期的热点，以及研究热点所呈现的规律。

表 2　2008—2018 年国内社会工作研究高频关键词和词频统计表

序号	频数（次）	关键词	序号	频数（次）	关键词
1	191	社区服务	16	23	人才队伍建设
2	62	本土化	17	23	农村社会工作

续表

序号	频数（次）	关键词	序号	频数（次）	关键词
3	59	社会事业	18	22	社会服务
4	57	社会工作者	19	21	民族社会工作
5	56	社会工作专业	20	20	思想政治教育
6	46	发展社会工作	21	19	企业社会工作
7	41	专业化	22	19	政府购买服务
8	36	社区治理	23	19	社区矫正
9	34	优势视角	24	18	司法社会工作
10	33	学校社会工作	25	17	职业化
11	33	医务社会工作	26	17	发达国家社会工作
12	31	社会组织	27	16	社会救助
13	30	社会福利	28	16	青少年
14	27	社会工作实务	29	16	社会工作机构
15	23	社会管理	30	15	社会建设

（一）研究社会现实中的社区服务和社区治理问题

从词频分析的角度来看，社区服务、发展社会工作、社区治理、社会管理、社区矫正和社会建设的词频是：191、46、36、23、19、15。社区是居住在某一地域里的人们结成多种社会关系所构成的生活共同体，它将人们与共同的价值观和共同目标相结合；社区服务是一项专业的服务活动，为社区居民解决一系列社区问题，促进社区建设，为治理和发展提供专业和科学的方法，这是当今具有实践意义的热点议题。参与社区建设和发展的社会工作是促进和谐社会的重要环节。社区服务有效解决社区问题，提高社区居民的集体意识，积极参与社区建设，以确保居民有更多的参与意识。治理不同于以往纵向控制体系和单一主体的管理，而是在合法、公开、法治、公正等原则下，以多方代理和协商的方式参与社区治理，以实现“善治”的目标，并使公众利益最大化。

（二）关注社会实务中的专业社会工作发展问题

从词频分析的角度来看，学校社会工作、医务社会工作、社会工作实务、农村社会工作、民族社会工作、企业社会工作和司法社会工作的词频是：33、33、27、23、21、19、18。社会工作是一门涵盖广泛领域和实务的学科，随着当代中国社会的转型，社会问题不断增加，广大社会工作的研究者们从实际出发，关注社会工作专业发展问题。例如，随着我国医患关系矛盾的凸显，医务社会工作运用专业方法，分析患者的生理和心理健康，通过生活适应模式、危机调适模式和家庭模式，在协助医生对患者的治疗和康复中起到关键性的作用。在乡村振兴的背景下，一批学者研究农村社会工作，以社会公正和民生关怀的价值观为基础，力图协调基层政府与农民、城市和农村的关系，通过提高农民的自信心和自尊心，增加农村的自主发展能力，挖掘农村资源，提高农民的生活水平和福祉。

（三）探索社会工作专业中的社会福利问题

社会福利是经济社会的一种重要社会制度，它是促进社会发展、维护社会稳定、改善人们生活和提高人们的素质的重要手段。而社会工作的重要任务就是提升人们的社会福利，充分发挥社会福利的功能，这既有利于社会资源再分配、增强社会的公平和公正，协调社会关系，也有利于人们对党和国家的认同感的提高。社会工作者成为社会资源调配者、社会政策倡导者、社会需求的协调者以及社会福利的提供者。

四、中国社会工作研究的前沿及其发展趋向分析

中国社会工作研究紧扣新时代主题，坚持以服务对象为本，从服务对象需求出发，探索服务对象追求日益美好生活带来的需求变化，提升新时代社会工作服务水平。从可视化的知识图谱中我们能检测到社会工作研究前沿问题的突变强度，从而得到社会工作研究发展趋向数据（见表3）。

表3　2008—2018年中国社会工作研究前沿问题与趋向强度

序号	前沿话语	发展趋向强度	研究时段（年）
1	新时代社会工作	13.3717	2008—2009
2	社会事业	6.5428	2008—2009
3	社会工作职业化	5.3965	2008—2009
4	社会工作本土化	4.2314	2008—2009
5	专业人才队伍建设	3.4407	2008—2012
6	灾后重建与社会工作	3.3019	2008—2009
7	社会工作扶贫	3.2061	2008—2011
8	和谐社会	3.2061	2008—2011

续表

序号	前沿话语	发展趋向强度	研究时段（年）
9	发达国家社会工作	2.6735	2008—2011
10	社会工作教育	4.5504	2010—2011
11	社会治理能力现代化	5.019	2011—2014
12	社会工作专业人才	3.9208	2011—2013
13	大学社会工作教育	3.233	2011—2014
14	学校社会工作	2.9258	2011—2013
15	社会治理创新	5.2517	2012—2013
16	社会建设与发展	3.6864	2012—2013
17	高职院校社会工作	3.7263	2013—2015
18	社会支持网络建构	2.8917	2013—2018
19	农民工社会工作	2.5584	2013—3014
20	社会组织发展	4.8864	2014—2018
21	民族社会工作	3.6114	2014—2016
22	灾害社会工作	3.2234	2014—2016
23	社会政策	2.5066	2014—2018
24	政府购买社会服务	11.383	2015—2018
25	社会工作机构发展	5.2753	2015—2018
26	工会社会工作	3.3136	2015—2018
27	社会增能研究	2.7974	2015—2018
28	医务社会工作	2.5064	2015—2016
29	党建社会工作	7.2477	2016—2018
30	三社联动模式	5.8651	2016—2018
31	乡村振兴与社会工作	4.4371	2016—2018

表3显示了研究的前沿问题突变强度以及研究趋向的时段，突变强度越高，说明围绕该前沿问题展开的相关主题研究趋势越明显。从表3可以看出，每一个前沿话语在突变时段，都会伴随着国家政策以及社会重要事件的产生。例如：2006年，党的十六届六中全会提出了“建设宏大的社会工作人才队伍”战略，于是学界关注社会工作人才队伍建设问题，特别是高校社会工作教育和人才培育工作日益加强，“新时代社会工作”的突变强度升为13.3717，突变时段为2008—2009年。2008年5月12日，四川汶川发生了特大地震，社会工作及时介入灾后重建，在满足受灾群众的心理疏导需求方面发挥了重

要作用，于是“灾后重建”的突变强度为 3.3019，突变时段为 2008—2009 年。自党的十八大以来，习近平总书记提出了一系列新思路、新战略和新举措，中国经济增长速度调整，产业结构优化，经济高质量发展受到更多关注。面对新时代社会结构的新变化、全面深化改革的新要求，以及人民群众需求的新特点，社会工作研究也发生了重大变化。社会工作积极介入社会治理，推动平安中国建设，于是“党建社会工作”“社会治理创新”和“政府购买社会服务”的突变强度分别为 7.2477、5.2517、11.383，突变时段分别为 2016—2018 年、2012—2013 年、2015—2018 年。

（一）巩固理论基础，促进社会工作跨学科跨地区研究

新时代意味着社会工作服务对象日益增长的美好需求，对中国社会工作是一种机遇，也是一种挑战；中国社会结构变迁带来复杂的社会问题，人们的社会需求多样化、个性化，依靠单一学科难以应对社会发展的新任务和新要求。随着教育医疗卫生领域的改革和与社会新型拜物教的斗争不断深化，社会工作必须与教育学、心理学、医学、法学和公共管理等学科相互融合和交流，从而解决社会发展中的复杂问题。因此，加强跨学科的社会工作专业建设、跨学科的社会工作教育，培养跨学科的社会工作专业人才在新时代显得尤其重要。本着以需求为导向、助人自助的原则，为实现社会工作与其他学科的融合，社会工作界的学者们深入社区，开展社会工作服务，与社会工作服务机构之间积极合作，建立跨区域的合作机制，营造社会工作专业知识共建共享的环境，进而推进社会工作基础理论探讨，拓展社会工作研究空间。

（二）挖掘社会资源，促进社会工作专业本土化

学界认为，从中国社会发展的实际出发，实现社会工作理论的本土化、社会工作教育本土化和社会工作实务本土化是中国社会工作发展的必由之路。中国特色的社会工作理论框架和实践模式、促进社会工作理论与实践的渗透结合，以及推动社会工作教育本土化和社会工作实务本土化的研究成果层出不穷。广大学者立足中国丰富的社会工作实践，在学习、借鉴和评判西方社会工作理论的同时，积极建构中国本土的社会工作理论，探索中国新时代的社会工作模式。

中国具有五千多年的文明，文化底蕴深厚，形成了独特的生活和思维方式，被学者称为“三合一社会”，即农业社会、工业社会和后工业社会在整体

经济发展中共存的社会。于是出现了区域经济发展不平衡，不同地区的社会需求差异很大。社会工作的理论、实务必须从中国的实际出发，形成独特的中国社会工作。

（三）创新社会治理，建立多元服务供给的联动机制

社会治理的基本特征是主体的多样性，责任分担以及协调与合作。从社会学的角度来看，社会治理是指政府、市场、社会组织和公民之间的合作关系的形成。创新社会治理，就是运用社会资源，依靠理性和感性相结合的社会工作方法解决社会问题，以缓和社会矛盾；就是运用社会政策，实现社会公正，激发社会活力，促进社会和谐发展。在促进社会治理的过程中，社会工作者应积极与地方政府、社区和社会组织合作，参与社会服务，达到社会治理成效。“三社联动”模式就是一个很好的证明，多元主体参与社会治理，可以发挥各自的优势，社会工作者通过帮助困难群体解决困境问题，激发服务对象潜能，增强服务对象自尊心和自信心，促进社区和谐发展，进而推进基层社会治理，提高居民获得感和幸福感，促进社会有序运行、良性发展。

（四）加强专业人才队伍建设，提高社会工作职业化水平

社会工作专业人才队伍建设是中组部人才队伍建设规划的重要组成部分，并要求不断完善社会工作专业人才激励机制，充分发挥社会工作专业人才在新时代不忘初心、牢记使命、实现中华民族伟大复兴中的重要作用。第一，加强社会工作学科专业体系建设，制定科学的专业设置标准，完善社会工作专业规范教学。第二，支持社会工作专业学士、硕士、博士学位授权点基础建设，积极推广社会工作硕士专业学位教育，促进社会工作硕士专业学位教育与社会工作专业人才职业水平考试相衔接。推动社会工作学科重点研究及人才培养基地建设。第三，提高社会工作专业人才的技术水平，促进全社会对社会工作专业的认同。第四，国家和政府应加大对人才建设的财政投入，建立人才激励机制，完善技能培训和资格考试的制度，提高社会工作职业化水平。

（五）发展农村社会工作，助力乡村振兴发展

“乡村振兴”是实现中华民族伟大复兴进程中的重大历史任务，对促进农村社会和谐与发展具有重要的现实意义。实施乡村振兴战略为社会工作参与乡村振兴提供了重要契机，由于社会工作的专业性实践与乡村振兴战略总体

目标具有内在契合性，使社会工作者在尊重农民话语权和建设“农民主体性导向的乡村振兴”新形态、探索“社会工作＋乡村振兴”新模式、倡导“发展性的乡村振兴”理念、培育乡村振兴自组织、发展“反思性的乡村振兴”方法方面占据优势地位。因此，农村社会工作正当其时。当农民在面对疾病和自然灾害的时候，农村社会工作者能及时开展社会救助，帮助困难群体摆脱困境；当出现农村留守儿童和空巢老人问题时，农村社会工作者开展对儿童和老人的关怀服务，开展社区教育、社区照顾、社区陪伴和社区康复等专业活动，可以提升服务对象的生理和心理健康素质。

目录

党建社会工作服务

工会社会工作服务

青少年社会工作服务

社区社会工作服务

家庭社会工作服务

抗疫社会工作服务

党建社会工作服务

新产业工人阶层党建社会工作探索

谢建社　赵天琦

新产业工人阶层是中国社会转型时期城乡社会发展的产物，亿万农民工成为新产业工人阶层的重要组成部分，我们要发展新产业工人阶层党建社会工作具有重要作用，我们要探索“工会党建 + 社工党建”融合联动社会工作服务机制，建立党与新产业工人阶层的密切联系，打造新产业工人离土离乡不离党的服务体系，构建现代劳动关系领域中的社会组织参与“工会 + 社工”党建新机制，拓展党建社会工作服务新领域，以全新思维方式探索党建引领、党务工作者 + 工会工作者 + 社会工作者 + 志愿工作者 + 职工“五工”联动的新路径和新模式。

一、新产业工人阶层党建社会工作服务背景

习近平总书记于 2021 年 7 月 1 日在庆祝中国共产党成立 100 周年大会上的重要讲话中，提出了党要领导全国人民完成第二个百年奋斗目标，首次提出并阐述了伟大建党精神。随着新产业、新业态、新模式不断涌现，新产业工人阶层中的党员就业方式、职业分布呈现出多样化趋势，如何充分发挥新产业工人阶层的作用，这是当前我国新产业工人阶层党建社会工作面临的新挑战。

2004 年中央“一号文件”明确指出：“进城就业农民工已经成为产业工人的重要组成部分。”新产业工人阶层在发展工业化、劳动细分化、分工专业化的发展进程中，呈现出劳动力选择多样化的分工格局。从社会分化、分层视角看，农民工以流动人口身份进入流入地，最初集中工作于建筑业等体力劳动行业，在产业关系上表现为工作稳定性、业缘关系逐步增强，开始进入各类企业，成为产业工人的重要组成部分。党的十九大报告提出新时代党的建设总要求，对推动全面从严治党向纵深发展作出全面部署。作为改革开放时期从农村剩余劳动力外流中壮大的新产业工人阶层特殊群体，也是我党执

政的基础之一，做好新产业工人阶层的党建社会工作，具有重要现实意义。第一，从理论与实践上看，新产业工人阶层应该属于工人阶级的范畴。新产业工人阶层已经成为并与“工人”趋同。因此，新产业工人阶层已经具有工人阶级的属性。新产业工人阶层从事着与工人一样的工作。他们无论是从事建筑业、新业态、服务业还是自己开办企业，都是属于产业工人的性质。第二，从生活方式和价值观念上看，新产业工人阶层已经进入工人阶级队伍。新产业工人阶层生活和工作的城市是本区域的政治、经济、文化、卫生、商业和交通中心，城市文明、市民的文化素质和道德修养对新产业工人阶层产生了深远影响。新产业工人阶层的就业意识、法律意识、平等意识、服务意识不断增强。这说明，新产业工人阶层的生活方式和价值观念已经超越了农民的境界。

新产业工人在当代中国企业发展中具有不可替代的地位和作用，是党的工人阶级先锋队中的一部分，更是中国共产党的执政基础。在经济全球化、中国城镇化背景下，企业生产和产品市场竞争日益激烈，企业的竞争关键是生产力的竞争，提高生产力的关键在于党建引领。我们要通过党建引领社会工作，进一步提升企业的综合竞争优势，造就一支有理想守信念、懂技术会创新、敢担当讲奉献的宏大的产业工人队伍，使之成为推动生产力发展和社会进步的重要力量。

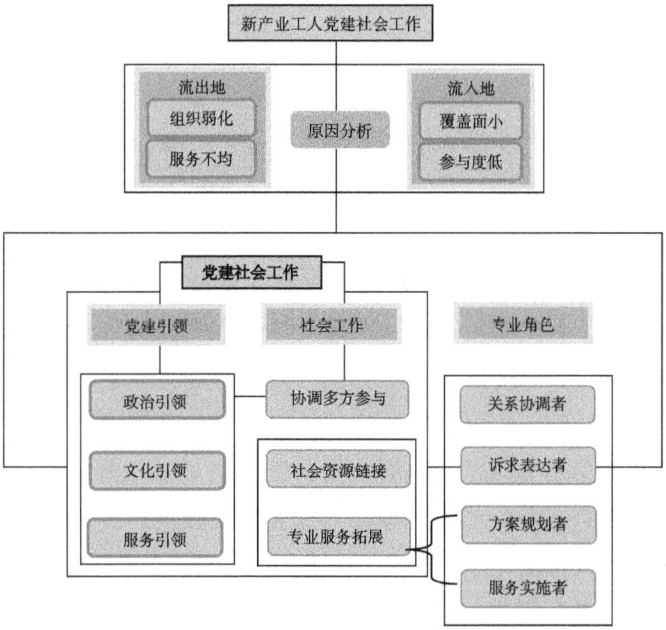

图 1　新产业工人党建社会工作流程及作用发挥

我们的研究与服务团队通过总结新产业工人的“流入地”与“流出地”流动人口党建工作现状，实践“党建＋社会工作”服务创新，构建以党建引领、政府指导、企业和社会组织协助、新产业工人参与的党建社会工作专业服务模式。社会工作者坚持党的领导，以更专业的服务去贴近新产业工人阶层的需求，引导新产业工人阶层人士听党话、知党恩、跟党走，架起新产业工人“流入地”与“流出地”党建工作的桥梁（见图 1），实现新产业工人阶层人士离土离乡不离党的目标。

二、新产业工人阶层党建社会工作服务需求分析

（一）践行新产业工人阶层政治引领，是夯实党建社会工作的首要需求

发挥好政治引领作用，用习近平新时代中国特色社会主义思想武装党员头脑是基础和前提，工人阶级和农民阶级作为我国两大劳动阶级，是中国共产党执政的阶级基础。

1. 加强流出地党的建设，发挥新产业工人阶层先锋作用

产业工人是工人阶级中发挥支撑作用的主体力量，是创造社会财富的中坚力量，是实施产业强国战略的有生力量。要充分发挥新产业工人的先锋作用，为实现第二个一百年奋斗目标、实现中华民族伟大复兴的中国梦作出积极贡献。新产业工人阶层流出地党的组织应建立完善新产业工人党组织管理体制，鼓励社会工作机构依照党的章程开展新产业工人阶层党建活动，推动党建社会工作者在新产业工人阶层开展专业服务。加强新产业工人阶层在流入地生产生活中与党组织的联系，新产业工人党建社会工作扎根新产业工人阶层，其主旨活动就是架起广大新产业工人流出地与流入地之间的桥梁。

2. 加强流入地党的建设，提升党建社会工作服务水平

加强新产业工人阶层流入地党的建设，是探索新时期产业工人阶层党建社会工作的前提。我们的研究与服务团队在广州市海珠区、黄埔区开展新产业工人阶层党建社会工作服务中，将政治引领放在新产业工人阶层党建社会工作的首位，以主动参与助力政治引领，发挥流出地和流入地党组织联动作用，积极整合政府、企业、社会等多方资源，发挥新产业工人在政治参与中的作用。坚持用人单位党组织与工会共同协商，有意识地安排新产业工人中的党员和入党积极分子担任班长、组长等职务，安排其到急、难、险、重岗位上锻炼，开展“推动经济建设、服务城镇发展”“党员先锋岗”“党员责任

区”“岗前培训＋党前教育”等主题实践活动，加强党建引领，引导新产业工人用共产党员的标准要求自己，在各项工作中提高政治素质。

（二）突出新产业工人阶层文化引领，是党建吸纳式治理路径的需求

新产业工人高度流动的现代城镇社会，出现了有的党员“找不到组织”的现象，也带来了一些党员先锋模范作用难以发挥的问题。如何让这些流动中的党员在流入地及时找到党组织、就地参与组织生活？如何破解这些党员在流动中登记难、管理难的问题？如何在城镇建设中发挥这些党员的先锋模范作用？“党建＋工会＋社工”服务模式将流动党员嵌入基层组织、党员干部联系点，嵌入基层治理体系中，党组织通过体制吸纳将社区、企业周边组织整合到既有党组织服务体系中，以治理式吸纳方式选择社区与企业中的精英、流动党员与基层组织，形成新产业工人党建共同体。采取“组织—流动党员”的整合式服务与吸纳式治理举措，以满足新产业工人社会公共服务需求为目标，营造时代文化、职工文化、社区文化的良好氛围，树立中国特色社会主义核心价值观，培育流出地与流入地公共文化，创新文化引领进而实现价值引领，增强新产业工人的正能量。

1. 丰富新产业工人阶层文化生活，推动党建社会工作持续发展

以党建社会工作为先导，开展社会工作专业服务，推动先进文化课堂进企业、红色影院进生活小区、心理健康服务进职工班组、文化休闲进公园等系列活动，适时开展唱红歌、读书节、书画展来丰富新产业工人的文化生活，达到文化教育、阵地教育、“增三性”教育之成效，逐步形成红色文化、地方文化、和谐文化等丰富多彩的职工文化，从而推动党建社会工作的规范化、制度化和系统化，以此推动党建社会工作持续发展，推动党建社会工作不断创新。以“红色驿站”打造出新产业工人的“党员之家”“职工娘家”，促进新产业工人中的党员与流入地城镇党组织的有机融合，增强党员的“主人翁”意识，发挥党员先锋作用。

2. 创新专业发展方向，探索党建社会工作新模式

党建社会工作要解决“有组织无党员、有党员无组织”的状况，第一，要与新产业工人阶层所在企业的党组织建立联系，关注产业工人生产生活需求，帮助流动党员找到党组织。第二，与新产业工人阶层所在社区街道党组织建立联系，做到哪里有流动党员，党的组织就发展到哪里。第三，联合社会团体、基金会、社会中介组织、城乡社区社会组织，广泛吸纳新产业工人

阶层。2012年深圳市探索“党组织＋党员志愿者＋党建社会工作”联动机制，并于2015年将社区服务中心更名为“党群服务中心”，随后，东莞市以“党务社会工作＋志愿服务”模式，通过职业化运转、专业化服务，使新产业工人阶层党建社会工作专业服务水平日渐提升。当前，党建社会工作创建了“互联网＋党建”新模式，以此激发新产业工人阶层党建工作活力，增强了新产业工人阶层中的党员党建社会工作参与度，扩大了党组织活动覆盖面，营造新产业工人阶层党建社会工作新载体。

三、新产业工人阶层党建社会工作服务内容

加强党建服务引领，发挥党建社会工作专业优势。

开展社会工作就是要倾听职工心声，了解职工需求，帮助职工提升解决问题的能力，从而使广大职工在接受服务过程中体验党的温暖，增强职工主人翁意识，激发广大职工奉献社会的热情。

1. 新产业工人阶层党建工作新视角

新产业工人阶层党建社会工作产生于新时代的新需求，广大新产业工人日益增长的美好生活需求同公共服务不平衡不充分的矛盾加大，而社会工作为解决社会矛盾、预防社会问题提供了新的路径选择。按照“党建引领、两地合力、社工服务、城乡统筹”总原则，新产业工人阶层流入地与流出地合力打造“党建＋新产业工人阶层服务”创新模式，建立起新产业工人阶层服务长效机制，将党的组织建在新产业工人阶层中的“常住地”，促使新产业工人阶层党员在流入地和流出地经济社会发展、维护社会稳定方面的“正能量”不断聚集，新产业工人阶层中的流动党员和流动人口管理难、维权难、融入难等问题得到了有效解决。

2. 新产业工人阶层党建工作专业服务

党建社会工作者采用先进文化、科技、服务、法律“四管齐下”方式，建构党务工作者、社会工作者、工会工作者、志愿工作者与职工“五工”联动模式，如在广州市黄埔区总工会的“金雁工程”项目服务过程中，以党建为引领、以工会为平台、以社会组织为载体、以专业社工为支撑、以社区志愿者为有益补充的“五工”联动的党建工作模式，打造了以党建引领、工会联系、“五工”联动、企业职工协商、社会工作服务为一体的共建共治共享新格局。

党建社会工作者为了更广泛、更精准地发现新产业工人中的党员，除了依托大数据，还在各街道党群服务中心设立“红色驿站”。“小小的驿站，满满的能量”，红色驿站成为新产业工人的党员之家。“红色驿站”促进了新产业工人中的党员与流入地城镇党组织的有机融合，增强了党员的主人翁意识，发挥了党员的先锋作用。

第一，先锋模范引领，助力党群防疫攻坚。疫情就是一次“大考”，在2020年突如其来的疫情防控中，新产业工人阶层党组织发挥了战“疫”的前沿堡垒作用，在与疫情管控力和传播力赛跑的最紧要时刻，这些党员们响应党中央的号召，带头守在家乡，带领老乡就地战“疫”；当复工复产的号角吹响之时，这些党员率领乡亲奔赴城镇就业岗位，发起了“我是党员就要为复工复产多流汗”的倡导。新产业工人阶层中的党员们弘扬先进、学习典型、树立新风，通过开展“同心共战疫，聚力在一线”疫情防控和促进企业复工复产先进事迹宣讲比赛，宣扬了一批优秀党组织、优秀党员的抗疫事迹，鼓舞着坚守抗疫一线的党员们继续发扬“我是党员，我先上”的奋勇争先的精神。通过公众号、微信等方式为驿站党员志愿者提供防疫知识以及开展服务技巧的培训，让冲锋在疫情防控一线的党员志愿者既做好个人防护又能更有效地参与防疫志愿行动，党群共筑疫情防控堡垒。

第二，开启“互联网+党建”新模式，激发党建工作新活力。推动党建传统优势与信息技术充分结合，是落实中央要求的重要举措，是顺应时代发展的必然选择，是提升党建工作质量的有效途径。“红色驿站”高度重视应用网络信息技术加强党的建设，通过公众号开设“党建：党群共建”宣传阵地，宣传党建知识，丰富党建活动，通过线上线下方式，联动新产业工人阶层中的党员突破时空限制，增强参与感，扩大覆盖面，提升党组织影响力，成为开展党建活动的新载体。

第三，创设“红色驿站”，建新产业工人党员之家。“红色驿站”，既是新产业工人阶层的党员开展主题活动的新家园新场所，也是推动新产业工人阶层党员管理与服务的一个良好平台和载体。党建工作者通过“红色驿站”，开展红色暖情服务、红色加油服务和红色护苗服务。由于产业工人阶层中的党员们进入了陌生的城市，第一需求是就业上的帮助，第二是生产技能的提升，第三是随迁子女教育，所以党建工作者从新产业工人阶层党员中最迫切的需求出发，解决他们融入城市中面对的问题，进而调动新产业工人阶层中党员的积极性和主动性，发挥新产业工人阶层党员的先锋模范作用，“红色驿站”自然就成为新产业工人阶层的党员之家。依托“红色驿站”，党建社会工作者积极组织新产业工人党员开展主题活动。通过“红色驿站”，党建社会工作者利用街道党群服务中心这一服务阵地，开展积分结对帮扶、爱心慰问、慈善演出、挥毫送福等活动，汇聚红色能量，传递仁爱之情，关怀慰问困境党员，帮助困境党员实现“微心愿”。

科学运用新产业工人阶层党建社会工作专业方法。党建社会工作者运用社会工作专业方法，整合社会资源，挖掘新产业工人潜能，围绕助人自助的专业伦理，实现新产业工人自身发展，尤其注重党建社会工作者针对区域内企业、工会、社区等采取“一对一”或“一对多”党建服务模式的作用发挥。根据新产业工人的需求，在新产业工人党建社会工作中，通过开展个案社会工作聚焦新产业工人中的个人困境和家庭问题，为新产业工人提供发展规划；针对新产业工人面临的共同问题，开展不同类型的小组社会工作，例如“党员纪律规范”小组、“特色主题党日活动”小组等，基于相互支持的小组功能实现新产业工人阶层成员相互帮助、共同成长。同时，党建社会工作者通过一系列服务活动，依托“红色驿站”、心灵驿站，积极组织新产业工人党员开展主题教育活动，开展红色暖情服务、红色加油服务和红色护苗服务，更多着眼于提高新产业工人的进步意识，增强社会责任；通过对新产业工人服务需求的评估，设计新产业工人阶层服务目标，优化新产业工人阶层个体行为，推动新产业工人阶层发展；广州市海珠工会社工服务在深入开展“当好主人翁、建功新时代”主题劳动和技能竞赛时，将产业工人队伍素质建设纳入其中，大力弘扬劳模精神、劳动精神、工匠精神。这些专业的社工服务，为新产业工人阶层提供了健康、进步、发展等方面的专业服务，发挥了新产业工人阶层的先进性、积极性、主动性作用，增强了新产业工人阶层归属感与使命感，从而推动了新产业工人阶层党建社会工作蓬勃发展。

四、督导点评

改革开放以来，新产业工人阶层在崛起，他们成为党的执政基础中一支数量庞大、涉及城乡社会发展的特殊群体，在当代中国企业发展中具有不可替代的地位和作用。本项服务在实践中创新，优化新产业工人阶层党建社会工作。党建社会工作者运用先进文化、科技、卫生、法律手段“四管齐下”，建构党务工作者、社会工作者、工会工作者、志愿工作者与企业职工“五工”联动模式。本研究和服务团队在广州市黄埔区总工会的“金雁工程”项目服务过程中，探索了以党建为引领、以社区为平台、以社会组织为载体、以专业社工为支撑、以社区志愿者为有益补充的“五工”联动治理模式。党建社会工作者运用社会工作专业方法，整合社会资源，挖掘新产业工人的潜能，围绕助人自助的专业理念，实现新产业工人自身发展。根据新产业工人的需求，在新产业工人党建社会工作中，党建社会工作者可以通过开展个案工作聚焦新产业工人的个人困境和家庭问题；也可以针对新产业工人面临的共同问题，开展不同类型的小组工作，例如“党员学纪律条例”小组、“特色主题党日活动”小组等，基于相互支持的小组功能实现新产业工人阶层成员相互帮助、共同成长。党建社会工作者更多着眼于提高新产业工人的进步意识，增强其社会责任，通过对新产业工人需求的评估，设计新产业工人阶层服务目标，从而推动新产业工人阶层的发展。

作者简介

谢建社，中共党员，现任广州粤穗社会工作事务所总干事。从事社会工作教育与研究22年，主要研究方向：党建社会工作、现代社会工作理论、人口流动与分层。

赵天琦，社会工作专业硕士，广州粤穗社会工作事务所助理社工师。服务格言：向善之心、从善之意、行善之举、至善之境。

百年心向党　红山故事情

李晓敏

2021 年是中国共产党成立 100 周年，回首百年历程，中国人民由站起来到富起来，再到强起来；展望未来，第二个百年启程。站在“两个一百年”奋斗目标的历史交汇点上，广大社会工作者坚持自己的初心，更加努力奋斗，根据社区居民实际情况找出需求，有针对性地开展社区服务，用爱心和责任去影响服务对象，用自己的实际行动和优异的成绩感恩如此美好的新时代。

一、活动背景

红山街位于黄埔区南部，自然、人文景观丰富，既有山清水秀充满田园风光的华坑生态村，又有红色景点——牛山炮台、清官兵合葬墓、“万人坑”等遗址。驻街大型企事业单位众多，有中船黄埔文冲船舶有限公司、广东火电工程有限公司、广州钢管厂有限公司、中海集团菠萝庙船厂、广州冶炼厂、广州中远船务有限公司、广州航海学院等。

辖区所辖范围东至火电社区，西至文船社区，南至珠江，北至广园东路，与穗东街、荔联街、文冲街、黄埔街相邻，总面积 9. 7 平方千米，设有双沙、文船、航专、远航钢、广冶菠船、火电 6 个社区，其中双沙社区为转制社区，其余为城市社区。在红山辖区内，登记在册党员大约 1085 名，社工站前期通过电访，简单了解了党员的基本情况，并对相关信息进行及时更新。根据访谈了解到，社区党员认为作为一名党员应起到先锋作用，带领群众投身志愿服务，并且能够关注身边的每一件事，通过自己的实践或者自身事迹，服务群众、影响群众，能够在参与公益服务中实现自身价值。因此根据大部分党员的需求，开展“寻红色记忆，传红色精神”我身边的党员故事主题征文活动，迎接建党 100 周年，邀请有意愿的党员加入志愿服务队，挖掘困难党员及其家庭的需求，关怀辖区内老党员，挖掘老党员及其家庭的红色故事，积极向社区居民宣传党员故事，弘扬正能量。

二、活动分析预估

根据前期调研以及每月常规探访、电访，发现大部分党员关注社区环境、文化、基建、公益服务，以及困难党员、残疾人士，同时根据访谈了解到社区党员认为作为一名党员，应该起带头表率作用，带领群众投身志愿服务。因此，社工邀请对公益事业怀有热忱的党员加入红山党员志愿者队伍，共同为辖区有需要的群体服务，同时也关怀慰问困难党员。

榜样的作用非常巨大，人们往往会观察、模仿榜样的行为，因此社工征集了社区党员或社区党员家庭的先进事例，征集党员故事，并将事例汇编成册，迎接建党100周年，在社区、学校进行广泛宣传，可以有效地引导广大居民以其为榜样，学习先进精神，向先进看齐。此外，社工在挖掘党员故事的时候，也收集困难党员的需求，关怀社区困难党员，并邀请有意愿的党员加入志愿服务，奉献自己的一分力量，通过自己的实践服务群众，影响群众。

三、服务计划

（一）服务目标

通过本次活动，至少征集30篇社区党员或社区党员家庭的红色故事。

通过本次活动，至少邀请20名社区党员加入志愿服务，服务群众，影响群众。

通过本次活动，至少向500名社区居民宣传党员先进事迹，传递正能量。

（二）服务策略

通过此次活动，征集社区党员发挥先进作用事例，征集党员家庭故事，并将事例汇编成册，进行广泛宣传，传递正能量，迎接建党100周年，引导广大居民向先进学习；收集困难党员的需求，挖掘有能社区党员，邀请其加入志愿服务队伍，奉献自己的一分力量。同时党员和党员之间、党员和群众之间互相影响，互相学习红色故事，进一步增强争先及奉献精神，学习好红色文化，传播好红色声音，传承好红色基因，营造党建引领氛围。

（三）服务程序

志愿者培训：招募大学生志愿者，开展探访技巧以及党员故事征集的技巧培训，协助志愿者了解相关的服务技巧。

红色故事征集：通过大学生结对上门探访，收集党员或党员家庭的红色故事，挖掘党员的志愿服务需求以及困难党员的需求。

活动总结分享：在微信群总结分享志愿者在探访过程中的感受或者了解到的情况，一起梳理党员故事，为撰写红色党员故事奠定基础。

宣传推广：通过 QQ 群、微信、公众号等新媒体平台进行宣传推广，让更多社区居民了解党员及其家庭的先进事迹，并在日常服务中派发小册子进行宣传。

服务成效总结：向参与本次活动的社区党员以及志愿者收集服务成效总结，并了解满意度。

四、计划实施过程

（一）活动前筹备工作

收集服务对象需求以及党员志愿者的需求，建立菜单式对接模式，设计服务方案。

宣传、招募大学生（党员）志愿者，开展探访技巧以及党员故事征集的技巧培训，协助志愿者了解相关的服务技巧，并且掌握红色故事撰写的主题内容。

准备活动物资以及红色故事的模板，协助志愿者了解党员故事撰写的主题。

宣传发布公众号，号召党员或者其他社区居民撰写红色故事。

（二）活动实施过程

红色故事征集：通过大学生结对上门探访，收集党员及其家庭的红色故事，挖掘党员的志愿服务需求以及困难党员的需求。

探访前提醒注意事项，学习其他范文故事，提前了解收集党员故事所需要的材料。

定期上门探访：共分成 6 大组，每组对应一个社区，根据现有的党员名单，前期通过电访了解党员意愿，通过结对探访的形式，由大学生志愿者对应 1 ~2 名社区党员，定期上门探访收集党员故事，挖掘党员需求，并了解党员参与社区服务的意愿。

整理探访记录，并收集有效信息，例如小视频或者照片，作为党员故事的补充材料。

志愿者定期与社工分享收集党员故事的进度，并及时反馈在收集过程中遇到的困难，社工及时提供支持。

进行红色故事线上征集：通过公众号宣传推广的形式，号召更多社区居民、青少年共同参与，其中面向社区居民主要通过公众号和微信群进行宣传推广，面向青少年则直接和学校对接沟通，让老师组织学生了解身边党员故事，撰写模范党员故事，从而促进青少年和党员之间的互动交流，促进青少年学习党员先锋榜样事迹。

活动总结分享：在微信群总结分享志愿者在探访过程中了解到的情况及感受，一起梳理党员故事，为撰写红色党员故事奠定基础。

整理党员故事，并制作成册子。每组至少提供 2 个党员故事，并自行撰写成文章。

宣传推广：通过 QQ 群、微信、公众号等新媒体平台进行宣传推广，让更多社区居民了解党员或者党员家庭的先进事迹，并在日常服务中以及向合作单位（学校、社区居委等）发放《百年心向党　红山故事情》故事集进行宣传。

活动的服务成效总结：向参与本次活动的社区党员以及志愿者收集服务成效总结，并了解满意度情况。

五、总结评估

（一）工作过程记录

1. 工作筹备情况

前期准备工作主要是由统筹社工负责，其他社工协助带队探访。探访前的物资、培训均由统筹社工负责，前期宣传招募分社区进行，并且电访了解应招意愿、了解老党员的时间。

2. 内容的适切性

本次活动内容设计主要分为三大部分：一是针对社区老党员，主要是收集党员故事、了解党员需求以及参与志愿服务意愿。二是针对青少年志愿者，服务队伍由大学生和初高中生组成，大学生志愿者通过结对上门探访社区老党员，关怀老党员，并收集老党员故事，整理汇集成文章；初高中生则主要访谈身边党员。三是针对社区居民层面，主要是党员故事汇集成篇之后，在

QQ 群、微信、公众号等新媒体平台进行宣传推广，让更多社区居民了解党员及其家庭的先进事迹，并在日常服务中或与单位合作时，派发宣传小册子。

3. 工作人员的表现

在本次活动中，工作人员运用影响性技巧和支持性技巧开展活动，肯定鼓励志愿者的无私奉献，肯定社区老党员为社区的付出，同时，在活动中，社工始终秉承着认真、负责的态度开展活动。

4. 成功经验的分享

在本次活动中，成功邀请 10 名党员加入红山志愿者群，并成功发掘 5 名社区党员在社区进行党员故事分享，党员能够结合自身，分享先进事迹并且在社区进行宣讲，传递正能量，促进老党员与入党积极分子、预备党员沟通交流学习，学习老党员的革命精神。除了老党员在社区分享故事之外，也提供了平台促进大学生和老党员之间的沟通交流，老党员主要分享了自己对志愿服务的认识、感受，大学生志愿者则结合老党员的先进事迹，分享自己的感受。

5. 参与人员的满意程度

通过探访收集服务对象和大学生志愿者对本次活动的满意度。服务对象对本次活动的形式、内容和服务效果均表示满意。100% 的参与者对先进党员精神有了进一步的认识，并且能够说出无私、奉献、刻苦、耐劳等党员精神。

6. 参与人员互动沟通情况

在本次活动中，参与人员互动沟通效果较良好。在探访过程中，大学生志愿者能够与社区党员有效沟通，了解到社区老党员的需求、党员故事以及老党员参与志愿服务方面的需求，之后还成功整理出了党员故事册。在活动中，志愿者也温馨提醒社区老党员注意防疫安全，做好个人防护。

7. 特别事件的处理

在本次活动中，前期掌握的登记在册名单上大约有 1085 名社区党员，但是经过前期电访，了解到只有 154 名社区党员有意愿接受社工站服务或者为社区居民服务，为此，经过筛查，定期对这批社区党员进行电访和探访，而对其他社区党员则不定期联系维系关系。

（二）跟进工作

后续继续收集老党员故事，并整理编写《百年心向党　红山故事情》红山故事集，并且通过 QQ 群、微信、公众号等新媒体平台进行宣传推广，让更多社区居民了解党员或者党员家庭的先进事迹，并在日常服务中或向学校、各社区居委派发宣传红山故事集。

（三）目标达成情况

2021 年 1—4 月，广州粤穗社会工作事务所红山街社工服务站为隆重庆祝党的 100 周年华诞，弘扬正能量，挖掘和宣传红山辖区可亲、可敬、可学的先进典型，寻找红色记忆，用身边事影响、激励身边人，传承红色精神，对先进党员、最美党员家庭及社区有更深刻的认识和了解，学习模范先锋榜样作用，特开展“寻红色记忆，传红色精神”我身边的党员故事主题征文活动，本次活动共收集 30 篇红色故事、4 篇手抄报、2 篇志愿者“抗疫”故事，并整理成册，装订成《百年心向党　红山故事情》党员故事集。通过线上线下的宣传，促进社区居民了解党建服务，并对先进党员或者最美党员家庭有了更深刻的认识和了解。

通过本次党员家庭故事征集活动，征集了 30 名老党员的红色故事，由青少年志愿者整理成篇，并收集 4 篇手抄报、2 篇志愿者“抗疫”故事，目标基本达成。

通过本次活动，了解到社区党员情况以及他们参与志愿服务的意愿，共邀请 10 名社区党员、大学生党员加入志愿服务队伍，但是由于大部分老党员年纪较大，所以更多是服务本社区有需要的居民，尽己所能参与志愿服务。由此可见，目标基本达成，后续也会继续挖掘社区有能老党员参与志愿服务，发挥余热。

在本次活动过程中，成功邀请了 5 名党员为在校青少年宣传党员先进事迹，传递正能量，促进了老党员与入党积极分子、预备党员的沟通交流学习，目标基本达成，后续也会把党员故事汇集成篇，在社区进行宣传推广。

六、专业反思

“寻红色记忆，传红色精神”我身边的党员故事主题征文活动很好地挖掘了社区党员的服务需求，除了服务党员之外，党员也希望服务社区、服务困难群众。社工在服务开展中，多方了解党员、党组织的需求，促进党员和党员之间、党员和群众之间的互相影响，互相学习红色故事，进一步弘扬了争先及奉献精神，学习好红色文化，传播好红色声音，传承好红色基因，营造了党建引领的氛围。

“少年强则国强”，在新媒体时代，我们不仅依靠言语相传，更通过网络等多种途径以实际行动接力、传承红色基因，并不断赋予其新的时代养分，让红色基因成为促进青少年成长的强大正能量。

七、督导点评

正值建党100周年之际，社工根据辖区党员的现实需求，挖掘红色资源、弘扬正能量，宣传红山街党员中可亲、可敬、可歌、可学的先进典型，寻找红色记忆，用身边事影响、激励身边人，传承红色精神，特开展“寻红色记忆，传红色精神”我身边的党员故事主题征文活动，讲述党员故事，分享思想历程，从而达到增强党性修养，汇聚先锋正气的作用。为了更好地巩固服务成效，社工进而收集来自身边人的身边事，用生动的实例、真挚的情感、砥砺奋进的故事持续性、示范性地诠释党的初心不改、勇往前行的坚定信念。

作者简介

李晓敏，中共党员，中级社会工作师，广州粤穗社会工作事务所社工，从事社会工作已有5年多，一直专注于社区发展和志愿者服务，积累了一定的服务经验。从事社会工作以来，一直秉承着助人自助的服务宗旨，为社区居民提供良好的专业服务。

建党百年，讲我与党的故事

邱美凤

2021 年，我们迎来了中国共产党建党一百周年。一百年风雨兼程，一世纪沧桑巨变。中国共产党团结带领全国各族人民战胜各种艰难险阻，取得了新民主主义革命和社会主义革命、建设、改革和发展的伟大胜利，谱写了中华民族自强不息、实现中华民族复兴的奋斗凯歌。

一、活动背景

站前街位于广州市荔湾区东北部，紧邻广州火车站和省市汽车站。全街道现有党员 823 人，35 岁以下党员 110 人，占党员总数约 13%；36 ~45 岁 70 人，占党员总数约 9%；46 ~ 59 岁 235 人，占党员总数约 29%；60 岁以上 408 人，占党员总数约 50%。

为庆祝中国共产党成立 100 周年，热情讴歌伟大的党、伟大的祖国，充分展示站前街社区党员干部的爱国主义热情、昂扬的精神面貌，努力营造充满生机和活力的党员社区氛围，不断推进社区精神文明建设，站前街社工服务站党员社工联合辖区内 6 个社区党支部于 2021 年 4 月 1 日至 4 月 30 日开展“集红色故事，迎百年建党”党员故事征集活动，对社区党员事迹进行系列报道与宣传。

二、活动分析预估

（一）微观层面

党员有实现自我价值的需求。数据显示，站前街党员半数是 60 岁以上的老党员，他们见证了党带领国家一步步走向富强民主文明和谐的历程，他们在中华民族伟大复兴路上也不断贡献自己的力量，退休之后，他们也希望自己曾经为党和国家作出的贡献能被身边的人看到，为表达他们对党和国家的忠诚，他们也希望通过讲述自己故事的形式给社区居民一些正面的影响，以此作为实现其自我价值的一个途径。

（二）中观层面

党的思想、优秀党员的先进事迹的宣传需要在社区中搭建阵地。社区作为基层单位，在社区的基层组织做好党的思想宣传工作十分重要。站前街的宣传阵地是以街道党工委为依托，各社区居委会党支部协同搭建的。社工站需要坚持党的领导，加强阵地意识，在日常的服务中，致力于打造社区党建宣传阵地，开展优秀党员红色故事收集与后续宣传，以创建“红色站前”。

（三）宏观层面

2021 年 2 月 18 日，习近平总书记在给上海市新四军历史研究会百岁老战士们的回信中写道：“对中国共产党人来说，中国革命历史是最好的教科书，常读常新。你们亲历了中华民族迎来从站起来、富起来到强起来伟大飞跃的历史进程，更懂得我们党的初心和使命。全党即将开展党史学习教育，希望老同志们继续发光发热，结合自身革命经历多讲讲中国共产党的故事、党的光荣传统和优良作风，引导广大党员特别是青年一代不忘初心、牢记使命、坚定信仰、勇敢斗争，为新时代全面建设社会主义现代化国家而不懈奋斗。”

把党史学习教育和党员讲好红色故事相结合，能够更广泛地传递红色力量，有力地推动党史学习教育高质量发展。站前街社工服务站联合辖区内 6 个社区党支部从 823 名党员中选取 12 位英模人物，根据党员个人口述及相关书面材料，记录下他们与党同在的历史印迹，切实将优秀党员党史“活教材”用“活”用好，把他们宝贵的精神财富通过网络宣传、线下宣讲等多种形式传递给广大党员群众，让红色基因代代相传，让红色精神熠熠生辉。

三、服务计划

（一）服务目标

深入了解社区 12 位先进党员的故事，了解其作为一名党员在工作、生活、家庭三个方面的作风，在此过程满足其实现自我价值的需求，同时也响应了“建党百年，讲我与党的故事”的号召；在收集完各党员的故事后，通过网络各平台对党员事迹进行宣传，同时社工站与街道合作将党员事迹印制成小册子，并将该小册子下发到街道各单位，便于居民翻阅并了解党员先进事迹，推动社区居民从先进党员身上学习党史，进而扩大先进党员在本社区的影响力，对社区氛围形成积极、正面的影响。

（二）服务策略

服务开展前期，在收集党员故事中提升党员的自我价值感。社工站一方面与辖区6个党支部积极沟通，确认先进党员代表名单，另一方面根据居委会提供的名单，在街道媒体平台上提前搜索部分党员的资料，并通过各网络平台对部分党员当时所处历史背景进行大量搜索，在上门之前列好采访提纲，便于后续对对应党员有更加细致的了解；党员在向社工诉说自己的经历后，对党有了更深的了解，同时为自己身为一名党员所作出的利民行为而自豪。

服务开展后期，社工站与街道领导积极沟通先进党员事迹后续宣传事宜，确定宣传形式、宣传渠道。同时，社工站在各网络平台对先进党员事迹进行宣传，进而打造良好的社区居民学习党建氛围，推动党史学习教育。

（三）服务程序

前期通过与街道党工委、各社区居委党建负责人进行沟通，确认各社区先进党员代表名单，并根据对应党员已有相关事迹资料及所查找到的历史背景资料，确定上门采访提纲。在采访之后，根据党员口述进一步查找对应时间资料，撰写党员事迹文稿。事迹稿撰写完成后交至对应党员及对应居委会，对文稿进行校正，校正完毕后发布至网络平台进行宣传，同时跟进街道印制宣传册进度并确保后续宣传册下发到街道各单位，便于居民对先进党员事迹进行学习。

四、服务计划实施过程

时间	环节目标	活动流程
2021. 4. 6—4. 9	收集受采访党员名单，取得党员的基本信息	1. 社工站与各居委党支部联系，取得各社区的党员名单 2. 与对应党支部沟通，对党员名单进行初步筛选 3. 社工对筛选后的党员名单进行统一整理，根据党员基本信息在“站前街e家通”、各大网络平台提前查找对应党员事迹所处背景和相关资料

续表

时间	环节目标	活动流程
2021.4.7—4.30	社工上门探访党员，收集党员故事，在重温与党的记忆中实现党员自我价值感的需求	1. 社工拟定上门探访提纲 2. 4月第二周到第四周，根据党员名单灵活安排上门探访时间，每周探访党员2~3人次 3. 探访后，社工及时记录党员事迹，并整理成文稿 4. 初步撰写好文稿后，将文稿发送至对应党员及居委会进行校正 5. 校正结束后，社工对文稿进行统一整理并在各大平台上对党员事迹进行宣传 6. 跟进街道印制宣传册进度并确保后续宣传册下发到街道各单位，便于社区居民学习党史，了解党员事迹

五、总结评估

本次党员故事活动共采访12名社区先进党员，党员在讲述自己与党的故事中提升了自我价值感。同时，社工站在网络平台宣传党员事迹并收获上千阅读量，街道各单位在事迹册子印制后积极进行学习，促使党员、居民积极学习党史，了解党员事迹，营造了充满生机和活力的社区氛围，加强了社区精神文明建设，党的精神得到了学习和传承。

六、专业反思

本次活动由街道牵头，并联动到6个居委会，由于是多个单位联合开展活动，为避免出现因沟通不畅而导致未能充分执行相关事项的情况，社工应尽早与街道、居委会充分沟通并积极开展协作。同时，社工作为协作方，应积极主动且及时了解整个活动的安排，确保与街道等单位达成一致，以提高服务效率。

七、督导点评

社工根据党员个人口述及相关书面材料，记录下他们与党同在的过去历史，将党史“活教材”用“活”用好，把他们宝贵的精神财富通过网络宣传、线下宣讲等多种形式传递给广大党员群众，让红色基因代代相传，让红色精神熠熠生辉。服务获得了街道党工委领导的好评，以讲党员故事的方式来表达对建党百年的敬意，旨在传播社会正能量，进一步增强对党和中华民族的认同感、自豪感。需要指出的是，服务后期需要跟进了解服务活动产生的成效，以及党员故事对社区居民带来的示范作用。

作者简介

邱美凤，中共党员，现为广州粤穗社会工作事务所站前街社工服务站重点领域社工。

党群之家有温暖，来穗孩童感党恩

陈伟思

当代中国少年儿童既是实现第一个百年奋斗目标的经历者、见证者，更是实现第二个百年奋斗目标、建设社会主义现代化强国的生力军。关爱儿童关系祖国的未来，在建党100周年之际，社会工作者以“来穗孩童心向党、感党恩”为主题，开展来穗儿童关爱活动，坚定少年儿童感党恩、听党话、跟党走的决心。

一、活动背景

少年强则国强，少年进步则国进步。让每个少年儿童茁壮成长，是全党全社会的共同心愿，儿童是祖国的花朵，是民族的希望，儿童工作是培育未来、创造未来的重要工作。新中国成立以来，党和国家一直把关爱儿童健康成长作为国家的根本大计抓实抓严。习近平总书记时刻心系儿童工作，党的十八大以来多次在重要会议上谈及儿童发展的相关话题，在赴基层走访慰问、深入调研时也将儿童福祉记在心上，多次就新时代儿童工作作出重要指示批示。

党的十八大以来，以习近平同志为核心的党中央高度重视少年儿童工作，关心关爱少年儿童成长成才，对新时代少年儿童事业发展作出一些列重大部署。

二、服务需求分析

（一）社会关爱需求

2013年，习近平总书记在北京市少年宫参加“儿童放飞希望”主题日活动时强调指出，孩子们成长得更好，是我们最大的心愿。党和政府要始终关心各族少年儿童，努力为他们的学习成长创造更好的条件。老师、家长要承担起教育引导少年儿童成长成才的责任。少先队组织要更好地为少年儿童服务。全社会都要关心少年儿童成长，支持少年儿童工作。对损害少年儿童权益、破坏少年儿童身心健康的言行，要坚决制止和依法打击。他号召全社会了解少年儿童、尊重少年儿童、关心少年儿童、服务少年儿童，为少年儿童提供良好社会环境。

（二）广州发展需求

广州市作为流动人口高度聚集的超大城市，第七次全国人口普查结果显示，全市常住人口 1867.66 万，与 2010 年第六次全国人口普查的 1270.08 万人相比，10 年共增加 597.58 万人，增长 47.05%，2000—2010 年的年均增速高于全国的 0.53% 和全省的 1.91%，广州的人口在快速增长的同时，流动儿童、随迁子女也在快速增加。为做好少年儿童工作，广州市出台了很多相关的政策，如积分入户和积分入学等，让流动儿童和随迁子女积极融入广州，适应广州的生活。

（三）个人成长需求

站前街位于广州市荔湾区，靠近火车站，附近有众多的服装城，辖区内大多是物流业和小商品城，所以站前街的流动人口众多，其中有很多的来穗家庭为了不让孩子在家成为留守儿童，就把孩子接到身边，希望接受更好的教育。站前街社工服务站前期通过走访来穗困难家庭子女，了解到他们因为父母的工资不高，只是勉强支撑住房、生活和学费的支出，在开学之际，家里没有多余的钱来购买一些学习用品和生活用品。

三、服务计划

（一）服务目标

通过服务，让 80% 的来穗困难家庭子女感受到党组织和爱心人士的温暖和关怀。

接受物资捐赠的来穗孩童亲手写一封感谢信给爱心人士、党组织等，感谢他们的关怀。

（二）服务内容

收集了解来穗困难家庭子女的心愿。

寻找爱心党员、爱心人士认领心愿。

将爱心党员和爱心人士捐赠的爱心物资送到服务对象手上，组织服务对象写感谢信，表达他们对党组织和爱心人士的感激。

（三）服务策略

站前街社工服务站通过链接爱心企业、爱心人士、党组织等社会资源，充分发挥党的先锋模范作用，建设党群之家，扩展站前街来穗困难家庭子女的社会支持网络，帮助来穗困难家庭子女解决困境，使站前街困难家庭子女感受到社区和党组织的关怀和温暖，在广州找到归属感，同时激发受到关怀的困难家庭子女对党的感恩之情，努力学习，回报社会，增强对社区的认同感、归属感，协助其更好地适应和融入城市生活。

四、服务实施过程

社会工作者设计物资申请卡，并通过与相关单位和组织的沟通，摸查来穗困难家庭的情况，并收集到10户来穗困难家庭子女的物资心愿。

对所申请的物资心愿进行整理，并在公众号上发布心愿，动员爱心人士和爱心党员积极认领。10位来穗困难家庭子女的心愿被4位社区爱心人士和6位党员认领。

与来穗困难家庭的家长、子女、爱心人士和爱心党员进行密切沟通，确认认领仪式的时间、场地、出席人员和活动所需的物资，并且邀请相关领导出席活动。

组织党员和爱心人士了解来穗困难家庭代表的生活情况和所面对的困难，并为他们送上爱心物资，帮助他们解决困难，让他们感受到党和社区的关怀。

社会工作者引导来穗困难家庭代表写一封感谢信送给党组织代表和爱心人士，表达他们对党组织和爱心人士的感激之情。

五、服务成效

本次活动中，社会工作者共链接了6位党员和4名爱心人士的爱心资源，爱心人士通过对10位来穗困难家庭子女提供一对一的帮扶，表达了他们对来穗困难家庭子女深切的关爱之情，而来穗困难家庭子女通过设计独一无二的感谢信来表达对爱心党员和爱心人士的感谢——他们认真地在信纸上写下内心最想说的话，并用彩色笔在感谢信上画出了一个个可爱而精美的图画。感谢信上真挚的话语和一个个富有意义的图案，述说着来穗孩童对爱心党员和爱心人士的感谢之情。这个活动，使来穗孩童感受到党组织和爱心人士的关怀和温暖，他们表示会努力学习、乐于助人，做一个有爱心和对社会有贡献的人。

六、总结评估

（一）评估方法

本次活动的评估方式有 3 种：服务对象反馈表、社会工作者活动现场的观察、对服务对象进行访谈。

（二）评估内容

本次活动的评估内容为：服务对象的参与度、服务对象的满意度、服务对象的活动情况。

（三）服务对象的评价情况

本次活动抽取了 9 名服务对象进行活动意见反馈表的填写，整体满意度为 100%，对于送温暖、知感恩的活动形式和内容的满意度是 100%，活动对象在这个活动中感受到党员和社区对自己的关爱。

（四）目标达成情况

本次活动通过对服务对象的需求收集，积极带动社区党员和社会爱心人士成功对服务对象进行一对一的物资帮扶，既表明了党和社区对困难家庭子女的关爱，又让服务对象感到温暖，提高了他们对未来生活、学习的信心，激励他们以爱心人士为榜样，努力学习，长大后也做一个对社会有贡献的人。

七、督导点评

社会工作者通过搭建党群之家这一平台，链接社区党员和爱心人士等多方资源帮助来穗困难家庭子女，为其提供物资的支持和心灵上的慰藉，让服务对象在活动中感受到温暖。遗憾的是，活动如此有意义，但参与人数比较少，社区覆盖率不高。以后需要社会工作者加大宣传的力度，积极倡导社区党员、爱心人士关怀和支持社区内的困难群体。

作者简介

陈伟思，广州粤穗社会工作事务所一线社工。

工会社会工作服务

工会社会工作12653服务模式

谢建社　赵天琦

工会社会工作在我国还处于起步阶段，面临着诸多发展的困境，要得到长足的发展，必须扎根中国本土社会，创新服务工作方法，探索具有中国特色的工会社会工作模式。以挖掘职工潜能和实现跨越式发展为目标，以鼓励广大职工积极参与经济和社会建设为引领，以源头维权、科学维权、按章维权、多元维权、能人维权和信息维权为主要路径，服务企业和职工两大主体，构建党务工作者、工会工作者、社会工作者、义务工作者、企业职工的“五工”联动机制。

一、我国工会社会工作发展的时代背景

工会社会工作是由工会社会工作者运用社会工作理论与方法，协调企业劳动关系，预防和处置劳资矛盾，为广大职工提供生产、生活等方面的专业服务，帮助职工及其家庭摆脱困境，并发挥社会功能的职业活动。作为一项助人自助的活动，工会社会工作旨在加强并维持企业与职工之间稳定和谐的劳资关系，为劳资双方持续双赢发展提供基础。中国特色社会主义工会社会工作是我国构建和谐社会的“桥梁和纽带”。

我国工会社会工作是在适应经济社会发展、深化体制改革过程中应运而生的。目前，我国正处在经济转型和社会转轨阶段，新的社会矛盾不断涌现。广大职工群体的需要以及要求逐渐变得复杂化和多元化，导致传统的工会工作模式难以解决当前工作中存在的难点问题。社会主义市场经济扩大了企业工会的“制度性弱势”，社会结构的转变加剧了工会“双重角色定位”的矛盾，导致工会工作既难以有效维护职工利益，协调劳务关系，又难以发挥党联系群众的桥梁和纽带作用。在单位制时期，单位与职工之间重现了国家与民众之间的关系，工人及其代际家庭对所属单位的极大依赖使每个家庭都被

纳入单位管辖范围，在社会上形成一张坚固、紧密、子承父业的单位网络，单位福利覆盖生产、生活等方面，不同于当前社会的雇佣关系，单位制时期单位与职工之间更应该理解为依附与被依附关系。统一标准、统一分配下的职工在生产生活中遇到困难，都可以通过所在单位得以解决，此阶段我国社会的主要矛盾是人民日益增长的物质文化需要同落后的社会生产之间的矛盾。改革开放后，我国社会主义市场经济体制的建立，经济结构、社会结构的变革使劳资关系发生了深刻变化，非公企业大量增加，传统工会工作体制僵化、机制不灵，严重制约和束缚着工会工作的开展，也抑制了工会活力，并且在诸多方面不同程度地表现出机关化、行政化、贵族化、娱乐化的现象。这就急需工会工作者整合更多的社会资源，借助专业的力量协助传统型、经验型工会解决单一传统工会难以解决的各项职工问题。

在工会服务面临新挑战的关键节点上，各级工会结合工会重点工作，采用购买服务的方式，引导专业的社会组织为职工提供高质量、专业化服务成为一种普遍的做法。而社工事务所这一类社会组织以其专业性成为工会的重要合作伙伴，甚至成为其首选，于是就催生了工会社会工作这一新的领域。

工会社会工作具有独立性、客观性和科学性的特点，在权益维护、争议调处、教育引导等方面更易获得广大职工的支持与认可。此外，工会社会工作由企业提供平台，是专业社会工作嵌入现有社会治理体制的路径之一。工会社会工作专业人员的介入，能够在减少基层工会工作压力的同时丰富服务内容、扩大服务面，能够结合实际情况开展服务，在打通工会联系职工“最后一公里”方面发挥了重要作用，同时也为促进更加和谐的劳动关系，推动工会社会工作发展贡献了力量。工会社会工作运用社会工作专业理念和知识，为广大职工提供专业服务，与传统工会工作在服务对象、内容等方面本身就存在天然的契合性。因此，越来越多的企业通过工会招募社会工作者为工会会员提供专业服务，提升员工福利，促进和谐劳动关系。

近年来，实践领域的探索得到了政府的大力支持和倡导。2016 年 12 月 21 日，在总结既有实践经验的基础上，中华全国总工会、民政部、人力资源和社会保障部联合印发了《关于加强工会社会工作专业人才队伍建设的指导意见》，这是我国关于工会社会工作的第一个全国性文件。根据该文件精神，全国总工会成立了社会联络部，对于创新工会社会工作方式、完善工会社会服务机制、增强工会社会工作力量、提升工会社会工作成效具有重要促进作用。

二、我国工会社会工作服务需求

工会社会工作的引入对于缓和企业与职工的矛盾，促进企业与员工之间精诚合作、互利共赢，构建更加和谐的劳动关系具有重要作用。同时，当前我国工会社会工作在发展过程中还面临一些困境，主要表现在以下几个方面。

（一）工会社会工作的内容有待丰富和完善

“美好生活需要”可以通过社会服务来获得，而“美好生活需要”的获得感又是增强广大职工认同感的前提。当企业职工面临生活和精神压力而产生了紧张、疏离、厌倦等心理和生理反应时，需要专业社会工作的介入。企业职工想要在企业发展中求得良好的工作环境和提升自己的福利水准，也需要专业社会工作者挖掘职工的潜能。然而当前阶段工会往往受制于企业，企业内工会社会工作者难以独立开展专业服务。工会社会工作计划需配合企业以及企业职工的现状与条件进行，除单纯的以协调劳动关系为目的外，还应采取措施为职工争权益、谋发展以激发更多的潜力和动力，只有帮助广大职工自己建立强大的工会组织，才能营造广大职工增权的良好环境。

（二）工会社会工作专业水平有待提升

工会社会工作从职工需求出发，运用社会工作专业理论与方法，关心职工的身心健康，为职工排忧解困，协助职工合法维权，增加职工获得感，提升工会的凝聚力，促进工会事业的发展。然而，当前工会社会工作所提供的服务与职工需求还有一定距离。一方面，工会社会工作行政化严重。工会在购买服务过程中将行政部门自身承担的工作任务转嫁给工会社会工作者，工会社工在自身工作量之外还要完成原本不属于专业内的工作，使原本就繁重的服务工作超额附加行政任务。另一方面，工会社会工作的支持网络缺乏。工会兼有的行政性与社会属性使其在工作过程中不得不考虑购买方和利益方的压力，从而导致工会社会工作者缺少独立性、专业性和能动性。

（三）工会社会工作人才队伍亟须壮大

在推动工会社会工作发展过程中，人才队伍的弱小一直是制约工会社会工作发展的短板。《关于加强工会社会工作专业人才队伍建设的指导意见》指出，街道（乡镇）、开发区（工业园区）工会，职工 2000 人以下的，可配备 1 名工会社会工作专业人才；职工 2000 人以上的，每 3000 人可配备 1 名工会社会工作专业人才。以全国范围内社会工作整体发展较好、外来务工人员聚集的广州市来看，截至2018年底外来人口总量约为900多万，但工会社会工作者总量也未能突破千人大关。随着工会社会工作规模的不断扩大及社会需求的不断增加，工会社会工作人才亟待培育，工会社会工作专业人才队伍建设任重道远。

三、具有地方特色的12653服务模式

工会社会工作要得到良性的、可持续的发展，必须扎根中国本土社会，推进工作模式创新，探索具有地方特色的工会社会工作模式。本研究团队率领工会社会工作者在广州市某区实践中提出构建“12653”工会社会工作服务模式，即实现一个目标，坚持两个引领，善用六个维权技巧，创新“五工”联动服务机制，实施“金雁服务”三大工程，从而提升服务广大职工的专业水平。

（一）一个目标：挖掘职工潜能，实现区域经济社会跨越式发展

新产业工人阶层是执政党的重要力量，工会在新时代背景下担当了党和职工之间的桥梁。习近平总书记提出的增“三性”、去“四化”要求，为我们开辟了新时代中国特色社会主义工会发展的光明之路，是中国工运史发展的里程碑。工会社会工作要倡导广大职工听党话跟党走，挖掘职工潜能，提升职工素质，弘扬工匠精神，为实现企业跨越式发展贡献力量。

第一，工会社会工作者以工会为载体，运用专业理论与方法，通过资源整合、心理辅导、环境改变等，为职工日益增长的物质文化需求提供服务，以提高员工“助人自助”的能力。

第二，工会社会工作者善于与企业沟通，可以改善职工工作环境、增进职工福利、激发职工生产积极性，促进职工福利和待遇的提高，同时提高企业的生产效率，提高企业履行社会责任的意识。

（二）两个引领：鼓励广大职工积极参与经济和社会建设

习近平总书记曾强调，自觉坚持党的领导，是党的群团工作纯洁政治性的必要保证。在坚持一个目标的前提下，工会社会工作者协同基层工会与企业工会，通过政治引领和文化引领，鼓励广大职工积极参与新时代经济和社会建设。

1. 加强政治引领，激发职工奋发向上内源力

中国工会自成立之初就坚持共产党领导，扮演着工人阶级冲锋队的角色，是我国群众工作不可分割的一部分。习近平总书记指出，群团组织自觉承担并遵守以合理合规方式引导广大人民群众听党指挥、跟党走，夯实党的群众基础是工会组织政治性体现。将广大职工最大限度地团结在党的周围是工会社会工作的重要目标，同时也是工会社会工作是否取得成效的标准。在加强政治引领上，笔者以大量的服务研究为基础认为需着重从以下三个方面发力。

第一，要发挥各级工会带头作用。各级工会只有与党在思想、行动、政治上保持一致，才能为企业工会与工会社会工作者做示范，增强职工认可度。

第二，强化工会社会工作者专业责任感。工会社会工作者要坚持以党建为中心深入开展职工教育活动，使职工从思想上自觉形成跟党走的意识，将自身的命运紧紧地与中华民族的命运结合起来，将个人的价值实现与我国的工会事业紧紧相连。

第三，注重工会社会工作者服务成效。工会社会工作者要端正服务心态，将全心全意为职工服务作为开展工作的基本点。笔者及所在团队在广州地区创建的“工会搭台，职工唱戏”服务形式，鼓励职工群众积极在社工机构和基层工会或企业工会协同搭建的舞台上扮演主角，深入了解职工内心想法、挖掘职工中存在的普遍性问题，参与解决职工问题方案制订过程。满足职工基本生活以及精神层面的共性需求，增加职工对工会的认同感和归属感，使职工能真正地从内心深处把工会当成自己的家。

2. 加强文化引领，丰富职工娱乐生活

职工文化建设阵地也是企业文化得以传播的载体，应极尽所能发挥文化引领作用，将工会打造成职工的精神归宿。在知识经济急速发展背景下，企业间的竞争已经不再局限于单纯的产品技术竞争，文化“软实力”的较量正发挥着越来越重要的作用。工会工作者要以文化为职工精神食材、以职工切身文化需求为出发点，打造职工文化建设的重要阵地。

第一，创建“职工书屋”，推进文化建设。以创建“职工书屋”为契机，为职工持续不断学习创造机会，充分利用工作、业余时间增加自身对知识的摄入量，激发职工创新思维，推动企业跨越式发展。

第二，激发企业职工主观能动性，设计“职工专属文化菜单”，发挥工会社会工作者资源链接者作用，邀请专家“看单配菜”，依照需求设计出“定制

版”服务。工会社会工作者将安全生产、心理辅导、急救常识等多个领域分层分类按课程衔接编制，并借助互联网灵活设置、公开推出“文化菜单系列”技能培训课程，以方便各企业与职工通过互联网“按需取菜”。

（三）六个维权路径：确保职工权益合法有效保障

当职工权益需要维护时，工会却因为人员不足、资金不到位等情况，在帮助职工维权上处处受限，某些职工害怕因维权丢掉工作就选择与用人单位私下协商，甚至对企业侵犯自身权益听之任之；还有一些职工面对自身权益受损，却未能找到理性的表达方式，而是采取堵路、登高跳楼、临江跳水、点火自焚等极端方式。为解决以上难题，增强广大职工的主人翁意识，实现对职工权益的多方保障，达到职工维权的高效化以及多方的和谐共处，笔者提出，将职代会作为工人阶层维权的载体从源头维权、从职工利益出发科学维权、从完善制度机制着手按章维权、从资源整合出发多元维权、从维权履职建设出发鼓励能人维权、从信息互通共享出发直接维权六个维权途径。

第一，以职代会为维权载体的源头维权。职工代表大会是我国为维护职工权益、促进劳资关系良性发展，使广大职工有参与民主化管理的权利而设立的权力机构。新时代，提供足够条件稳定既定的身份地位是增强广大职工主人翁意识的前提。工会社会工作者要接纳并保证职工正当的政治诉求，打通平等对话、企业事务公开、职工参与民主化管理等渠道，使广大职工能真正了解和参与企业事务管理。

第二，从职工利益出发的科学维权。工会社会工作要在职工最关心的问题上着力，从权益最容易遭受侵害的地方开始，如职工最关注的就业问题，最担忧的技能提升问题，最敏感的收入分配问题，最能为其带来安全感的社会保障、安全生产、环境卫生等方面的问题，要用好法律手段，以最大的努力帮助职工妥善解决好上述问题。

第三，从完善制度机制着手的按章维权。工会社会工作者扮演倡导者角色，充分发挥区政府职能部门与工会、企业和社会组织的联系作用，推动建立健全三大机制：健全法律援助责任制，杜绝互相推诿事件的发生；建立案件承办制，杜绝职工为相同诉求事件多次奔波；创立工会督办制，增强职工维权透明性与有效性。拓宽职工机制维权、全面维权、个案维权途径，为职工提供维权平台；工会社会工作者还可与律师、法律专家沟通协商，创新“坐诊－巡诊－会诊”模式，以帮助处于困境中的职工有人可寻、有处可诉。

第四，从资源整合出发的多元维权。工会社会工作者可作为资源链接者，对职工维权拥有更加客观系统的认识，有能力多方位调动社会各界可利用资源，探索更多、更好、更有保障性的维权路径，对资源进行横向与纵向的链接，加强城际的联动，实现对职工权益的多方保障，有针对性地达到多方利益的最大化，力求达到职工维权的高效化以及多方的和谐共处。

第五，加强维权履职建设的能人维权。各企业都会有一些思维清晰、维权意识较强的职工，若能开设维权课程使其吸收更多的维权知识，并由工会充当他们维权的后盾，就能从根本上解决职工维权的人力、财力的困难问题。在进一步提高职工维权效率问题上，工会社会工作除了在维权过程中应尽可能考虑职工的心理状态外，还应建立扩大具有高维权意识、高素质的职工队伍，将职工维权能人吸纳进维权队伍。

第六，开发“互联网＋工会”新途径的网络维权。工会社工作为职工的“娘家人”，承担着提供信息交流，维护职工权益的重要职责，要最大限度地发挥“互联网＋工会”职工之家信息交流平台作用，在网上平台设立“工会办公平台”“业务工会服务平台”“三智工会平台”“工会大数据平台库”“档案工会电子图书馆”五大板块，依托工会职工大数据，实现信息互通共享，多层次维护职工权益。

（四）“五工”联动：创新工会社会工作服务新机制

工会社会工作的发展需要推动专业发展的人才队伍，创新“五工”联动服务机制。这一机制是以党建为引领、以职工服务为平台、以社会企业为载体、以专业社工为支撑、以社区志愿服务为有益补充，在企业建构和谐劳动关系的“五工”联动（党务工作者、工会工作者、社会工作者、义务工作者、企业职工）工会社会工作服务机制。创建“五工”联动服务机制的主要目的是探索党建引领、“五工”联动携手同行、社会组织服务运营、企业职工协商、社会工作服务标准化、共建共治共享新格局和多方联席会建设的“多位一体”资源整合的“五工”联动服务模式，推进企业、社工、职工、志愿者、社会组织的深度融合以及促进企业服务平台、职工参与平台、职工互动平台的建设。其目的是通过多方联动引导职工拥有正确的价值理念，激发职工奋发向上的热情，从而进一步提升广大职工在党的领导、工会关怀、社会服务、广泛参与中的安全感、认同感、获得感、满足感、幸福感以及广大职工的社会参与度。

（五）工会社工“金雁服务”三大工程

金雁原意是金色的大雁，出自唐代宋之问《送赵司马赴蜀州》诗：“桥寒金雁落，林曙碧鸡飞。”此处把来自外地的企业职工比作“金雁”。

1. 金雁筑巢

通过系列的社工专业服务，增强了广大职工对工会的认同感和归属感，增强了他们在企业稳定发展的信念。

（1）开展迎雁入巢行动。开展入会筑巢行动，推动民工入会、企业建会。协助企业工会策划组织职工服务活动，打造企业工会服务特色品牌，推动企业建会工作开展；通过定期工会政策宣传，引导农民工合法维护权益，调动农民工入会积极性。

（2）建设劳动大军的“职工之家”。各级总工会和企业工会以“建家”活动为载体，积极为职工群众办实事，为企业打造党员先锋先进企业文化。

2. 金雁助飞

关注职工身心健康发展及自身素质的提升，通过社会工作系列专业服务为职工赋能，提升他们解决问题的能力，激发他们的发展潜能。提高企业工会相关部门干部处理职工问题的能力，引导企业工会更好地处理企业与职工的矛盾，促进企业与职工的关系更和谐健康发展。

（1）拓展工会社会工作服务新领域。黄埔区把公共服务的部分职能通过购买方式转交社会，引进工会社会工作服务，深受企业职工的好评。

第一，工会社会工作者是企业职工心理问题的调适者。由于企业职工受“城市边缘人”“受偏见”“被剥夺”等心理因素的影响，易产生精神失控而做出越轨行为。这时，工会社会工作者可以充当“社会心理医生”的角色，运用个案工作、小组工作和社区工作方法，为企业职工个人及其家庭或企业职工群体提供专业服务。

第二，工会社会工作者是企业职工社会政策的倡导者。由于部分职工的城市社会保障和劳保福利政策不够健全，企业职工社会保障和劳动权益的保障迫切需要工会社会工作者的倡导，呼吁和维护社会保障和福利政策的出台与实施。同时，工会社会工作者组织社会权威人士和社会爱心人士，倡导和支持企业职工融入城市的各项政策的制定和执行。

第三，工会社会工作者是企业职工理性维权的教育者。企业职工特别是新生代企业职工法律意识不断增强，当其合法权益受到侵害时，他们往往第一时间想到的是工会社会工作者。工会社会工作者可以运用专业知识，通过法律援助，引导企业职工理性维权。

第四，工会社会工作者是企业职工城乡社会信任的重建者。企业职工融入城市的一个重要标志是，建立了企业职工与政府、企业与社区居民之间的诚信关系。工会社会工作者运用专业方法和技巧在政府、企业和职工之间建立起沟通和协调桥梁，可以提升企业职工对城镇社会的认同感和归属感。

第五，工会社会工作者是企业职工服务资源的整合者。企业工会社会工作就是社会工作者通过对企业职工生活社区背景的了解，充分整合社会资源，帮助企业职工满足其城镇生活的需求和愿望。

第六，工会社会工作者是企业职工城市发展潜能的开发者。社会工作者善于发现企业职工的潜能，通过提升企业职工解决自己问题的能力，使企业职工可以依靠自己的力量走出困境，主动适应城镇社会，实现有序市民化目标。

（2）开展“四季关爱”主题服务。阳春：就业信息推荐，提供系列服务；炽夏：关注“八大行业”职工，提供系列服务；金秋：宣传学历提升相关信息，促进职工不断进步；暖冬：提供安全归家宣传服务，为坚守岗位的职工送年味等。

3. 金雁群飞

金雁群飞为工会组织、企业与职工提供展示的平台，开展系列服务，使其能够实现自我发展，形成雁阵共同飞翔。

（1）培育职工志愿服务队伍。大力培养职工志愿者队伍，促进职工积极参与志愿服务，为职工提供志愿服务的平台。

搭建相应的职工志愿者服务平台，根据职工的特长，统筹开展多种类型的志愿活动，发挥职工志愿队伍的作用；组织职工志愿者提供困难帮扶服务，在职工之间形成互帮互助，最终实现职工自助。

（2）树立企业社会责任的“金雁群飞”服务意识。工会社工服务可以帮助企业树立社会责任意识，履行企业社会责任目标，运用工会组织与企业优势资源，助力企业践行社会责任，并产生积极的社会影响，提高工会组织、企业与社会服务的知名度，并能创新多元主体参与促进企业践行社会责任的制度，助力形成合作的“雁阵”，翱翔于广阔天地间。

四、督导点评

工会社会工作是我国工会工作模式的创新，也是我国社会工作领域的拓展。这一新生事物要获得长足发展，就必须扎根于中华民族几千年的文明历史和中国独特的社会土壤，构建工会社会工作本土化运行机制。“12653”工会社会工作服务模式，是广州粤穗社会工作事务所研究团队与服务团队运用社会工作专业理论与方法，以党建为引领，以职工为本，从职工需求出发，满足职工多种需求，科学引导我国广大职工树立坚定跟党走的决心，激励广大职工努力奋进推动企业实现跨越式发展，帮助职工树立正确政治意识，以文化引领为职工提供精神归属，挖掘职工维权的6个途径，以“五工”联动服务机制打造“多位一体”资源整合的“五工”联动服务模式，推动社区、社工、职工、志愿者、社会组织的深度融合以及促进企业服务平台、职工参与平台、职工互动平台建设。需要说明的是，进入新时代，面对职工多层面、多种类需求，我国工会社会工作对推动职工发展发挥有更大的潜在作用空间，需要我们继续探索，针对当前工会社会工作存在的队伍流动性较大、缺乏工资正常增长和职务晋升机制、职业发展空间不足等问题，依然需要我们在服务中继续探寻适合我国工会社会工作发展的新路。

作者简介

谢建社，中共党员，现任广州粤穗社会工作事务所总干事。从事社会工作教育与研究22年。主要研究方向：党建社会工作、现代社会工作理论、工会社会工作理论与实务。

赵天埼，社会工作专业硕士，广州粤穗社会工作事务所助理社工师。

维权四路径，助力23位湖北返粤职工拿回工资

邓小玉

一、个案背景

疫情发生以来，黄埔工会社会工作服务项目快速应对，开通了心理咨询服务热线，及时为职工提供帮助。湖北解封的第三天，黄埔某公司的23位湖北返粤的职工来到工会职工服务中心咨询，表示疫情期间家乡封路，未能返粤，2月和3月都没有收到工资。湖北解封后，大家都是即刻坐车回广州上班，回到公司询问疫情期间两个月工资发放的问题，派遣公司表示工资都是按照上班时间计算的，没有回来上班就没有工资。

因群体性维权案件影响较大，社工了解情况后，紧急介入，立刻联系工会律师提供专业咨询，同时报告上级工会并获得支持。接下来，通过四个维权路径引导职工理性维权。

二、分析预估

（一）个案优劣势分析

经过评估分析，本个案优势为：服务对象都认可理性的维权方式，交流过程中情绪也比较和缓，没有过激的言论或者行为；服务对象比较团结，且认同从23人中选出3位代表负责跟进维权进展，其他人全力配合，听从3位代表的安排，有新情况也会及时进行沟通，意见一致，沟通顺畅；维权过程中能够主动先咨询职工服务中心，了解法律依据，获得工会途径（正式资源）的支持与维权指引，并主动到劳动保障部门进行咨询。

劣势为：法律知识了解较浅，故维权过程中不够自信，不敢主动与公司或者用工单位的负责人沟通；对维权的认知有些偏差，认为正式途径没有效果，只有把事件闹大才会引起关注，故欲采取直接举报、媒体曝光的方式；

服务对象担心不能为同事争取到疫情期间的工资，也担心影响跟派遣公司及用工企业的关系，因而感到压力大，比较焦虑。

（二）个案需求分析

服务对象不了解疫情期间职工工资发放的法律政策依据，只知道用工企业的正式员工在疫情期间未能返岗是正常发放工资的，但是劳务派遣工没有，故社工需要将相关法律政策告知服务对象，提升服务对象对法律知识的了解；根据法律规定，协助服务对象合理维护自身权益，分析服务对象维权的流程及相应结果，让服务对象自决适合的途径；链接工会律师资源，解答服务对象的疑惑，并提供专业指引；引导服务对象合理合法维护权益，给予服务对象充分的支持，缓解服务对象的压力，降低服务对象的焦虑情绪，避免出现过激的行为。

三、服务计划

（一）服务目标

1. 总体目标

提升服务对象的法律意识，运用合理合法的程序维护服务对象的权益。

2. 具体目标

给服务对象提供疫情期间关于工资发放的法律相关规定资料，并告知获取法律信息的途径；链接工会律师资源，为服务对象提供咨询及专业指引；及时为服务对象及其同事提供支持与帮助，缓解他们的压力及焦虑；搭建沟通协调的平台，引导企业及服务对象协商解决问题。

（二）介入策略

任务中心模式把服务介入的焦点集中在为服务对象提供简要有效的服务上，希望帮助服务对象在有限的时间内实现自己所选定的明确目标。它认为，高效的服务介入必须符合五个方面的基本要求：①介入时间有限。②介入目标清晰。③介入服务简要。④介入过程精密。⑤服务效果明显。在任务中心模式看来，任务就是服务对象为解决自己的问题而需要做的工作。它是服务介入工作的核心，是实现服务介入工作目标——解决问题的手段。两者之间的关系类似于目标和手段之间的关系。要成为可以处理的问题必须具备四个条件：①服务对象知道这个问题的存在。②服务对象承认这是一个问题。

③服务对象愿意处理这个问题。④服务对象有能力处理这个问题，并有可能在服务以外的时间尝试独立处理这个问题。此个案符合处理问题必须具备的四个条件，也达到了服务介入的基本要求。

（三）服务程序

服务阶段	目标	介入内容
个案初期	了解服务对象的诉求，及时为服务对象提供支持与帮助，缓解服务对象的压力及焦虑	获得服务对象的信任，同理服务对象的境遇，倾听服务对象的想法，站在服务对象角度分析问题的可行处理方法，并鼓励服务对象的理性行为
	给服务对象提供疫情期间关于工资发放的相关规定，并告知获取法律信息的途径	将市总工会、区总工会整理的疫情期间的法律规定打印或者转发给服务对象，并告知在粤工惠 App、市总工会网站、项目公众号等平台能够获得最新的法律信息
	获得上级工会部门支持	向上级工会部门反映服务对象的群体性维权案件，获得区总工会、园区总工会等的支持及指引
个案中期	链接工会律师资源，为服务对象提供咨询及专业指引	指引服务对象咨询中心的驻点律师，给予法律专业指引
	推选代表，提高维权效率	组织 23 位职工推选出 3 位职工代表，能人维权，提高维权效率，也避免疫情期间的人群聚集
	确定责任主体，宣传教育	联系工会律师介入，向用工单位及劳务派遣单位普及法律知识，告知双方都负有连带责任，疫情期间有责任和义务保障职工的合法权益
个案后期	搭建沟通协调的平台，引导公司及服务对象协商解决问题	服务对象在疫情期间的工资发放，派遣公司及用工单位负有连带责任，可搭建沟通协调的平台，以共同协调的方式解决问题

四、服务计划实施过程

（一）科学维权：提升法律知识，明晰权益

服务对象共 23 人前来咨询时，对疫情期间工资发放的法规条款一无所知，只知道该公司的正式员工疫情期间都是正常发放工资，但是他们却没有，所以前来工会服务中心咨询这种做法是否合理。社工马上缓解服务对象等人受到不公待遇的激动情绪，并告知有明文规定保障职工疫情期间的权益，引导服务对象仔细分析疫情期间工资发放的法规条款，让职工看到维权的希望，制订理性维权的计划。

（二）能人维权：推选职工代表，提高效率

为提高沟通效率，且为了疫情期间避免人群聚集，社工组织服务对象23人举行线上会议，建议选出大家一致认可的3位代表负责跟进维权进展，其他人全力配合，听从3位代表的安排，有新情况及时沟通。建议得到全部职工的积极回应，顺利选出3位职工代表，当选代表也向社工表示，为不辜负大家信任，会讲出大家的心声，依法依规，积极争取权益保障。

（三）按章维权：确定责任主体，宣传教育

社工分别向用工公司及劳务派遣公司了解情况。用工公司表示这些工人不是公司的正式员工，所以公司不担负这个责任，工人来上班才有工资；劳务派遣公司表示他们只是代发工资，用工单位没有给工人疫情期间的工资，他们也无可奈何。社工联系上级工会权益保障部门以及工会律师介入，告知用工单位及派遣公司都是负有连带责任的，疫情期间有责任和义务保障工人的合法权益，依法依规给工人发放工资，也避免因为此次事件对公司声誉产生影响。经过多次的沟通，两家公司愿意出面协调。

（四）多元维权：举行联席会议，有效沟通

社工组织用工单位、劳务派遣公司、服务对象代表、工会律师、上级工会等出席此次联席会议。服务对象代表表示，这些工人在该公司工作最短的都超过3年，时间长的甚至超过15年，大家都勤勤恳恳工作，一直很认可公司的管理文化，也对公司有很强的归属感。疫情期间未能返工，大家心里都很焦急，担心影响公司生产，湖北一解封，都是即刻买票回来上班，希望公司能够依法发放疫情期间的工资。公司代表表示协商前公司领导也开会讨论过这个事情，各部门负责人也都表示大家工作表现很好，故公司提出，只要大家能够提供隔离证明，公司会补发疫情隔离期间的工资。

（五）维权四路径，促进目标顺利达成

经过半个月的沟通协调，23位湖北返粤职工通过合理合法的维权方式，拿到了属于自己的工资。服务对象表示以前觉得只有投诉举报，把事件闹大权益才能得到保障，原来理性维权，通过协商也能够达到目的。通过这次协商，服务对象也感受到公司的诚意，表示今后会更加努力工作，为复工复产多流汗，为公司创造效益。公司也转变观念，不管是正式员工还是派遣工人，都一视同仁，把员工利益放在首位。

五、总结评估

（一）从认知层面改变服务对象对维权方式的理解，认可科学维权的方式

社工初次接触服务对象时，服务对象只是向社工咨询劳动保障部门的地址及电话，且不认为工会、社工在维权方面会有帮助。社工了解了服务对象的诉求后，同理服务对象的境遇，表明社工工作范畴，运用专业方法与服务对象讨论可介入方向，获得了服务对象的信任。从认知层面转变服务对象对维权渠道的偏见，认可科学维权的方式。

（二）运用专业工作方法，协助23位服务对象拿回工资

社工了解服务对象的诉求后，迅速介入，获得区总工会、律师等的支持，运用科学维权、能人维权、按章维权、多元维权的工作思路，多方联动，促成职工与企业友好协商，成功为23位服务对象追回疫情期间未发放的工资，合计约人民币20万元。

（三）做好劳资双方的缓冲带，保障职工权益

此次个案介入过程中，凸显了工会社工在职工权益保障方面的作用，成效明显，及时避免了群体性维权事件的发生，缓和了劳方和资方的关系，起到了缓解矛盾的作用。从社会影响来看，该案例在介入职工群体性维权方面的成功经验，对稳定劳资关系也有一定的借鉴意义。

六、专业反思

社工在个案服务过程中发现，许多职工对政府部门、工会、社工的职能不了解，也缺乏信任，在权益受到侵害时，往往还未进行沟通协商，就想直接选择罢工、举报等破坏劳资关系的维权途径。故作为工会社工，更应从职工最关心的问题着力，从职工权益最容易受侵害的地方开始，用好法律手段，坚守维权底线，以最大的努力争取最好的结果，获得更多职工的信赖。工会社会工作者对职工维权拥有更加客观系统的认识，能够更加充分调动社会各界资源，拓宽维权渠道，对资源进行横向与纵向的链接，实现对职工权益的保障，有针对性地达到劳资双方的利益最大化，力求达到职工维权的高效化以及劳资关系的和谐稳定。

七、督导点评

疫情背景下，部分企业生产经营困难，职工返岗延迟，因疫情引发的劳动争议纠纷增多。虽然国家和地方政府均出台了一系列的政策法规，对相关劳动争议的解决给出了一定的指引及要求，但在具体的纠纷事件中，如何解读相关政策法规，如何兼顾劳资双方的平衡，如何兼顾当前利益与长远利益，则需要加强部门联动，形成化解纠纷的合力。本案例中，工会社会工作者拥有较好的政策敏感性和危机意识，在面对职工群体维权事件时，能够在第一时间安抚好职工的对立情绪，并积极联合用工单位、劳务派遣公司、职工代表、工会律师、上级工会等力量，通过“科学维权”“能人维权”“按章维权”“多元维权”四条路径，有效地维护了职工群体利益，也进一步维系了劳资关系。

作者简介

邓小玉，社会工作专业毕业，中级社工师，从事社会工作9年。现任广州粤穗社会工作事务所承接运营的黄埔区总工会“金雁工程”社工服务项目主任。

社工，我这种情况是得了职业病吗

胡兰岸

一、个案背景

服务对象，男，51岁，工厂普工。服务对象在某塑料有限公司工作，日常工作是负责碎塑料，由于单位没有配备专业的防尘口罩与防护工作服，服务对象每天戴着普通的防护口罩长达12小时在线作业。3年多来，因一直处在粉尘、异味的作业环境中，服务对象手脚皮肤溃烂、瘙痒难耐。

二、分析预估

（一）生理方面

服务对象平时工作是两班倒，半个月上长白班，半个月上通宵晚班，长期的日夜颠倒导致服务对象面色蜡黄，黑眼圈明显，从服务对象裸露在外的皮肤可以清晰看到黑褐色的溃烂印记，服务对象整个人精神状态不佳，沟通反应迟钝。

（二）心理方面

服务对象两年多来一直深受皮肤病困扰，健康状况和外在形象皆受影响，然而服务对象公司组织的体检并未涉及职业病检测，服务对象担心自己已经得了职业病，甚至怀疑有其他非显性的疾病未被发现，服务对象为此焦虑不安。

（三）社会方面

服务对象来自核心家庭，夫妻俩加上一个在读大学的孩子。孩子不在身边读书，夫妻两人都是普通的一线职工，平常没有参加过社区活动，日常生活比较单一。

（四）朋辈关系

服务对象和妻子在广州某区打工多年，有一定的朋辈基础，大家都劝服务对象看医生或换一份工作，总体而言，服务对象的朋辈支持网络比较充足。

三、服务计划

（一）服务目标

帮助服务对象正确认识职业病，引导服务对象通过专业检查来排除职业病，减轻服务对象对自身是否存在职业病的担忧心理；关注服务对象的身体及精神状态，提供给服务对象宣泄担忧的空间，引导服务对象积极治疗，重拾生活动力与信心。

（二）介入策略

社会支持理论：一个人所拥有的社会支持网络越强大，就能够越好地应对来自环境的挑战。以社会支持理论为取向的社会工作，强调通过干预个人的社会网络来改变社会网络在个人生活中的作用。特别对于社会网络薄弱以及利用社会网络能力不足的个体，社会工作者致力于给他们必要的帮助，帮助他们扩大社会网络资源，提高其对社会网络的利用能力。

根据社会支持理论的特点，社会工作者计划链接正式支持资源，协助服务对象了解相关法律法规，协助其梳理解决问题的办法，同时通过情感支持给予服务对象情绪辅导，鼓励服务对象积极应对，提高服务对象解决问题的能力。

四、服务计划实施过程

（一）收集信息，了解服务对象的需求

社会工作者收集服务对象的基本情况，包括生理、心理、社会、人际关系等方面的信息，耐心倾听服务对象的倾诉。服务对象和妻子都是基层的一线生产工人，日常除了住房、生活、孩子的教育支出后，每月结余的薪水并不多，服务对象担心自己身体出现状况，会使家庭经济入不敷出。社工同理服务对象的担忧，对服务对象表示关切，等服务对象宣泄完情绪后，通过澄清、聚焦等技巧协助服务对象梳理出当前最需要解决的问题是确定自身皮肤问题反复是否因为职业环境而产生，是否存在职业病问题。针对服务对象的需求，社工进一步了解服务对象的工作环境，以及服务对象曾经做过哪些检查及单位体检，服务对象回答说有做过体检，并且在第二次面谈时拿来了最近一年的体检报告。社工协助服务对象一同分析体检报告，各项体检数据正常，初步减轻了服务对象的担忧。

（二）链接法律资源，扩大服务对象的支持系统

鉴于服务对象的体检报告上没有关于皮肤的检测，这也正是服务对象担心的职业病关键检查项目，社工为服务对象链接了区总工会的专业律师，陪同服务对象一起了解职业病及相关的法律法规。律师建议服务对象可以向公司提出职业病检查的需要，若不被支持，服务对象可以先自费检查，之后根据检查结果和公司协商调岗等。社工还陪同服务对象查找相关文献，了解到由于职业性皮肤病产生的原因复杂，需要服务对象到指定的职业病检测医院做相关职业病检查，且职业性皮肤病一般不丧失劳动能力，经过治疗、调理、调岗等有效措施，可以帮助患者恢复，从心理上减轻服务对象对职业性皮肤病的担忧。此服务过程中，社工注重帮助服务对象分析最开始皮肤出现状况的节点，服务对象同事中是否有相似的皮肤病现象，及服务对象在过往治疗时医生给出的诊断意见等，经过一步步梳理，服务对象对自身健康状况的变化有了更细致的了解。

（三）尊重服务对象的自决权，支持其调整工作和生活安排

服务对象与家人商量后，决定向公司提出辞职。社工表示理解，长期两班倒的工作制不利于服务对象身体的调理，同时建议服务对象在离职前尝试要求单位或自行委托进行离岗前的职业健康检查，以了解其离开工作岗位时的健康状况，分清健康损害的责任。之后，服务对象去了职业病检测医院做了相关检查，已经排除了职业性所致的皮肤病，但因为服务对象之前没有进行有效治疗，皮肤问题较为严重，后期需要系统的治疗并定期复查。服务对象表示自己没有职业病，“心中大石”终于可以放下了。社工继续给予服务对象支持，鼓励服务对象积极治疗，同时循序渐进加强身体的锻炼和营养的补充以提高免疫力。服务对象称通过这次事件后，他觉得身体健康才是最重要的，他和妻子都不年轻了，实在没必要为了赚钱而选择长晚班的工作，并表示以后要少吃食堂和快餐，尽量自己做饭吃，晚饭后少看手机多在社区散步。社工欣喜于服务对象的改变，个案目标基本达成，与服务对象沟通后结案。

五、总结评估

（一）目标达成情况

1. 目标“减轻服务对象存在职业病的担忧心理”基本达成

个案前期，服务对象担心自身的皮肤病是职业所致，怀疑自己得了职业性皮肤病，因此忧心忡忡，社工根据服务对象过往的健康体检记录，分析各项正常数据从而减轻了服务对象的担忧情绪；个案中期，社工为服务对象链接法律资源，了解职业病的鉴定程序，通过查找文献了解职业性皮肤病的防治方案，从心理上减轻了服务对象的担忧；个案后期，服务对象通过检查排除了职业性皮肤病可能，决定离职换一个工作环境，接受治疗同时调整生活作息，服务对象的担忧情绪进一步减少，并积极地应对皮肤问题。

2. 目标“引导服务对象积极治疗，重拾生活动力与信心”基本达成

服务对象在个案初期因为受皮肤病的困扰，整个人精神状态不佳，自身无力感、焦虑情绪明显；个案中期，通过咨询律师，了解鉴定职业病的方法和职业性皮肤病防治法，社工协助服务对象厘清解决问题的方案，服务对象渐渐思路清晰，状态好转；个案后期，服务对象排除了职业性皮肤病的可能，整个人状态放松，在积极就医治疗的同时制订了简单可行的生活作息方案，服务对象拥有了自己解决问题的信心和能力。

（二）过程评估

个案初期：社工接案后，运用专注、倾听、同理、聚焦等技巧与服务对象建立关系，收集服务对象信息，协助服务对象分析自身现状，厘清服务对象的需求。

个案中期：社工根据服务对象的需求，为其链接相关法律资源，协助服务对象了解职业病的检测及鉴定程序，鼓励服务对象主动接受职业病检测。陪同服务对象查询相关文献了解到职业性皮肤病患者一般不会丧失劳动能力，经过治疗、调理、调岗等有效措施可以恢复正常，最大限度地给予了服务对象信心。

个案后期：服务对象通过职业病检查排除了职业性皮肤病可能，并与家人商量辞去现有工作换一个工作环境，同时积极接受治疗，制定健康生活作息时间表，服务对象重拾对生活的热情和信心。整体目标达成，因此社会工作者作结案处理。

（三）服务对象评估

个案服务过程中，服务对象对社工提供的帮助多次表示感谢。同时服务对象表示这两年因为皮肤病病情反复，整个人形象状态都不好，担心有疾病潜伏在体内，现在确诊无职业病后放松很多。

六、专业反思

社工在为服务对象提供专业服务的过程中，注重“网络搭建”和“情绪支持”。社工为服务对象提供正式支持，通过链接专业律师了解相关法规，查找相关文献，协助服务对象梳理了解决问题的办法，搭建起服务对象的社会支持网络。

“情绪支持”在个案中体现最多的是支持和鼓励，服务对象受到皮肤病问题的困扰，担心自己得了职业性皮肤病，担心久治不愈导致家庭经济受损。社工给予服务对象释放情绪的时间和空间，接纳和理解服务对象的担忧与不安，等服务对象情绪完全释放后，给予支持和鼓励，引导服务对象主动行动、主动改变、积极应对，从而提升了服务对象应对、解决问题的能力。

七、督导点评

面对服务对象的“职业病”困扰，工会社工通过体检报告的分析、职业皮肤病的资讯提供、专业律师资源的链接等一系列服务工作，协助服务对象排除了患上职业病的隐忧，社会工作者的服务提供者、教育者、支持者、资源链接者等多重角色作用得到了较好的发挥，特别是经由这次服务，服务对象放下了心中的顾虑，调换了工作，调整了作息时间，为获得良好的身心健康状态打下了基础。

作者简介

胡兰岸，助理社会工作师，从事社会工作 2 年。广州粤穗社会工作事务所黄埔区总工会“金雁工程”社工服务项目主任助理。

无故被辞退，职工维权有方法

——工会社工助力职工解决劳资纠纷

胡兰岸

一、个案背景

服务对象，男性，36岁，于2014年7月10日入职A公司，头两年是一线生产工人，后被提升为生产主管。在职期间一直兢兢业业，无违反公司规章制度现象。2020年春节后复工的第一天，公司领导以服务对象不能胜任工作为由，要将其从生产主管降级为生产工人，服务对象不接受公司的调岗安排，人事经理表示公司会给予服务对象2.8万元作为劳动补偿，服务对象不同意，且仍然想继续在公司工作，因为公司生产车间都是5天8小时工作制，“五险一金”都按劳动法来缴纳，服务对象觉得疫情期间有一份稳定的工作并不容易，而且公司好像只是说说而已，因为下班前人事经理改口，2.8万元的劳动赔偿大缩水变成了3个月的工资，服务对象并没有理会这件事，继续照常上下班。工作至3月下旬，公司以书面文件通知服务对象调岗，服务对象同样以书面形式向公司表明了自己不接受调岗的立场。几天后，公司下发辞退书，没有任何工作人员找服务对象谈劳动赔偿，工作未进行交接，服务对象甚至没来得及收拾个人物品，就被保安赶出厂区。

二、分析预估

（一）个案的优、劣势分析

服务对象善于运用身边的资源，被辞退当天主动到职工服务中心寻求社会工作者的帮助；服务对象完整地保存了自己的劳动合同、工作调令、社保工资记录单等对自己有利的证明材料。

服务对象作为劳动个体，是不利的一方，在和公司协商理赔方案时，其缺乏相应的法律知识以及朋辈支持。且服务对象觉得自己不擅长沟通，工作六七年和领导、同事关系并不太好。

（二）个案需求分析

服务对象无故被辞退，且被保安赶出厂区，情绪激动、焦躁，有情绪疏导的需求；公司态度强硬，没有按劳动合同法给予服务对象相应的劳动补偿，需要链接法律资源，进行合法维权；服务对象的焦虑情绪很大一部分来自突然失业，收入中断，后面有找工作的需求。

三、服务计划

（一）服务目标

通过情绪疏导，缓解服务对象的焦虑情绪。

为服务对象提供正式支持，为其链接专业法律资源，协助服务对象合理合法维权。

后期视服务对象的需要，协助服务对象梳理现有资源，为服务对象提供就业支持，促进自主择业。

（二）介入策略

社会支持理论重视人与社会的适应性问题，强调人在社会环境中的感受，重视社会资源的利用，认为个人的发展是个人因素和社会因素共同作用的产物，认为人与社会环境中的各种系统是相互作用的，认为个人通过对社会资源的广泛利用，可以改善目前面临的困境状况，并通过行为模式实施相应的干预行动，链接社会资源解决个人生活方面的问题，达到良好的福利状态。个体突然面临负面生活事件时，如能感受到依然被他人关爱、尊重，则能大大减轻失落感。社会支持的应用一般分三个步骤：一是引导，直接引导个体正视压力，增强应对压力的自信心。二是提供，提供有效应对压力的家庭、社会环境支持，给个体帮助性的信息。三是榜样，提供榜样，分析面对压力环境应如何应对与评价。

服务阶段	目标	介入策略
个案初期	建立关系，缓解服务对象的焦虑情绪	1. 了解服务对象的基本情况，协助服务对象聚焦问题以及讨论解决问题的方式 2. 服务对象骤然失业情绪焦虑，社工同理他的遭遇，给予其释放情绪的空间，鼓励服务对象积极面对
个案中期	链接相关资源，协助服务对象合理合法维权	1. 链接工会律师资源，了解企业的做法是否正确并提供专业的法律意见 2. 协助服务对象收集材料，申请劳动仲裁，了解服务对象在申请劳动仲裁过程中遇到的新问题，及时给予帮助 3. 协助服务对象梳理现有资源、未来求职的计划，提供就业信息，促进自主择业
个案后期	总结成长，结案	1. 与服务对象分享个案过程中服务对象的成长和变化 2. 处理离别情绪，结案

四、服务计划实施过程

介入阶段	具体目标	服务内容及服务形式
个案初期	和服务对象建立专业关系，保持有效沟通，缓解服务对象的焦虑、担忧情绪	和服务对象建立初步的专业关系，进行有效沟通，倾听服务对象的担忧，回应服务对象的诉求，逐步获得服务对象的信任，以情绪疏导为主
个案中期	为服务对象链接法律资源，协助服务对象准备劳动仲裁的资料，针对服务对象遇到的新问题及时给予支持和鼓励，根据服务对象的需要，为其提供就业指导	1. 工会律师建议服务对象申请劳动仲裁，拿回属于自己的劳动权益，而服务对象担心劳动仲裁流程烦琐，花费了时间精力最后却不了了之 2. 社工从优势的角度，协助服务对象意识到公司的做法违背了劳动合同法，且服务对象的原始证据材料保存完整，劳动部门重视劳动个体权益，这些对服务对象都非常有利，鼓励服务对象积极行动申请劳动仲裁，增强其维权的信心 3. 社工协助服务对象整理、复印原始资料，跟进服务对象申请劳动仲裁时遇到的新问题，及时予以帮助，并对服务对象在仲裁等待期间的焦虑情绪予以疏导 4. 了解服务对象的就业需求，与服务对象一同挖掘身边拥有的资源、自身的优势，为服务对象提供就业指导，鼓励服务对象多多参加面试，促进自主择业
个案后期	跟踪服务对象劳动仲裁的结果、就业情况，协助服务对象总结个案前后的心态变化	了解到服务对象的劳动仲裁有了结果，依法拿回了劳动权益，并顺利就业。社工协助服务对象总结个案前后的心态变化，肯定其在此期间付出的努力和成果

五、总结评估

（一）过程评估及目标达成情况

1. 目标达成情况

个案初期，服务对象无故被辞退，且个人工作未交接，个人办公用品未整理就被保安赶出厂区，其情绪是激动而焦躁的。个案中期，社工协助服务对象梳理自己的需求，为其链接法律资源，给予其正面支持和鼓励，服务对象意识到自己是有能力拿回自己的合法劳动权益的，焦虑担忧情绪缓解，个体信心增强。

社工给予服务对象正式支持，为其链接工会法律资源。服务对象在咨询律师后，清楚了解了拿回劳动权益的方法。在执行过程中，社工及时给予鼓励、支持，推动服务对象积极行动，最终，服务对象顺利拿回属于自己的劳动权益。

个案后期，服务对象有求职需求，社工为其提供就业指导。一直以来，服务对象勤恳工作，但不太懂得与上下级保持有效沟通，社工通过举例、示范、情景模拟等方式，引导服务对象思考怎样的沟通方式有利于工作的开展。同时，社工协助服务对象梳理现有资源，挖掘服务对象自身优势，促进服务对象自主择业。最后服务对象成功入职，找到满意的工作。

2. 过程评估

个案初期，服务对象情绪焦躁，社工耐心倾听，同理其遭遇，以情绪疏导为主，给予服务对象情感上的支持，同时引导服务对象正视问题，协助服务对象聚焦需要解决的问题并梳理出本次个案的目标。

个案中期，社工在优势视角的指导下，以社会支持理论为中心，为服务对象链接工会法律资源解决现有问题，协助服务对象收集整理信息材料，使其能够科学、合法、理性维权。

个案后期，服务对象通过积极行动，劳动仲裁和求职同步进行，事情进展顺利，服务对象自我解决问题的能力提升，因此社工作结案处理。

3. 服务对象评估

服务对象表示之前他的工作不用加班，虽然是生产主管但工资并不高，之所以一直没有跳槽，其实是害怕重新找工作，不知道自己的优势，也不会表达、表现自己。并表示社工为其提供的就业辅导很有用，原来工作这么多年，其实自己是有些技术和能力的，只是不懂得“自我包装”和“有效展示”，同时也学会了一些与他人沟通的技巧，并多次感谢社工在此期间为其提供的帮助。

（二）服务成效

1. 寻找维权优势，提升服务对象维权信心

服务过程中，社会工作者发现服务对象想维权，但是因为对法律政策、仲裁流程不了解，担心付出时间精力最后却没有结果。社工除了为服务对象链接法律资源外，更重要的是不断地鼓励、支持服务对象，从优势角度不断寻找对服务对象维权有利的方面，提升服务对象的信心，推动服务对象积极行动，使服务对象解决问题的能力显著提升。

2. 挖掘服务对象自身优势，树立服务对象就业信心

在等待劳动仲裁期间，社工建议服务对象主动求职，服务对象一再称自己“不擅沟通”“没有优势”，社工尝试了解服务对象的工作经历，深挖服务对象的工作亮点，引导服务对象学习“自我包装”和“有效展示”，帮服务对象树立就业的信心，帮助服务对象通过自身的努力找到了满意的工作。

六、专业反思

社工认为在个案服务过程中，应该给予服务对象源源不断的信心和支持，以促进服务对象有信心和动力去改变，为其搭建社会支持网络，让服务对象意识到不是只有自己在战斗，挖掘、激发服务对象的潜能，肯定服务对象有自我解决问题的能力，真正实现“助人自助”的服务理念。

七、督导点评

社工对劳动合同法较熟悉，还善于运用优势的视角，不断支持及推动服务对象积极地去争取自己的权益。在服务对象起初求助社工的目标有望很快达成之时，社工并没有止步于此，而是继续帮助服务对象肯定自己、提高自己，并最终帮助服务对象找到了满意的工作，社工的这种服务精神特别值得肯定。

作者简介

胡兰岸，助理社会工作师，从事社会工作2年。现为广州粤穗社会工作事务所黄埔区总工会“金雁工程”社工服务项目主任助理。

调整思路，走出协商的第一步

——寻解视角在职工个案中的运用

秦颖诗

一、背景介绍

“我觉得好乱啊，心情也很不好，现在真的没办法思考了！”服务对象在咨询完街道司法所工作人员后向工会社会工作者吐露。

服务对象今年47岁，是一名车间机器操作员，育有两名子女。在接触社工时已经在现在的工厂生产车间服务26年了。服务对象告诉社工，早年因为工作的原因，罹患胃溃疡，医生多次建议需要停工休养，但当时家庭的经济收入都要靠服务对象维持，所以服务对象忍着病痛继续上班。服务对象认为公司并不理解自己的难处，治疗过程中依旧要求服务对象完成高强度的工作任务。其曾在工作期间出现幻觉，严重时甚至在工作岗位上晕倒。经医生确诊，服务对象因长期焦虑无法舒缓最终患上抑郁症，同一阶段，服务对象也办理了二级伤残证明。

2020年因地区改造升级，服务对象所在的工厂传出即将搬迁的消息。服务对象担心以自己目前的状况没有办法到公司其他工厂上班，也很难再找工作，认为公司的管理缺乏人性化导致其现在的境遇，希望能够进行工伤或职业病认定，并让公司作出相应的赔偿。近几个月，服务对象家属陪同其先后前往职业病防治中心、工伤鉴定部门、街道司法所咨询，但是三个部门均表示服务对象的情况并不符合相关规定，因此无法进行认定。

连日的奔波，加上对未来的焦虑以及受到新冠肺炎疫情和服务对象自身病情的影响，服务对象在向工会社工求助时情绪难以平静，需要依靠药物控制，被一系列问题困扰的他，此刻显得无助与焦虑。

二、分析预估

（一）生理方面

优势方面，服务对象四肢有力，能够自己驾驶电动车，据服务对象描述早年患有胃溃疡，但是经过积极治疗后已经康复了。曾因为胃溃疡以及精神疾病体重下降到80多斤，近年积极调养，公司也批了较长时间病假，所以体重也慢慢增加，抑郁症的症状也有缓解，最近也在尝试减少助眠药物的剂量。

劣势方面，服务对象患有抑郁症，社工也在谈话过程中发现服务对象出现注意力障碍、反应时间延长、语言流畅性差、思维灵活性较弱、语速缓慢、对答稍显困难的情况。服务对象目前仍在服用精神治疗药物，据服务对象表述，在本次见社工前，为了防止自己因为回想这些事情而情绪失控，特意吃了药才过来的。服务对象现仍需要通过药物才能够入睡。起初自己是因为得了胃溃疡，治疗费用高昂经济压力过大导致的焦虑症，伴随着睡眠障碍需要依靠药物进入睡眠，随后演变成抑郁症，严重时出现过幻觉、恶心呕吐等症状，也曾因为晕倒在公司楼梯上摔断过腿。

（二）心理方面

优势方面，服务对象表示，近年来上级也有积极为其申请工会的经济补贴，对于他想要调岗的申请也给予配合。换了主管之后，新的主管对他也很关心，这是服务对象认可的。服务对象也能够在出现问题时及时向他人求助，并且一直积极配合医生治疗。

劣势方面，服务对象对公司的表现感到失望和气愤。服务对象认为，正是因为多年前在他得了胃溃疡且病情逐渐加重，公司对他的调岗以及请假的申请没有及时处理，此外在休养过程中也多次催促他回到高噪声的环境下工作致使他罹患精神疾病，对此服务对象对公司感到失望的同时认为公司侵害了他的权益而感到愤怒。因工厂需要搬迁，但总厂无法提供那么多岗位，公司可能要裁员。服务对象表示近期主管正在跟他协商，服务对象担心自己因为残疾，下岗之后很难再找工作，失去经济来源以及社保断供都会影响他的病情，因此服务对象对未来感到焦虑和担忧。

（三）社会支持网络

服务对象的2个孩子还在读书，服务对象的妻子目前出去工作了，但是工作比较忙，无暇顾及丈夫的事情。社工发现，妻子以及孩子在服务对象与公司的事件上被提及的次数并不多，多数是由服务对象姐姐以及外甥女协助其进行资料的整理以及求助咨询。

而根据精综社工的反馈以及服务对象的描述，服务对象也曾向劳动部门和法律咨询处咨询，但没有太大的帮助。随后服务对象先后求助于居住地街道社工站和精综项目社工，而精综社工一直在跟进并给予服务对象支持。此次，是由精综社工陪同服务对象向工会社工求助。

服务对象去年销假回公司上班，他表示自己如果不做事却白拿工资，别人就会说闲话的，所以回去也会视自身情况参与工作，情况不好时就会到更衣室休息，为此主管也曾表扬服务对象的自我保护意识。服务对象认为回去上班之后，生活充实了，又有相熟要好的同事跟自己聊天吃饭，让他感到愉悦和放松，比闷在家里要好。

（四）个案需求分析

服务对象有保持身心健康、舒缓情绪的需求。因患有精神疾病，服务对象需要长期服用药物，并需要根据医嘱停止高强度工作进行休养，舒适的环境有利于服务对象的康复。

服务对象有搭建社会支持网络的需求。根据社工的分析，因服务对象的病情并不能判定为工伤或职业病，而服务对象目前的遭遇以及求助无门对服务对象的康复不利，因此服务对象需要社会工作者链接相关资源协助其解决目前遇到的难题，合法、科学、理性维权。

服务对象有情感支持的需求。由于服务对象受病情影响再加上多次求助无果的经历使服务对象情绪波动较大，因此需要社工关注服务对象的情绪以及精神状态。

服务对象有经济援助的需求。服务对象在面谈过程中曾多次表示，自己医疗花销很大且大部分药物不属于基础医疗统筹报销的范围，需要自费。刚发病时由于经常需要请病假，工资薪酬有波动，孩子读书教育也需要花钱，妻子在老二稍大一点后也出去工作了。

三、服务计划

（一）服务目标

服务对象感到无助的情绪有所减轻。

服务对象能够在社会工作者/家人的协助下梳理出需要与企业协商的赔偿需求。

服务对象能够通过工会律师等专业人士或政府部门了解到较为具体的维权程序和方向指引。

协助服务对象与企业进行进一步协商，商讨纠纷的解决方案。

（二）介入策略

1. 介入理论

（1）社会支持理论。一个人所拥有的社会支持网络越强大，就能够越好地应对来自环境的挑战。以社会支持理论为取向的社会工作，强调通过干预个人的社会网络来改变其在个人生活中的作用。特别对于社会网络薄弱以及利用社会网络能力不足的个体，社工更应致力于为他们提供必要的帮助，帮助他们挖掘社会网络资源，提高其对社会网络的利用能力。根据社会支持理论的要求，社工计划链接正式支持，通过协助服务对象咨询相关部门以及律师，协助其梳理整理解决问题的办法和方向。同时通过与精综社会工作者的合作，对服务对象进行情绪辅导，鼓励服务对象积极面对困难，提高服务对象应对目前困难的能力。

（2）焦点解决短期治疗模式（简称 SFBT）。SFBT 理论相较于传统的心理治疗，侧重于问题解决的可能性以及解决问题的正确方法，而不是关注问题本身是如何形成的。鉴于服务对象病因以及整个事件持续的时间较长，而探究服务对象在公司的经历以及纠正服务对象因受抑郁症影响产生的认知行为障碍并不能够迅速解决当前的问题。因此借助 SFBT 治疗模式，社会工作者将解决问题的焦点放在帮助服务对象链接律师以及相关政府部门的资源给予服务对象解决问题的方向以及帮助服务对象整理解决问题的方式、方法。此外，积极协助服务对象梳理需求，协助服务对象与公司进行协商，并联合精综社会工作者对服务对象进行情绪调节。

2. 介入策略

服务阶段	目标	介入策略
个案初期	建立关系，缓解服务对象焦虑、无助情绪，促进服务对象理性看待目前遭遇	1. 与精综项目社工带领服务对象到街道司法所进行咨询 2. 了解服务对象的基本情况，协助服务对象聚焦问题以及讨论解决问题的方式 3. 梳理服务对象现在的情况，鼓励服务对象积极面对 4. 针对服务对象不理性的情绪，通过改变服务对象对目前状况的认知，缓解服务对象愤怒以及焦虑等不良情绪
个案中期	链接相关资源，帮助服务对象解决问题 协助服务对象与企业进行协商，讨论解决纠纷的措施	1. 链接律师资源，了解企业的做法是否正确并提供专业的法律意见 2. 协助服务对象梳理问题和解决问题的方向、方式，与服务对象共同讨论、整理与公司协商的内容 3. 帮助服务对象梳理各方资源给予的建议以及提出的解决方法，结合服务对象在合法、合理范围内提出的洽谈条件，与服务对象共同分析采取方法的优劣势 4. 鼓励服务对象落实选出的解决方法并跟踪服务对象与企业的协商结果
个案后期	总结成长 结案	1. 与服务对象分享个案过程中服务对象的成长和变化 2. 处理离别情绪，结案

四、服务计划实施过程

服务阶段	目标	实施过程
个案初期	建立关系 缓解服务对象焦虑、无助情绪，促进服务对象理性看待目前遭遇	1. 社工在接案后首先与精综社会工作者带领服务对象进行司法咨询，在此过程中更深入了解事情的缘由，从而能够与服务对象建立关系 2. 社工结合 SFBT 理论向服务对象阐明客观事实，聚焦服务对象目前需要解决的问题而不是纠结于过去
个案中期	链接相关资源，帮助服务对象解决问题 协助服务对象与企业进行协商，讨论解决纠纷的措施	1. 链接专业律师资源，解答服务对象目前遇到的权益受损问题 2. 邀请服务对象家人一同参与，给予服务对象支持，帮助服务对象解决问题 3. 在律师、社会工作者的帮助下，服务对象与家人整理出与公司协商的要求，并在律师与社工的建议下进行调整修改
个案后期	总结成长 结案	1. 在此过程中，服务对象公司主动提出与服务对象协商，在多次沟通下，服务对象最终与公司签订了医疗期协议 2. 在协议签订后，社工引导服务对象回顾个案服务过程，巩固服务对象的成长，并作结案处理

五、总结评估

（一）过程评估及目标达成情况

1. 目标达成情况

目标“服务对象感到无助的情绪有所减轻”基本达成。个案初期，服务对象受到病情影响加上连日的奔波却没办法解决遇到的问题，服务对象经常失眠和焦虑。个案中期，社工协助服务对象及其家属梳理了解决办法和方向。个案后期，服务对象能够厘清自己能够做的事情，精神状态也逐渐好转。结案时，从语速、语调以及笑声的频率等方面看，社工认为服务对象心情比较放松。

目标“服务对象能够在社会工作者/家人的协助下梳理出需要与企业协商的赔偿需求”和目标“服务对象能够通过工会律师等专业人士或政府部门了解到较为具体的维权程序和方向指引”基本达成。社工结合律师的建议以及服务对象的情况，帮助服务对象及家属梳理了与企业协商的内容，尽可能保障服务对象权益。除此之外，社工在个案服务过程中就公司是否侵权的问题、医疗期的争议、协商内容是否合理等问题咨询律师，共链接了 3 次专业律师资源。

目标“协助服务对象与企业进行进一步协商，商讨问题纠纷的解决方案”基本达成。在结合了多方建议后，社工也尊重服务对象的决定，不介入服务对象与公司之间的协商，由服务对象以及家属自行与公司进行协商，而社工则为服务对象提供信息支持，后服务对象与公司关于医疗期的纠纷已经有解决方案，而关于工厂搬迁的问题，公司实际并没有落实通知，因此暂时没有进行协商。

2. 过程评估

个案初期，社会工作者运用倾听、同理、澄清等技巧与服务对象建立关系，让服务对象能够客观对待目前状况。同时社工运用问题解决的方法，协助服务对象聚焦需要解决的问题并梳理出本次个案目标。

社工在寻解视角的指导下，以社会支持理论为中心，为服务对象链接各方资源解决现有问题，社工陪同服务对象一同与工会值班律师进行面谈，结合律师的专业意见，协助服务对象及其家属分析服务对象各项维权方法的利弊，使其能够科学、合法、理性维权。同时面对服务对象的倾诉以及焦虑情绪，社工耐心倾听，同时也联系服务对象家人，给予服务对象更多的情感支持。

个案后期，服务对象将自身诉求与部门主管和经理沟通，事情有了进展。服务对象上级也表示愿意协助服务对象与公司进行协商。服务对象纠结的事情得到解决，情绪也逐渐平复，睡眠时长有所增加，服务对象自我解决问题的能力提升，因此社工作结案处理。

3. 服务对象评估

个案服务过程中，服务对象对社工提供的帮助表示感谢。同时服务对象也表示比起之前自己只会一个人钻牛角尖，导致病情反复，现在自己还是释怀一些，有事会先和家里人商量。

（二）服务成效

1. 推动了良好家庭支持关系的建立，让服务对象“安心”

服务过程中，社工发现服务对象的家人给予了服务对象很大的支持，社工通过协助服务对象发现身边的支持网络，让服务对象能够在无助或迷惘时找到“依靠”，也让服务对象在处理繁杂问题时找到“安心”之处。

2. 链接多方专业资源帮助服务对象整理思路，让服务对象“放心”

社工在服务过程中链接了 3 次专业律师资源为服务对象的问题提供专业的法律意见，同时在社工、律师以及家人的支持帮助下，服务对象也整理了与公司协商的要求，厘清了思路，服务对象也不再感到无助迷茫了。

3. 协助服务对象与公司成功协商，让服务对象“定心”

在一系列的服务以及社会工作者、家人的陪伴下，服务对象也逐渐成长。从一开始不知道如何与公司协商，到后面能够独自面对公司提出的协商要求，并最终与公司确定医疗期休养协议。协议签订后，服务对象也表示可以放下“心头大石”了。

六、专业反思

本个案运用社会支持理论以及 SFBT 理论进行介入。社工在接案时发现服务对象的病情是因为多年的焦虑以及工作压力造成的。但是经过梳理后，发现目前困扰服务对象，导致服务对象失眠、焦虑的起因是公司即将搬迁，员工去留以及服务对象医疗期休假的问题，而服务对象抑郁症的形成原因以及治疗并不是当下困扰服务对象的问题。所以根据 SFBT 理论，社会工作者链接专业律师资源，同时增强服务对象家人对服务对象的支持，聚焦解决服务对象与公司关于医疗期、解除劳动关系等问题，提高服务对象解决问题以及运用身边资源的能力。

社工刚接触服务对象时，服务对象的情绪波动比较大，对律师以及司法所工作人员给出的建议比较难理解，容易情绪化。个案初期，服务对象会不分时间段地向社工倾诉自己的焦虑情绪，希望能够从社工这里得到支持。面对这些情况，社工在服务对象情绪激动时应暂停咨询服务，先安抚服务对象的情绪，找出服务对象情绪激动的原因再“对症下药”。再者，鉴于服务对象受病情影响，反应时间会比较长、思维灵活性也比较差，社工需要耐心且多次地与服务对象进行梳理。同时，社工也应该邀请服务对象家属陪同，社工与服务对象沟通时只需要陈述客观事实，必要时可以告知服务对象家属和医生对服务对象进行情绪疏导以及治疗。

七、督导点评

焦点解决短期治疗模式关注服务对象的优势，关注未来和解决问题。在本个案中，社工细致梳理了服务对象的优劣势，并积极联动服务对象及其身边资源，帮助服务对象着重解决医疗问题，后经过服务对象与企业协商，在问题解决方案上达成了一致。

作者简介

秦颖诗，助理社会工作师，从事社会工作 4 年。现担任广州粤穗社会工作事务所黄埔区总工会“金雁工程”社工服务项目一线社会工作者。

为爱读书

——海珠区工会职工线上阅读小组

谭丽翠

一、背景介绍

社工在与工会职工的沟通交流中发现，他们越来越能够认识到家庭教育对孩子成长的重要性，由于自身的家庭教育知识不足，他们想沉下心来学习，给自己充电。但由于要同时兼顾家庭与工作，消耗了他们有限的时间和精力，大部分人很难坚持下去，很快就失去学习的动力。一个人可以走得很快，一群人可以走得更远，他们需要一群志同道合的小伙伴，互相鼓励，一起学习和成长。为此，海珠区工会社会工作服务项目以阅读活动为载体，以服务对象需求为出发点，运用社会工作手法，策划“为爱阅读”海珠区工会职工线上读书小组，搭建企业职工学习交流平台，共同阅读家庭教育书籍，以阅读为载体增长职工家庭教育的智慧。

二、分析评估

（一）存在问题

因为缺乏家庭教育的知识和技巧，在面对孩子的一些问题的时候，部分家长变得有心无力，加上工作与家庭对精力的消耗，他们就会采用简单粗暴的方式来应对孩子的问题，甚至会采用打骂的方式。

（二）服务需求

教育孩子问题的存在，让部分家长感到很焦虑。他们需要一个出口，一方面可以让他们倾诉在育儿方面遇到的难题，释放压力；另一方面，需要一个渠道学习育儿方面的知识。

（三）社工分析

随着社会文化水平的发展，越来越多的家长开始重视家庭教育，但是重视不代表会做，理想的亲子关系与现实差距让他们产生焦虑。一方面，他们知道家庭教育的重要性；另一方面他们遇到问题的时候不知道该怎么做，对孩子采用了一些简单粗暴的方式后，又会产生愧疚的想法，但是下次依然如此，周而复始。其实这不仅仅是对孩子的一种伤害，对家长来说，也是一种精神上的伤害。社工招募有同样需求的职工，组成一个相对稳定的小组，该小组为组员创造了一个安全、封闭的环境，他们可以在团队交流中获得同理与支持。另外，在社工的带动下，通过理论与实践相结合的方式，对家长的点滴进步进行提炼和鼓励，增加家长在育儿方面的成功感，提高家长学习育儿知识的主动性，并推动家长自主学习、自我成长。

三、服务计划

（一）小组理念

黎温的场地论认为，人类的行为表现是由整体环境中的各种可意识到的因素决定的，包括饥饿感、过往事件、某个情境或者是某个人等，凡是所有在环境可意识到的因素，都会与个体产生交互作用，进而影响个体的行为表现。根据黎温的说法，人类的一切行为，无一不受别人的影响。同时，我们个人的一切言行举止，也随时随地都会影响别人，这个关系是互动的。简单来说，个体无时无刻不受到周围整体环境与个人交互作用的影响，这些影响有正面的，也有负面的。其中个人因素包括遗传、能力、情绪、动机等，而环境因素则包括社会的与自然的一切条件，当然也包括人与人的互动。这个世界并非静止不动的，人们生活在一个不停变化的环境中，而环境中所有的变动都可能会影响到这个环境中的任何人。

社工以小组的形式，为服务对象搭建一个互动的平台，通过创建一个积极、充满正能量、安全的环境，在这个相对固定的空间内，组员可以互相交流，可以学习家庭教育的知识，并且社工为他们传输一种他们在家庭教育方面的一些尝试是被接纳的，他们的努力是被看见的想法，引导组员之间互相支持、互相鼓励，从而为组员带来积极的感受，缓解他们在生活中的焦虑情绪，获得正向的支持。

（二）小组目标

1. 目的

搭建服务对象学习交流平台，共同阅读家庭教育书籍，增进服务对象在家庭教育方面的智慧，并改善亲子关系。

2. 目标

有 80% 的组员认为参加该活动增加了对家庭教育知识的了解；有 80% 的组员认为参加该活动后，亲子关系得到改善。

（三）小组性质

教育性小组。

（四）服务对象

海珠区职工。

（五）服务地点（方式）

线上腾讯会议。

（六）服务时间

2021 年 8 月 27 日—2021 年 9 月 8 日逢周三、周日（20:00—21:00）。

（七）小组程序

第__1__节 日期：2021 年 8 月 27 日 时间：20:00—21:00		
本节小组活动目的：1. 互相认识，达成小组契约。2. 通过阅读与实践第一章的内容，增加了对家庭教育知识的了解		
活动时间	环节目标	内容
20:00—20:10	互相认识	1. 社工进行自我介绍、介绍项目 2. 组员自我介绍（名字、兴趣、家里有几个小孩、参加该小组的原因）
20:10—20:15	让组员明晰小组的内容安排	介绍本次小组活动的内容： 每两天阅读选定书籍的 1 ~ 2 个章节，每隔两天进行一次线上小组分享，在分享心得与体会中获益成长，时间安排在晚上 8:00—9:00，共 5 次；比如说，27 日分享之后，下一次分享时间为 8 月 30 日。除此之外，组员需要按照书籍的指引完成“课后作业”，以此来进行巩固

续表

活动时间	环节目标	内容
20:15—20:20	保证活动有序进行	1. 宣布参与小组的规则： ①按时参与：根据商定的时间准时出席 ②积极分享：积极分享小组的话题与提出建议 ③积极实践：积极完成阅读指定书籍内容及沟通实践内容 ④保密原则：对于组员分享的实例对外保密 ⑤评选“最积极父母奖”：根据准时出席（连续5次准时出席）、积极分享与作业完成情况评选出“最积极父母奖”，获得礼品一份 2. 要准备什么： ①一支笔 ②一个本子 ③安静独立的环境
20:20—20:30	引起家长共鸣	1. 家长以孩子的角度填写问卷，喜欢做什么、喜欢吃什么、理想是什么、最好的朋友是谁等，并打分 2. 邀请家长分享填写情况及希望孩子怎么跟你说话，现实的情况是怎么样的 3. 社工总结：理想和现实有差距，是因为很多情况下，家长没有好好说话，导致孩子不肯听也不肯说。所以开展了这个小组，一起阅读《如何说 孩子才会听 怎么听 孩子才肯说》，来学习怎么跟孩子沟通交流
20:30—21:00	学习到亲子沟通知识	1. 邀请家长一起分享阅读该本书第一章节的内容的感受，每个人选择自己印象最深刻的一个知识点进行分享 2. 布置本节小组结束后需要组员完成的内容：①阅读第二、三章节的内容，把读书感受发到群里。②完成布置的“作业”，并在下一节分享完成“作业”情况。③约定下一节小组的时间

第 2 节　　日期：2021年8月30日　　时间：20:00—21:00		
本节小组活动目的：通过阅读与实践第二、三章的内容，增加对家庭教育知识的了解		
活动时间	环节目标	内容
20:00—20:10	巩固所学	回顾上节活动内容，欢迎家长准时参与小组
20:10—20:30	及时发现困难，给予支持	组员轮流分享“作业”完成情况，社工根据分享进行回应
20:30—21:00	学习到亲子沟通知识	1. 邀请家长一起分享阅读指定图书第二、三章节内容的感受，每个人选择自己印象最深刻的一个知识点进行分享 2. 社工总结要点内容 3. 布置本节小组结束后需要组员完成的内容：①阅读第四、五章节的内容，把读书感受发到群里。②完成布置的“作业”，并在下一节分享完成“作业”情况。③约定下一节小组的时间

第__3__节	日期：2021 年 9 月 2 日	时间：20:00—21:00
本节小组活动目的：通过阅读与实践第四、五章的内容，增加对家庭教育知识的了解		
活动时间	环节目标	内容
20:00—20:10	巩固所学	回顾上节活动内容，欢迎家长准时参与小组
20:10—20:30	及时发现困难，给予支持	组员轮流分享“作业”完成情况，社工根据分享进行回应
20:30—21:00	学习到亲子沟通知识	1. 邀请家长一起分享阅读指定图书第四、五章节内容的感受，每个人选择自己印象最深刻的一个知识点进行分享 2. 社工总结要点内容 3. 布置本节小组结束后需要组员完成的内容：①阅读第六、七章节的内容，把读书感受发到群里。②完成布置的“作业”，并在下一节分享完成“作业”情况。③约定下一节小组的时间

第__4__节	日期：2021 年 9 月 5 日	时间：20:00—21:00
本节小组活动目的：通过阅读与实践第六、第七章的内容，增加对家庭教育知识的了解		
活动时间	环节目标	内容
20:00—20:10	巩固所学	回顾上节活动内容，欢迎家长准时参与小组
20:10—20:30	及时发现困难，给予支持	组员轮流分享“作业”完成情况，社工根据分享进行回应
20:30—21:00	学习到亲子沟通知识	1. 邀请家长一起分享阅读指定图书第六、七章节内容的感受，每个人选择自己印象最深刻的一个知识点进行分享 2. 社工总结要点内容 3. 布置本节小组结束后需要组员完成的内容：①完成布置的“作业”，并在下一节分享完成“作业”情况。②约定下一节小组的时间

第__5__节	日期：2021 年 9 月 8 日	时间：20:00—21:30
本节小组活动目的：总结小组内容，增进职工亲子教育的智慧		
活动时间	环节目标	内容
20:00—20:10	巩固所学	回顾上节活动内容，欢迎家长准时参与小组
20:10—20:30	及时发现困难，给予支持	组员轮流分享“作业”完成情况，社工根据分享进行回应
20:30—21:10	学习到亲子沟通知识	每位组员提出一个关于亲子关系方面的问题，由家庭教育专家进行解答，每位家长互动时间不超过 10 分钟
21:10—21:30	总结内容	1. 社工对整个小组进行总结，感谢组员的参与 2. 推荐家庭教育书籍给组员进行阅读，宣布后续阅读打卡规则：组员可以根据社工推荐的书籍进行购买阅读，把每天学习的内容发到朋友圈打卡，连续 10 天打卡即可获得“书香奖” 3. 填写反馈表

四、实施过程

（一）小组前期

在小组前期，社工通过与职工的沟通交流，以及整理服务需求数据，分析职场父母的需求。然后针对他们的需求以及职工的特点，征求督导的意见，并上网搜索相关的资料，确定了共同阅读《如何说 孩子才会听 怎么听 孩子才肯说》这本书。由于疫情的影响，根据大部分家长白天上班，晚上在家照顾孩子的情况，社工采用了线上互动的方式来开展本次小组，时间选在晚上，解决了地点和时间限制的问题。

（二）小组中期

在小组开展过程中，社工主要发挥带领和示范作用，引导组员进行互动。如在自我介绍环节，社工先给出一定的内容提示，并进行了自我介绍，然后邀请组员自我介绍。在此过程中，有部分组员会比较紧张，于是社工用亲和的语言、温暖的笑容，以及一些轻松的案例，营造出一种愉悦的氛围。在分享阅读感受的时候，社工列举了一些常见的与孩子沟通的场景，让组员产生共鸣，然后邀请组员根据场景来分享自己的感受。通过这种方式，组员都能够比较认真地分享自己的看法。组员分享过后，社工再次总结，提炼可借鉴的经验。在每节小组的最后，社工给组员布置“家庭作业”，如阅读指定的章节，运用小组中总结的经验应对孩子的问题，下一节小组再进行反馈。通过这种方式，组员不只是被动地接受知识，他们更加能够自主地学习，并能够学会运用。

（三）小组后期

在小组结束后，社工向组员发起“阅读打卡”的挑战，为组员推荐与家庭教育相关的书籍，鼓励组员在小组结束后自行阅读，并定期分享阅读的感受，同时设置相应的奖励机制，以此增强小组的延续性，促进组员自我成长。在社工发起挑战后，大部分组员都主动报名参加。

五、总结评估

社工结合职工家长学习教育孩子的方法的需要，招募家长一同阅读育儿书籍，并且鼓励家长将学习到的方法运用到实际生活中，同时也在小组中分享自己在运用过程中的感受。小组内容能够贴合家长的需求，这也是组员能够坚持参与小组，并且在小组活动结束后依然主动参加“阅读打卡”活动的原因。小组中选用的书籍经过精心挑选，书本采用了很多案例与漫画相结合的方式解说育儿技巧，内容容易被家长理解和接受，促进了小组活动目标的达成。

目标达成情况如下：

1. 有 90% 的组员认为参加该活动增加了对家庭教育知识的了解

通过学习书籍中的育儿知识、线上交流分享以及邀请家庭教育专家解答的方式，组员表示自己的家庭教育知识更加丰富了，在遇到孩子问题的时候，有了可以参考的方案。

2. 有 80% 的组员认为参加该活动增加了自己对阅读的兴趣

在小组分享过程中，需要组员在活动前先阅读指定的内容，内容较为易懂，也拆分了不同的板块，降低了阅读的难度。且阅读完成之后，对现实生活也有指导意义，用理论结合实践的方式，增加了家长的阅读兴趣。

3. 有 90% 的组员认为参加该活动后，亲子关系得到改善

组员表示，自己看完书本的内容后，有一些技巧能够运用在生活中，有利于缓和自己和孩子的关系。最重要的是自己的心态有了一些转变，更加理解孩子了。

六、专业反思

在面对自己不懂的领域的时候，人很容易有逃避或者放弃的心理，所以社工在为小组选择阅读的书籍时，要充分考虑书籍的适合性。社工通过网上的渠道进行收集以及征求导师的意见，选取了一本适合广大家长，且内容简单易懂、实用性强、质量高的书籍，促进了组员积极学习的主动性，简单易懂的内容让组员能够较快地学习和运用，让组员更有成就感。

社工在小组中除了和组员一起阅读书籍的相关内容外，也加入观看家庭教育视频、讨论案例等内容，以此来引出相关知识点，这些方式更为具体，更容易引起家长的反思与共鸣。除此之外，发挥社工链接资源的优势，邀请相关的专家加入，进一步提高了组员在小组中的获得感。

在与组员的交流中，社工发现，部分组员会认为这是一个“分享干货”的小组，对小组的定位有错误的认知。而本小组的定位是启发组员的能动性，

引导他们自主地学习、总结，最后能够把经验运用在生活中。所以在小组的第一节，社工清晰地说明了本小组的定位，强调组员积极参与学习和分享的重要性，厘清社工与组员的角色定位不是老师与学生，而是一同学习的人，以促进组员互助。

此外，在小组过程中注重塑造小组组员的平等意识和归属感。因为组员是来自各行各业，为了预防有的组员会对比自己和其他人的工作，产生自卑心理，社工注重引导组员建立平等意识和主人翁意识，说明组员面对的问题具有一致性，强调小组的目的是学习知识，自我成长，塑造平等基础上的被接纳的小组氛围。在这种氛围中，小组组员都能够尊重自己与其他组员，感觉到自己存在的价值，从而对小组产生归属感和认同感。

在小组结束后，社工向组员发起了“阅读打卡”的挑战，引出小组的结束只是一个开始，学习的道路是永无止境这一主题，为组员推荐与家庭教育相关的书籍，鼓励组员在小组结束后自行阅读，并定期分享阅读的感受，进行打卡，并设置相应的奖励机制。大部分组员都主动报名了该挑战，社工用这种方式增强了小组的延续性。

七、督导点评

海珠区工会社会工作服务项目以阅读活动为载体，以服务对象需求为出发点，运用社会工作手法，策划“为爱阅读”海珠区工会职工线上读书小组，搭建企业职工学习交流平台，共同阅读家庭教育书籍，增进了职工的家庭生活智慧。由于疫情防控工作需要，小组以线上为主，通过阅读、交流与分享，取得一定的成效，相信职工在今后会坚持阅读，不断增长自己的家庭教育智慧。

作者简介

谭丽翠，中共党员，社会工作专业本科毕业，中级社工师，从事社会工作6年。现任广州粤穗社会工作事务所海珠区工会项目基础部部长。

浓情端午，巧做香囊

——海珠区工会职工居家过节

洪子晴

一、背景介绍

端午节作为中国汉族的四大传统节日之一，其独特之处在于强烈的身体实践性，要体味节日的精髓，必须用手触摸、用脚踩踏、用心感知。而端午节的身体实践性既是传承节日的重要条件，更传递了长期以来被大家忽略的日常健康防疫理念。古人因为缺乏现代卫生防疫知识，把高温天气造成的各种疾患视为“邪气”“毒气”，就发明了许多以药物来防疫保健的方法，比如香囊、艾草的使用，大自然中的一草一木因此被赋予了灵性和药性。因此端午节被称为古代的卫生节，是民众有意识地与疾病、毒虫作斗争，专门进行家庭、个体清洁卫生的节日。

现代医学研究发现，人们在佩用药物香囊时，香囊中的中药散发的气味可以保护呼吸道黏膜，还可以提高身体的抗病能力。2021 年的端午节也处在广州疫情的关键时期，海珠区工会社会工作服务项目的社工借此机会开展居家做香囊活动，组织服务对象和家人一起制作中药香囊，送给家人一份特别的端午节礼物，同时营造端午节气氛。

二、分析预估

通过与服务对象的接触，工会社工发现服务对象对手工类活动很感兴趣，而端午节前后也是广州抗疫关键时刻，为了响应国家号召，坚持居家不外出、不串门、不聚会、不聚餐，不给国家添乱，需要开启居家过端午的模式。此外，社工了解到有些服务对象平常工作较忙，很少和家人待在一起，借制作香囊的机会，可以增进服务对象与家人之间的感情。

三、服务计划

（一）服务目标

1. 总目标

搭建居家过节的平台，带动职工积极响应国家疫情防控政策，汇聚全民抗疫的力量；促进服务对象和家人的互动交流，减轻疫情带来的焦虑情绪。

2. 分目标

（1）通过本次活动，服务对象感受到端午的气氛；

（2）通过本次活动，服务对象感受到端午与家人相处的温暖；

（3）通过本次活动，服务对象更加了解端午节文化。

（二）理论指导

马斯洛需求层次理论，亦称“基本需求层次理论”，将需求分为五种，像阶梯一样从低到高，按层次逐级递升，即生理上的需求、安全上的需求、情感和归属的需求、尊重的需求、自我实现的需求。端午期间正处于广州的疫情关键时间点，为响应国家疫情防控政策，人们不随意串门，工会社会工作者举办端午节 DIY 香囊的活动，可以让服务对象在家与家人感受到不一样的端午节乐趣，舒缓面对疫情的焦虑情绪，同时，在与家人共同制作手工香囊的过程中，可以促进家庭成员间的互动交流，也满足了服务对象情感心理方面的需求。

（三）服务程序

本次活动具体流程安排如下：

时间	环节目标	活动流程
14:00—14:30	介绍服务项目及社会工作者，为接下来的环节做准备	1. 社工在活动微信群里介绍工会社会工作项目以及进行自我介绍 2. 通过知识分享、有奖问答的方式，引导参加者了解端午节知识、了解屈原投江典故，激发爱国情怀 3. 用视频的方式介绍活动的目的及制作香囊的流程
14:30—15:00	制作香囊，感受端午节气氛	通过服务对象居家制作香囊，分享亲子沟通、家人互动的技巧，提升家人之间沟通的技巧，协助发展家庭和睦关系
15:30—17:00	增加服务对象的互动机会	通过分享照片的方式，邀请服务对象分享在与家人一起做香囊过程中发生的故事，分享制作香囊的心得体会，分享端午节知识，共同感受端午节的气氛

续表

时间	环节目标	活动流程
18:00—18:30	回顾家庭合作的温馨时刻，感受家人相处的温暖	服务对象分享活动过程的照片以及成品的照片，评选出 7 个“最温馨家庭”

四、服务计划实施过程

（一）活动初期

活动开始前，社工收集制作香囊的教学视频及香囊中草药成分的介绍资料，购买香囊材料并一对一寄送，邀请报名活动的职工进入微信活动群。社工还提前在网上学习端午节的知识，设置有关端午的知识问答题。

（二）活动中期

活动的中期，社工在微信群上分享了制作香囊的教学视频、香囊里面中草药的功效，鼓励服务对象分享与家人一起制作香囊过程中发生的故事、制作香囊的心得体会、香囊成品的照片等；在服务对象分享自己的制作感受或者成品时，社工主动积极回应服务对象，并带动微信群气氛。服务对象在微信群上的反响热烈，服务对象之间的交流互动增多。

（三）活动后期

在活动后期，社工通过微信群互动、问卷填写等方式，收集到服务对象在家制作香囊的温馨瞬间和故事，并评选出 7 个“最温馨家庭”，通过项目的媒体平台进行展示。

五、总结评估

根据社工观察，服务对象在微信群上的气氛较为活跃。在社工的带动下，服务对象在微信群上交流制作香囊过程感受和照片，有些服务对象还主动分享自己家乡过端午的传统习俗。一些服务对象在微信群上表达这次居家过端午感想，表示“通过做香囊拉近了自己与家人之间的距离”“虽然疫情不能外出，但是在家与孩子一起做香囊，学习中国传统文化也是很有意义的事情”。一名服务对象还结合在广州疫情下居家过端午作了一首诗——“粽叶飘香缝香囊，一针一线浓意情；宅家过节道平安，同心同力佑中华!”号召大家积极响应国家疫情防控政策，对此，其他服务对象纷纷表示赞扬。

社工还在线上收集服务对象的反馈意见，共收集了36份。本次服务整体的满意度为98.3%；分享端午知识服务环节的满意度为96.1%；分享香囊制作的服务环节满意度为100%；通过这次活动感受到端午节的气氛为97.8%。服务对象对整体的服务较为满意，目标达成。

六、专业反思

（一）活动目标设定符合服务对象的实际需求

在本次活动中，成功吸引110名服务对象报名参加，从服务对象的现场情况和反馈表可见，大部分服务对象非常认同这次活动。社工在设计活动时，需要从服务对象的角度去思考问题，了解他们真正的需求是什么。同时，在线上开展活动时，社工应在微信群上带头互动，通过带头，鼓励服务对象更愿意分享交流，这样服务对象的参与度会更高，活动的效果会更好。

（二）活动内容紧扣活动主题

在活动中，端午节知识分享与有奖问答内容适切，在有奖知识问答的活动中，极大地提高了服务对象的积极性，增强了活动群的祥和热烈气氛和服务对象之间的交流。

（三）社会工作者的专业性与态度促进了服务对象的参与热情

社工在前期向街道负责人、企业工会负责人耐心地进行活动的介绍，邀请广大职工参与；确定好人数后，为减少不必要的接触，统计了110名服务对象的邮寄地址，将需要的物资一份一份寄送到服务对象家里。社工秉承热情、友好、耐心的态度开展活动，对服务对象在群内的提问与分享，社工都会用积极的态度及时回应。社工分享制作香囊小技巧与鼓励服务对象的内容适切，通过分享，进一步让服务对象感受到端午节的气氛，同时服务对象之间的交流和互动更热烈，活动的参与感更强。

七、督导点评

在端午节来临之际，工会社会工作者能够紧密结合国家疫情防控政策，号召广大职工居家过节，通过富有传统文化特色的香囊制作活动，为职工及其家人搭建了较好的互动交流平台，既舒缓了因疫情封闭在家的焦虑情绪，又有利于促进家庭成员间的和睦关系，活动内容的选择和开展较成功。特别值得肯定的是，社工为开展此次活动，做了特别充分的沟通与准备，最终110户职工家庭参与活动，活动规模比较大，带来的影响深远。

作者简介

洪子晴，社会工作专业毕业。广州粤穗社会工作事务所海珠区工会社会工作服务项目一线社工。

“我为复工复产多流汗”

——劳动精神、劳模精神、工匠精神真实体现

周柳湘

一、活动背景

2020年，一场突如其来的新冠肺炎疫情彻底打乱了我们的生活节奏，学校停课、企业停产、公共场所关闭，甚至社会运行也出现了前所未有的停摆状态。在以习近平同志为核心的党中央坚强领导下，仅用3个月左右时间，武汉保卫战、湖北保卫战取得了决定性成果，全国疫情防控阻击战取得了重大战略成果。

随着疫情防控形势持续向好，复工复产已成为当时的头等大事。统筹做好疫情防控和生产经营，既是一场大战，也是一次大考。企业和职工都面临着双重压力，但是只要我们变压力为动力、善于化危为机，把个人的巨大潜力和强大动能充分释放出来，坚定信心、迎难而上、主动担当，很快就能够夺取疫情防控和经济社会发展的双胜利。

2020年的五一劳动节，是广州市历史上极不寻常的五一劳动节，在复工复产中劳动，在劳动中加强新冠肺炎防控，在防控中分享流汗的果实。因此，在五一国际劳动节来临之际，在新冠肺炎疫情防控常态化的特殊背景下，广州粤穗社会工作事务所、海珠区工会广联系大服务增活力项目特开展“我为复工复产多流汗”系列活动，旨在大力弘扬劳动精神、劳模精神、工匠精神，进一步激发海珠区广大企业、职工投入复工复产的热情和信心，充分发挥广大职工在抗击疫情、复工复产中的主人翁作用，以及为推动全面复工复产营造良好氛围。

二、分析预估

（一）海珠区总工会需求

据悉，当时海珠区总工会高度重视、精心部署，全力推动企业分级分类分时有序复工复产。在五一国际劳动节来临之际，海珠区总工会希望以庆祝五一国际劳动节为契机，大力弘扬劳动精神、劳模精神、工匠精神，激励广大职工争做新时代的奋斗者，以及向拼搏奉献在疫情防控和复工复产中的广大职工致以敬意。

（二）海珠区企业需求

社工在走访企业中，了解到A企业在新冠肺炎疫情中，不惜一切代价，不讲任何条件，克服一切艰难险阻，集中一切可以集中的人力、财力、物力，保证武汉火神山医院建设顺利进行。A企业华南公司也积极担责，奋不顾身、尽锐出战，抢建中山大学附属第五医院凤凰山院。为此，A企业华南公司希望给予复工复产的一线职工更多的关心、慰问，以及激发一线职工投入复工复产的热情和信心，增强企业的凝聚力、向心力、战斗力。

（三）职工需求

通过与一线职工座谈，社工了解到A企业华南公司两个项目点已经全面复工复产，职工们积极奋战在一线，他们要把失去的时间追回来，把定好的进度抢回来，把落下的任务补上来。因此，A企业华南公司的职工们表示在面临着疫情防控与复工复产的双重压力下，希望能进一步丰富疫情防控知识，提升个人防护意识，以及获得心理支持、消除负面情绪、缓解工作压力，以良好的状态投入工作中，为复工复产作出最大的贡献。

三、服务计划

（一）理论指导

1. 习近平总书记关于劳动精神的重要论述

习近平总书记立足于新时代的经济社会发展背景和劳动实践问题，通过多次重要讲话论述劳动精神的科学内涵，阐释劳动者在辛勤劳动、诚实劳动、创造性劳动过程中，形成劳动光荣、精益求精、创造伟大的劳动理念，达到脱贫致富、发展经济、实现中国梦的劳动目标。为解决我国当前出现的劳动价值观念和劳动工作实践问题提供了理论指导，也是马克思主义劳动价值论在新时代中国的继承和发展。

习近平总书记在2015年4月28日庆祝五一国际劳动节暨表彰全国劳动模范和先进工作者的大会上讲话指出："我们一定要在全社会大力弘扬劳模精神、劳动精神，大力宣传劳动模范和其他典型的先进事迹，引导广大人民群众树立辛勤劳动、诚实劳动、创造性劳动的理念，让劳动光荣、创造伟大成为铿锵的时代强音，让劳动最光荣、劳动最崇高、劳动最伟大、劳动最美丽蔚然成风。"进入新时代、迈上新征程，我们比以往任何时候都更加需要全心全意依靠工人阶级，发挥工人阶级主力军作用；比以往任何时候都更加需要大力弘扬劳模精神、劳动精神、工匠精神，以他们的模范行为影响带动全社会。

因此，社工通过"线上+线下"结合的方式，开展"我为复工复产多流汗"系列活动："我为复工复产多流汗"庆祝五一国际劳动节大会暨心灵护航工程启动仪式、"我为复工复产多流汗"线上点赞行动等，大力弘扬劳模精神、劳动精神、工匠精神，充分发挥劳动模范的示范引领作用，影响带动广大职工积极投入复工复产第一线，并以"多流汗"方式表达对党的忠诚和对劳动的热爱。

2. 社会支持理论

依据社会支持理论的观点，一个人所拥有的社会支持网络越强大，就能够越好地应对各种来自环境的挑战。个人所拥有的资源又可以分为个人资源和社会资源。个人资源包括个人的自我功能和应对能力，社会资源是指个人社会网络中的广度和网络中的人所能提供的社会支持功能的程度。社会支持网络指的是一组个人之间的接触，通过这些接触，个人得以维持社会身份并且获得情绪支持、物质援助和服务、信息等。因此，社工希望开展"我为复工复产多流汗"系列活动之"关爱劳动者　助力复工复产"海珠区工会暖心行动，通过宣传防疫防控知识、法律政策信息、心理健康知识等，提高职工利用社会资源的能力，帮助职工更好地应对各种来自环境的挑战，让他们快速适应疫情下的复工复产。

3. 群体动力学

群体动力学的研究者——德国心理学家勒温认为，整体比部分重要，群体作为一种内在的关系组成的系统，其影响力或作用远大于孤立的个体，个体在群体中生活，不仅取决于个体的个人生活空间，而且也受群体心理场景的制约。

一个良好运转的团体，具有吸引各个成员的凝聚力。这种力量来自成员们对团体内部建立起来的一定的规范和价值的遵从，它使个体的动机需求与团体目标紧密相连，使团体行为深深地影响个体的行为。因此，社工希望通过开展“我为复工复产多流汗”系列活动之“展青春风采　担争先使命”海珠区职工团体心理减压活动，让职工们可以放松身心、释放压力，以良好的状态投入复工复产中，以及在活动中，增强团队的沟通、协作，提升团队凝聚力、战斗力。

（二）活动目的

通过开展“我为复工复产多流汗”系列活动，大力弘扬劳动精神、劳模精神、工匠精神，充分发挥劳模的示范引领作用，影响带动广大职工积极投入复工复产第一线；以及关心、关爱职工，帮助职工缓解在疫情防控与复工复产中产生的压力，并提升职工利用资源的能力，让他们能应对各种来自环境的挑战，更好地适应疫情下的复工复产。

（三）活动主题

“我为复工复产多流汗”庆祝五一国际劳动节大会暨心灵护航工程启动仪式；“我为复工复产多流汗”线上点赞行动；“关爱劳动者　助力复工复产”海珠区工会暖心行动；“展青春风采　担争先使命”海珠区职工团体心理减压活动。

（四）活动形式

“线上 + 线下”相结合。

（五）活动对象

线下：A 企业华南公司职工。

线上：海珠区职工。

（六）活动时间

线下：2020 年 4 月 26 日、2020 年 5 月 9 日。

线上：2020 年 4 月 28 日—5 月 12 日。

（七）活动程序

分析服务对象需求；订立活动目标；与合作单位沟通、讨论，确定系列活动方案；活动前期筹备；活动实施；活动后期总结。

四、实施过程

时间及形式	活动名称	活动目标	活动对象及人数	活动内容及流程
4月26日 9:00—10:30 线下活动	“我为复工复产多流汗”庆祝五一国际劳动节大会暨心灵护航工程启动仪式	通过大力弘扬劳动精神、劳模精神、工匠精神，充分发挥劳动模范作用，影响带动更多职工积极投入复工复产第一线 通过关心、慰问一线职工，增强职工为复工复产作贡献的决心，以及增强企业的凝聚力、战斗力	A企业华南公司职工100人	1. 发挥党组织、工会的优势，吹响海珠区复工复产集结号：海珠区总工会领导为活动致辞，以及向广大职工致以敬意 2. 勇当先锋敢打头阵，在复工复产一线当好主心骨：A企业华南公司代表讲话，体现劳动模范作用 3. “我为复工复产多流汗”倡议：参与抢建方舱医院的职工代表带领全体职工朗读倡议书 4. “我为复工复产多流汗”表决心：8名职工代表为复工复产作贡献表决心，以及表达对祖国、对家乡、对人民的祝福 5. 关爱劳动者行动，为复工复产加油鼓劲：出席活动的全体领导上台为8名职工代表派发防疫健康礼包，祝福广大职工顺利返岗，另外参与活动的职工，在活动结束后，每人领取一份防疫健康礼包 6. 心灵护航工程启动，为复工复产保驾护航： （1）海珠区工会项目负责人介绍心灵护航服务内容 （2）出席活动的全体领导上台按下启动球，代表心灵护航工程正式启动 （3）心灵驿站授牌仪式：海珠区工会领导授予A企业华南公司心灵驿站牌匾 7. 唱响劳动者之歌，弘扬劳模精神、劳动精神、工匠精神，传递正能量：全体参与人员合唱《咱们工人有力量》（邀请3名职工代表上台领唱）

续表

时间及形式	活动名称	活动目标	活动对象及人数	活动内容及流程
4月26日 10:30—12:00 线下活动	“关爱劳动者 助力复工复产”海珠区工会暖心行动	为职工科普防疫知识、法律知识、心理健康知识；提升职工运用资源的能力，让职工更好地应对各种来自环境的挑战	A企业华南公司职工150人	1. 防疫宣传摊位：派发防疫防控和复工复产宣传资料，丰富广大职工的疫情防控与复工复产知识，提升广大职工的防疫能力 2. 法律咨询摊位：派发法律知识宣传资料，并特设法律咨询摊位，由专业律师免费为广大职工解答法律困惑 3. 心理健康宣传摊位：宣传开通24小时心理咨询热线，以及开展心理咨询服务；并在现场设置负面情绪“消消乐游戏”，让广大职工在游戏中缓解负面情绪，体验积极情绪 4. 就业政策宣传摊位：派发就业政策宣传资料，帮助广大职工了解有关疫情期间的就业政策信息 5. 防诈骗宣传摊位：派发防诈骗宣传资料，由金融专家现场免费为广大职工答疑解惑 6. 复工复产倡议、留言摊位：参与活动的职工在留言板上签名表决心，全力支持复工复产
5月9日 9:30—11:30 线下活动	“展青春风采 担争先使命”海珠区职工团体心理减压活动	帮助职工宣泄负面情绪，缓解工作压力，以及帮助职工在实践中掌握减压方法，并能运用到日常工作中 增强职工间的沟通、协助，促进职工间互帮互助，提升团队凝聚力、战斗力	A企业华南公司职工/20人	1. 社工主持活动开场及破冰游戏 （1）社工开场白（介绍活动目的、意义） （2）破冰游戏：参与者根据万能分组条上共同的信息，在不能语言沟通的情况下组队 （3）参与者在队内自我介绍，共同取队名和口号，并设计造型 （4）由队长做代表介绍队名和组员，然后全组一起喊出口号，摆好造型，合影留念 2. 社工带领团体减压游戏 （1）会飞的气球不落地：每组组员围成一个圈；工作员抛起气球，大家可以通过身体任何一个部位（除手以外），不让气球落地，落地一队就算输 （2）翻转扑克牌：每组组员按1~13的顺序翻牌，顺序正确，可以继续翻牌，顺序错误，就换另一名组员翻牌。直到全部牌翻转，即完成任务，先完成任务一组算赢

续表

时间及形式	活动名称	活动目标	活动对象及人数	活动内容及流程
5月9日 9:30—11:30 线下活动	"展青春风采 担争先使命"海珠区职工团体心理减压活动	帮助职工宣泄负面情绪，缓解工作压力，以及帮助职工在实践中掌握减压方法，并能运用到日常工作中 增强职工间的沟通、协助，促进职工间互帮互助，提升团队凝聚力、战斗力	A企业华南公司职工/20人	(3) 喜怒哀乐：每组组员一字排开；队末的成员将被分组工作员告知一个跟心情有关的词汇，比如兴奋、悲伤、生气等；队末的成员通过语言以外的方式将词汇传递给前一个组员，以此类推；直到队首成员完成传递后，高声说出正确的词汇 (4) 输的一组接受惩罚：游戏结束后，赢的一组指定一个搞笑动作，输的一组执行，工作人员拍照留念 (5) 分享感受：社工邀请职工分享在活动中的感受、体会 3. 社工分享有关减压方法，并引导职工运用到日常工作、生活中 (1) 积极情绪暗示法 (2) 放松呼吸法 4. 总结收获 (1) 以小组为单位，围绕以下3个问题，分享感受与收获：第一，在活动过程中印象最深的画面，以及有什么感受；第二，你认为自己团队完成挑战的关键是什么；第三，你今天有什么收获 (2) 每个小组选出1~2名代表分享 (3) 社工进行小结
4月28日— 5月12日 线上活动	"我为复工复产多流汗"线上点赞行动	通过积极向上的留言内容，传递正能量，弘扬劳模精神、劳动精神、工匠精神	海珠区职工1000人次	1. 把"我为复工复产多流汗"庆祝五一国际劳动节大会暨心灵护航工程启动仪式的"我为复工复产多流汗"倡议环节视频编辑成文发布到机构、项目微信公众号上，吸引广大职工积极参与线上倡议活动，力争千人点赞、签名、留言表决心，为复工复产作贡献 2. 引导、鼓励职工在微信朋友圈积极转发各大媒体发表的关于本次活动的新闻稿，扩大活动成效，以及获取良好的社会效应

五、服务成效

（一）对受益人群的影响

1. 对直接受益人群的影响

通过开展"我为复工复产多流汗"系列活动，让职工宣泄了负面情绪，缓解了工作压力，增强了职工间沟通、交流、协作，扩大了社会支持网络；帮助职工提升了资源的运用能力，以便他们能够更好地面对疫情下的复工复产中的各种困难。

2. 对间接受益人群的影响

（1）对企业的影响。在这次系列活动中，通过关心、关爱一线职工，以及在企业中树立先进典型，充分发挥劳模的骨干和带头作用，进一步激励了职工的劳动热情，为企业复工复产营造了良好氛围，并增强了企业的凝聚力、向心力和战斗力。

（2）对政府的影响。通过在活动中弘扬劳模精神、劳动精神、工匠精神，激励了广大职工进一步焕发劳动热情，为全面复工复产而不懈奋斗。通过推动 A 企业华南公司安全、有序复工复产，并以此作为典型案例，带动增强了全区企业安全、有序复工复产的信心，努力“在危机中育新机、于变局中开新局”。

（二）社会影响力分析

1. 社会资源整合情况

社会工作者积极链接社会各界资源，为本次大型系列活动提供物资、人力等支持，包括 A 企业华南公司负责舞台、背景板、帐篷等物资，价值为 16050 元，以及医院、银行、律师事务所等企事业单位的专业人士作为志愿者，为职工提供防疫知识宣讲、心理健康咨询、防诈骗宣传、法律咨询等多元化服务。

2. 活动宣传成效

“我为复工复产多流汗”庆祝五一国际劳动节大会暨心灵护航工程启动仪式现场共有 5 家媒体到场采访，有 14 家媒体报道了活动情况，媒体包括学习强国、大洋网、金羊网、新浪网、国家新闻网、广州市社协网、海珠区总工会信息网、《南方工报》《信息时报》《羊城晚报》《新快报》、广州电视台花城频道、广东电视台荔枝 FM。“我为复工复产多流汗”线上点赞行动，截至 5 月 12 日，共超过 2000 人次点赞、留言、转发，获得了较好的社会效果，广泛传播了正能量。

六、总结评估

（一）评估方法

服务对象意见反馈表；社工通过活动现场对服务对象互动交流情况的观察，以及在活动现场抽取部分服务对象与之交流了解服务成效。

（二）评估内容

服务对象参与活动后的改变情况，以及对活动的满意度。

（三）服务对象评价情况

服务对象对活动的整体满意度达到90%，其中服务对象对服务内容的适合度及服务目标的达成度评价满意度为95%，而且他们表示能积极投入活动中，获得了一定的物质支持和精神支持，缓解了工作压力，加强了同事间的交流互动，提升了团队协作精神。另外，企业代表也表示活动进一步增强了职工投入复工复产的热情和决心，营造了良好的工作氛围。

七、专业反思

（一）充分发挥社会工作的专业作用

在本系列活动中，社工充分发挥了组织协调者、资源链接者、支持者等角色的作用，积极主动与购买方、合作方、支持方等沟通、交流，确保活动顺利开展。另外，在活动过程中，社工注重与参与者的沟通、互动，引导、鼓励参与者积极投入活动，主动交流、分享，增强他们的参与度以及获得感、认同感。

（二）积极推动心理健康服务进企业

社工以“我为复工复产多流汗”庆祝五一国际劳动节大会暨心灵护航工程启动仪式为契机，普及心理健康知识、宣传心理援助热线，在企业内部建立心理服务阵地，全面推动心理健康服务进企业，做到咨询有热线、服务有阵地。后续，社工要进一步关注职工心理健康状况，定期开展多元化心理健康服务，帮助广大职工掌握心理调适方法，增加心理健康意识，提升心理健康水平。

（三）提升专业服务的延续性

社工要认真思考专业服务的延续性，进一步深化服务成效和扩大服务覆盖面。后续，社工可以通过“线上＋线下”的方式，开展复工复产政策宣传、政策解读、政策倡导等活动，帮助更多企业、职工应对疫情影响，有效助力企业从复工复产转向满工满产。

八、督导点评

正当国际疫情持续蔓延，世界经济下行风险加剧，不稳定、不确定因素显著增多，企业复工复产面临新的困难和挑战之时，供应链受阻、资金链紧张、订单减少、销售困难，成为不少企业复工复产路上的障碍。这时，工会社会工作者倡导广大职工为复工复产多流汗作贡献，这是很有意义的。这正是解决了前期“如何复工”的问题后，接续需解决后期“复工何为”的问题，社会工作者能借此五一国际劳动节来临之际，引导广大职工树立劳动光荣的精神，调动广大职工潜能，充分发挥工人先锋作用，对全面复工复产产生了积极的影响。

作者简介

周柳湘，中共党员，中级社工师、心理咨询师。广州粤穗社会工作事务所海珠区工会社会工作服务项目创新部部长。

新挑战·心力量

——户外劳动者心理健康团体辅导活动

周柳湘　林　晖

一、背景介绍

随着以新产业、新业态、新商业模式为核心的“三新”经济蓬勃发展，“三新”领域的劳动者大量出现并呈加速增长趋势。这固然是一次全新的机遇，但同时也伴随着巨大的挑战，户外劳动者需要走出自己的工作舒适区，接触全新的工作方式和内容。加上这次全国性的疫情侵袭，复工复产对于常年奔波在城市第一线的户外劳动者也是一个巨大的挑战，稍不注意就有感染的风险。在这样的工作压力下，户外劳动者们很容易产生负面情绪，进而导致心理问题。基于以上原因，海珠区工会社会工作服务项目的社会工作者以减压和信任为主题，策划举办“新挑战·心力量”户外劳动者心理健康团体辅导活动，将“三新”经济和疫情带来的压力扼杀在摇篮中。

二、分析预估

户外劳动者群体大多数是学历偏低的普通职工，工资水平也相对一般，但是作为一线的职工，在工作生活中所受到的压力有时反而是最大的。在这种工作环境之下长久工作，难免会出现心理健康问题，但过低的社会关注度让户外劳动者群体很少能得到相关的心理健康服务。“三新”经济的蓬勃发展，让户外劳动者群体重新进入了大众的关注视野中，他们的心理健康也将成为工会需要密切关注的问题。此外，仅仅依靠工会社会工作者的力量还是比较薄弱的，希望能借此活动总结经验、链接多方面资源，在未来对户外劳动者的心理健康提供更多关注和支持。

三、服务计划

（一）服务目标

帮助户外劳动者提高对自身心理健康状况的觉察，以及帮助其释放压力、消除“负能量”，并学习以沟通的方式和积极、向上的状态迎接生活和工作中的各种挑战和压力。

让户外劳动者在参加完活动后变得更加开朗自信，认识到信任关系的重要性，更愿意积极主动与他人构建良好的人际关系。

（二）服务理念

1. 心理学理论

心理学认为，压力是心理压力源和心理压力反应共同构成的一种认知和行为体验过程，是对某件事作出的应激反应。压力会影响人们的身心健康。压力反应包括主体察觉到压力源后，出现的心理、生理和行为反应。从心理学角度看，压力应当是一种经验到的东西，它无法抛开主体而单独存在。假如一个事件发生了，但主体对其漠视，毫不关心，或已经意识到刺激的存在，但认为不值得认真对待，这时，压力就无从谈起。压力源的存在、个体的生理状态、心理背景和社会生存环境，都是产生压力的必要条件，但这些条件本身并不是心理形式的压力。我们体验到的压力，实际上是另一种心理历程，也就是我们内心的冲突和伴随其而来的强烈情绪体验。当我们遇到这些情绪无法自我调节回正常状态时，不恰当的情绪就会引起我们不恰当的心理活动，进一步就会导致我们不恰当的行为。假如我们能够在现实生活中找到一个第三方的角色进行自身感受或者情绪的交流和释放，我们在很多情绪的处理上就会更加理性和客观，不至于钻进死胡同。通过“让心灵飞翔”活动能让户外劳动者们从平时紧张的工作中暂时解放出来，释放积累的压力，让身心更加放松愉悦，并在互动中，提升倾听与沟通的能力。

2. 信任理论

齐美尔的信任理论认为，现代社会中占支配地位的互动形式或社会关系是交换，而交换的一个最重要的条件是信任度，如果人们彼此没有一个一般的信任度，社会自身将会解体，因为关系很难完全建立在对他人不确定的认知之上。所以社会的运行离不开各种各样的信任度，信任的重要性不言而喻。尤其对户外劳动者来说，平时跟不同的陌生人打交道是必不可少的工作，忙碌的工作也可能会让户外劳动者忽略了日常的人际交往，通过“信任之旅”活动为户外劳动者构建信任环境、设立游戏目标，可以让参与者在轻松的游戏中体会到信任和人际关系的重要性。

（三）服务具体安排

活动一：“让心灵快乐飞翔”——海珠区户外劳动者心理减压团体辅导活动

时间	环节目标	活动流程
15:00—15:10	1. 让参与者了解活动的目的和意义 2. 帮助参与者放松，促进他们积极投入活动中	1. 社工自我介绍 2. 社工带领破冰游戏“逛公园”：所有队员围成一圈，有节奏地说出口号，慢慢开始，由其中一个人说出“什么园”，比如动物、植物等，按顺时针方向后面的人要说出这个类别里的事物，直到有人重复或者错误后开始下一轮；活跃现场气氛，让参与者更投入 3. 社工邀请参与者分享参与游戏的感受，并通过总结，带出本次活动主题、目的、意义
15:10—15:50	1. 让参与者动起来，放松身心，缓解压力 2. 通过共同完成游戏挑战，增进团队沟通和默契	1. 珠行万里：所有队员一字排开，手持接力棒，在保证圆珠不掉落的情况下，从指定的位置运珠到达终点。至少运送 3 个圆珠（如果圆珠掉了，重新开始） 2. 指鹿为马：选出 5 ~ 10 名队员，先由主持人示范给第一位选手一套动作（有特定寓意，比如背老人过小河）；第一位选手根据自己的理解，把动作表演给第二位选手看；第二位选手再表演给第三位看……主持人先问最后一位选手：你看到的动作寓意是什么？再问第七位、第六位……最后主持人讲解该游戏的寓意，接着指出在日常交往中，沟通不足经常会导致错误理解对方的意思。所以，要加强沟通技能的学习
15:50—16:00	通过分享，让参与者发现自己的转变，进一步促进目标的达成	1. 分组分享感受与收获 （1）过程中印象最深的画面 （2）此刻的你，有什么感受 （3）你认为自己团队完成挑战的关键是什么 2. 每个小组选出 1 名代表分享 3. 美团站点负责人总结活动 4. 社工总结活动，以及让参与者填写活动反馈表

活动二："信任之旅"——海珠区户外劳动者心理健康团体辅导活动

时间	环节目标	活动流程
16:30—16:45	1. 让参与者互相熟悉，打破尴尬，活跃气氛 2. 让参与者了解活动的目的与意义	1. 社工自我介绍 2. 社工带领破冰游戏："造反运动" 游戏规则：职工们需要做出与主持人指令相反的动作。同时这个游戏也是为接下来的主要游戏进行分组，先被淘汰的一半职工为一组，剩下的一半职工为一组。游戏过程中，职工们互相监督、互相指出动作的错误之处，很好地带动了整体的氛围，达成了破冰游戏的目的 3. 社工邀请参与者分享参与游戏的感受，并通过总结，带出本次活动主题、目的、意义
16:45—17:00	增进参与者的互相信任，让参与者感受到信任的快乐和重要性	社工带领信任游戏："勇闯雷阵" 游戏规则：每组各派出两人参加，其中一人需要戴上眼罩遮蔽视线，另外一人需要指挥戴眼罩的队友在不触碰地上障碍物的前提下从起点走到终点。两组轮流派出不重复的成员，直到小组内所有人都完成比赛，累计用时最短的小组获胜。两个小组都能有效地进行内部讨论后轮流派出人员完成整个游戏，几乎所有职工都有参与
17:00—17:20	进一步培养参与者的团队协作精神	社工带领团队协作游戏："搭桥过河" 游戏规则：每组派出两人参加，参赛者手持三块泡沫砖作为落脚点，由前面的队员铺设，后面的队员传递，两人踩着泡沫砖从场地的一侧走到另一侧，全程脚不能接触地面，与第一个游戏一样计时到小组全员完成
17:20—17:30	通过分享，让参与者发现自己的转变，进一步促进目标的达成	1. 根据前两轮游戏的计时，累计用时较短的小组获胜，项目主任为获胜组颁发纪念品 2. 社工邀请参与者分享本次活动的感受和收获等 3. 项目主任进行活动总结，以及为参与者送上国庆节节日祝福 4. 社工让参与者填写活动反馈表

四、服务计划实施过程

（一）活动筹备阶段

社工与海珠区内各个户外劳动者群体的相关负责人进行联系，收集群体压力来源和心理健康需求。整理收集到的资料，得出海珠区户外劳动者当下的工作生活压力状况并制定相关的解决方式。寻找合作的站点或者街道，确认活动场地、活动时间、活动对象，以及活动所需要的物资，并邀请合作单位领导出席活动。

（二）活动实施阶段

活动初期，社工通过带领破冰游戏，活跃现场气氛，帮助参与者放松，更好地投入活动中。同时，也通过让参与者分享在游戏中的感受、收获，以此增进参与者对活动背景和目的的了解。

活动过程中，社工引导参与者分组体验了“珠行万里”“指鹿为马”两个团体游戏，让参与者在互动下释放压力，体验人际互助、团队协助对减压的作用。另外，社工引导参与者分组体验了“勇闯雷阵”“搭桥过河”两个团体游戏，让参与者在互动下感受到信任的快乐和重要性，以帮助参与者增进信任度，进一步培养团队默契和团队协作精神。通过生动有趣、丰富多彩的形式和内容，营造出宽松愉悦的氛围。

（三）活动成效总结阶段

在活动现场，社工让参与者分享活动感受、收获，并填写满意度调查表，参与者表示：“在疫情期间，作为一线户外劳动者，一直在前线工作，工作时间长、任务重，而且比别人感染病毒的概率大，常常会感到压力大，但是不知道如何排解，参加活动后，感到很放松，也了解到一些减压的方法，和同伴多了沟通、相处时间，较好地增进了感情，活动很有意义，希望工会可以多举办类似的活动。”

活动后回访企业，企业表示参加活动的职工工作状态较之前积极，工作效率也有所提高。企业认为这种心理团体辅导活动帮助职工减了压，提升了正能量，希望可以与社工进一步探讨如何更好地为职工提供多元化服务。

五、总结评估

社工采用观察法和访谈法评估参与者在活动中学习体验减压以及增强信任感的情况，95%的参与者表示目标达成情况良好。采用问卷法和访谈法评估参与者、企业对活动的满意度，100%的参与者、企业表示满意。其中，某外卖站点站长还表示要进一步与海珠区工会社会工作服务项目合作，开展不同类型的活动，为职工提供多元化服务。

工会作为职工利益的代表者和维护者，应当在“三新”经济和疫情时期的大浪潮中身先士卒，为户外劳动者们提供力所能及的帮助。这次服务从户外劳动者心理健康发展的需求出发，所收集和反映的问题具有典型性和代表性，对后续服务有一定的指引作用。这次服务也是海珠区工会社会工作服务项目在职工心理健康建设方面的一次有益尝试，希望从不同角度发现并解决职工的心理健康问题。

六、专业反思

户外劳动者群体相较于其他职工群体来说社会地位更加困难，社会工作者在为这类群体开展服务时，需要设身处地考虑户外劳动者的工作和生活环境，这样才能更好地为户外劳动者群体服务。

加强户外劳动者心理健康关爱，实施心理效能提升是一项具有重要社会意义、长期性的工作，社会工作者会继续积极探索建立系统化心理服务网，即一个联动机制——“工会＋社工＋企业”，两级服务平台——粤穗心理咨询中心与企业心理服务联络站，三类专业人才团队——国家心理咨询师、社工师、督导，从而达到根本、高效、精准地为户外劳动者提供专业服务的目的。

借助心理健康团体辅导活动的开展，社工要与企业建立良好的合作关系，积极推动与协助企业创建“心灵驿站”企业心理健康服务站点，让更多职工关注心理健康，享受心理健康服务。同时，社工要充分发挥专业优势，努力做到咨询有热线、服务有阵地。

七、督导点评

疫情期间，户外劳动者的工作任务更重，感染风险更高，他们的心理压力也更大。社会工作者凭借敏锐的洞察力，及时策划、组织了此次活动，有效帮助了户外劳动者舒缓心理压力，建立朋辈支持关系。而经由此次活动，工会社会工作服务也得到了相关企业的认可，他们也积极地与社工洽谈今后的服务，这为未来工会社会工作服务发挥更大的作用提供了可能，希望社会工作者能够进一步优化服务，帮助到更多的户外工作者。

作者简介

周柳湘，中级社工师、心理咨询师，广州粤穗社会工作事务所承接的海珠工会社会工作服务项目创新服务部部长。

林晖，广州大学社会学专业本科毕业生，广州粤穗社会工作事务所实习生。

“企聚力量·汇爱职工”

——企业职工公益服务计划

汪晓文　隆惠清

一、项目简介

党的十九大报告提出，中国特色社会主义进入新时代，我国社会主要矛盾已经转化为人民日益增长的美好生活需要和不平衡不充分的发展之间的矛盾。全国总工会在十七大中明确提出了今后五年工会工作的主要任务要以习近平新时代中国特色社会主义思想为指导，深入学习贯彻习近平总书记关于工人阶级和工会工作的重要论述，要深化工会改革创新，不断增强工会工作的动力，凝聚奋进力量，充分激发职工劳动热情和创造活力，并逐渐提高服务工作质量，顺应职工对美好生活的新期待，更好满足职工群众美好生活需要，切实提升职工群众的获得感、幸福感、安全感。

企业职工公益服务计划以党的十九大、全国总工会十七大相关精神为指导，立足新时代企业职工的需求，结合海珠区企业数量多、职工数量大的特点，充分发挥工会社会工作的专业作用，践行“助人自助”的宗旨，积极搭建平台，引导企业、职工参与公益服务，发挥其特长和资源优势，服务好职工群众，汇聚服务职工的企业、职工力量，更好地满足职工群众的美好生活需要。

二、问题及分析

（一）企业的需要

1. 加入公益服务平台的需要

中华民族自古就有乐善好施、扶危济困的优良传统，社会公益事业正是这种优良传统在现代社会的继承和弘扬，也是社会主义道德的实践和体现。社工在走访企业中发现，不同企业都有不同的资源优势，很多企业都希望参加一些力所能及的社会公益服务，但是因为缺少平台，不知道应在什么时间什么地方为哪类群体提供什么样的公益服务，需要有个专门的平台，搭建起公益服务的供给、需求桥梁。

2. 开展公益活动，加强企业文化建设的需要

企业文化重视人的因素，强调精神文化的力量，希望用一种无形的文化力量形成一种行为准则、价值观念和道德规范，凝聚提升企业员工的归属感、积极性和创造性，引导企业员工为企业和社会的发展而努力。社工在走访企业中发现，有的企业希望组织员工参与志愿服务活动，让员工在参与公益实践中锻炼沟通能力，洗礼心灵，感受到自我的存在感，在帮助他人的同时，感受到快乐，从而有利于企业文化建设。

3. 履行社会责任，树立宣传企业形象的需要

中国人讲究饮水思源，而企业的“源”在社会，“水”来自社会。不少企业认为参与公益事业不仅是责任所在，更是发展所需。当今社会，企业履行社会责任已成为国际潮流，参与公益事业也有利于树立企业在社会环境中的良好形象。

（二）职工的需要

1. 发挥专业特长，实现自我价值的需要

从某种意义上说，人生的价值主要体现在两个方面：一是个人对社会的责任和贡献，二是社会对个人的尊重和满足，而志愿服务活动有助于实现个人的人生价值和社会价值。在以往的服务中发现，广大职工从事不同行业，都有其专业特长，很多职工希望通过志愿服务，奉献社会，实现自我价值。

2. 参加志愿服务，满足个人生活的需要

广州的外来人口比较多，根据相关政策，一定时数的志愿服务对外来务工人员积分入户、积分入学有一定的帮助，所以很多外来务工人员希望通过参加志愿服务，积累志愿服务时数，实现积分入户、积分入学的愿望。

3. 扩大人际交往，增强社会支持网络的需要

参加公益活动的志愿者队伍，是由不同阶层、不同职业、不同年龄的成员组成的，尤其是在志愿服务中，往往会遇见形形色色的服务对象，这种多元的人群结构为志愿者提供了与不同社会阶层背景的人打交道并认识新朋友的机会。在以往的服务中发现，有一些职工希望扩大其生活空间，拓展他们的人际交往圈，提高人际交往能力，融洽社会关系。

三、目标及内容

（一）服务目标

1. 总目标

通过该项目的实施，探索以工会为指导、社会组织为载体、公益活动为平台、专业工会社会工作者为支撑的服务职工的模式，凝聚海珠区服务职工群众的企业、职工力量，激发企业、职工的活力，努力提高广大职工群众的获得感、幸福感和安全感。

2. 分目标

整合资源，搭建汇聚企业职工力量、服务职工群众的平台。

运用优势视角，发掘服务对象潜能，培育服务职工群众的公益骨干，充分发挥“领头羊”作用。

总结提炼，建立企业职工公益服务管理机制，促进公益服务的常态化，发挥服务的可持续性作用。

（二）服务策略

1. 整合资源，搭建公益服务平台

社会工作者发挥资源链接者的角色和桥梁作用，根据企业、职工的不同特点和需求，分别搭建起针对企业、职工的公益服务平台，引导企业、职工参与形式多样、内容丰富的公益服务。

（1）广泛联系，深入企业，整合资源。通过实地走访、沟通联系，了解企业、职工的特点，一方面，精准把握企业、职工参加公益服务的个别化需求，建立公益服务资源供给库，对供给库中的资源进行分类，并对资源的有效性进行评估；另一方面，深入园区、企业，收集职工群众的需求，建立职工群众的服务需求库。

（2）需求为本，搭建公益服务平台。立足职工群众的多元化、个性化需求，发挥桥梁作用，实现职工群众服务需求库和公益服务资源供给库的对接，开展健康安全、职工关爱、节日慰问、氛围营造、职工亲子等方面的公益活动。

2. 搭建平台，培育公益服务骨干，推动公益服务活动高水平发展

充分发挥倡导者、支持者、服务提供者的角色，搭建志愿者培训、志愿者团建、职工故事汇等平台，培育、发展公益服务骨干，推动公益服务活动

高水平发展。

（1）挖掘潜能，搭建对话平台，促进企业职工参与和发展。运用优势视角，根据企业职工所从事的行业、岗位、技术等方面的特点，以及参与公益活动的动机，尊重企业、职工，挖掘企业、职工的潜能，搭建志愿者座谈会、志愿者培训等平台，推动企业职工表达意见、互动与交流，促进其积极参与服务职工的公益事业和自我发展。

（2）树立典型，发挥先进传播作用。根据班杜拉的社会学习理论，本项目注重观察学习、模仿学习，通过志愿者团建、职工故事汇等平台，树立、宣传公益活动中的典型职工，发挥先进传播作用，影响、带动更多的企业职工参与公益事业。

3. 总结提炼，推动公益服务的高质量发展

在服务实施中，对服务方法、流程、效果等进行总结与提炼，推动企业职工公益服务规范化和常态化，加强宣传，不断推动企业职工公益服务的高质量发展。

（1）建立完善管理机制，促进公益服务的规范化。立足实践经验，不断总结，出台《志愿者管理制度》《公益联盟盟约》，对志愿公益服务进行有效管理和激励，促进企业职工公益服务的规范化和常态化。

（2）加强宣传，发挥项目的可持续性作用。注重媒体宣传，制作相关宣传产品，扩大项目的覆盖面和影响力，发挥项目可持续性作用，不断增强企业职工参与公益的积极性。

（三）服务程序

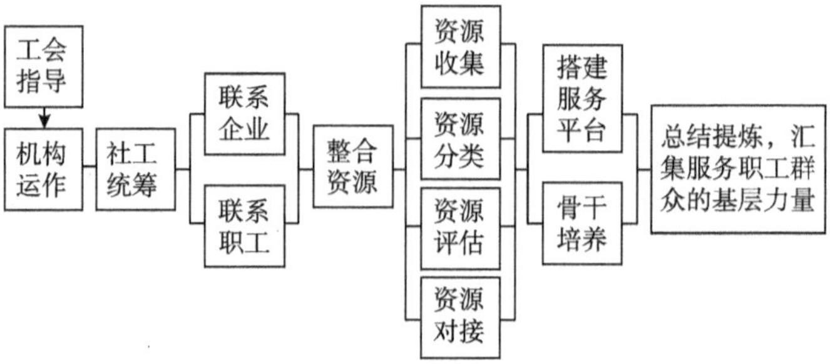

四、计划实施

服务计划	服务目标	具体服务实施
“工人先锋”计划	广泛联系企业、职工，建立起公益服务需求库和供给库	1. 开展需求调研，并进行分析，建立起职工群众的服务需求库 2. 通过120场外展活动招募职工志愿者 3. 注册广州公益时间银行、i志愿等志愿服务网络平台，引导职工方便、快捷加入，参与志愿服务 4. 通过走访，联系企业，发布公益活动招募令或宣传海报，引导企业加入志愿公益服务
“汇爱职工”计划	立足需求，整合资源，搭建形式多样、内容丰富的公益服务平台，汇聚服务职工群众的企业、职工力量	1. 对加入公益服务的职工、企业资源进行分类和评估，建立起有效的涵盖职工健康安全、职工关爱、节日慰问、氛围营造、职工亲子等方面的服务资源供给库 2. 立足职工群众需求，发挥桥梁作用，实现职工群众服务需求库和公益服务资源供给库的对接，开展多样化的公益服务活动 （1）健康安全类：劳动者之歌——庆祝“五一”国际劳动节职工文艺会演暨“关爱职工送健康”启动仪式、“汇希望之光　看世界睛彩”志愿服务送健康活动、“世界呼吸日，关注尘肺病”海珠工会预防职业病志愿服务活动、“义”起守护建设者安康——海珠工会急救培训活动等 （2）节日慰问类：“欢聚凤阳，共度端午”关爱职工茶话会、“致敬英雄战士，传承红色基因”海珠工会迎“八一”志愿送温情活动、“平安过年，幸福海珠”关爱留穗职工福袋送平安活动、“团圆中秋乐　共享一家亲”关爱职工活动等 （3）职工关爱类：“真情关爱暖人心”慰问困难职工、“义起行动情暖建设者”职工志愿服务进社区、“党群联动　社企携手　共同抗疫”一线抗疫党员及职工交流慰问、发“献”建设者之美——爱心义剪活动、“义企”关爱“城市守护者”送清凉行动、“搭建爱心桥，点亮微心愿”志愿活动等 （4）职工亲子类：“同一蓝天，幸福同行”海珠区职工亲子关爱活动、“语你相随，周末有约”职工亲子系列活动6次、“牵手未来　筑梦前行”职工亲子活动暨2020年海珠区工会职工亲子夏令营、“南行小雁子　花市探父母”海珠职工亲子活动等 （5）氛围营造类：“海珠工会公益联盟，助力企业复工复产”志愿活动、“环境卫生要做好，预防疾病我做起”企业志愿助力行动、“美好海珠　志在工会”职工志愿服务公益集市、“唱红歌　颂党恩　共筑中国梦”纪念建党98周年职工歌唱比赛活动、“党群携手　绿色共享”海珠区工会党员职工垃圾分类齐行动活动、“党员奋战在复工复产一线”海珠区企业职工“先锋有你”主题活动、“与国同庆　筑梦小康”海珠区工会迎国庆、庆中秋大型活动、“学党史　践真知　开新局”海珠区工会庆五一党史知识竞赛等

续表

服务计划	服务目标	具体服务实施
“志在工会”计划	搭建平台，促进服务对象的互动与交流，培育服务职工群众的公益骨干，充分发挥“领头羊”作用	1. 建立志愿者互动交流群，促进志愿者的常态化互动与交流 2. 通过开展志愿者团建、培训、表彰、座谈等活动培育发展公益骨干，例如“践行志愿服务　弘扬时代新风”志愿者座谈会；“牢记使命　红色联唱”志愿者能力提升小组；“9.9 公益，义企前行”爱心企业表彰暨公益联盟签约仪式；“走红色之路，扬志愿精神”海珠工会“迎元旦”志愿者团建活动；“不忘初心，筑梦海珠”海珠职工故事汇暨“迎新春”志愿者团建活动；“疫情防控不松懈，志愿服务在行动”海珠工会志愿服务关爱活动等
总结提炼	促进企业职工公益服务的规范化和常态化，发挥项目的可持续性作用	1. 制作服务宣传册 2. 制作服务宣传视频 3. 出台《志愿者管理制度》 4. 制定《公益联盟盟约》 5. 借助《南方工报》《羊城晚报》《广州日报》等媒体进行报道

五、项目成效

（一）汇聚力量，成立公益联盟

通过项目实施，社会工作者搭建起形式多样、内容丰富的公益服务平台，招募了职工志愿者 302 人，培育了 15 支涵盖健康安全、职工关爱、节日慰问、氛围营造、职工亲子类的志愿服务团队，培育了志愿者骨干 46 人，搭建公益活动平台 86 次，动员了 19 家企业加入公益联盟，汇聚起服务职工群众的坚实力量，链接场地、物力、人力资源折合人民币约 36 万元。

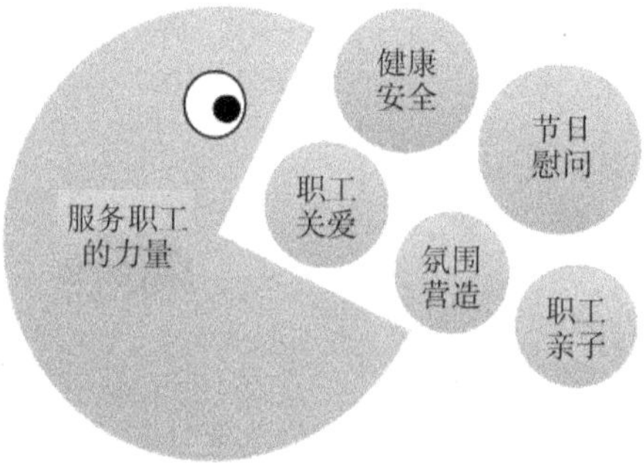

（二）总结提炼，探索形成“122”职工公益服务模式

通过项目的实施及不断总结，形成了“122”职工公益服务模式：坚持1个宗旨，竭诚服务职工群众；建立2个信息库，即公益服务需求库和供给库；搭建2个平台，即企业职工参与公益服务的平台和培育公益骨干的平台。

（三）加强宣传，扩大项目的覆盖面和影响力

服务实施中注重媒体宣传。相关公益活动在学习强国、《南方工报》、天一网、广州工会、《广州日报》《信息时报》、大洋网、《羊城晚报》、广州社会工作协会、粤工惠等媒体和平台报道31次，扩大了服务的覆盖面和影响力。

六、总结评估

通过项目各项服务计划的实施，项目目标达成度较好，取得了一定的服务成效。通过“工人先锋”计划的实施，广泛联系企业、职工，建立起公益服务需求库和供给库；通过“汇爱职工”计划的实施，整合了资源，建立起有效的涵盖职工健康安全、职工关爱、节日慰问、氛围营造、职工亲子等方面的服务资源供给库，搭建形式多样、内容丰富的公益服务平台，汇聚了服务职工群众的企业职工力量；通过“志在工会”计划的实施，搭建了平台，促进了服务对象的互动与交流，培育服务职工群众的公益骨干，充分发挥“领头羊”作用；通过总结提炼，制作了服务宣传册、服务宣传视频，建立了志愿者管理制度，制定了《公益联盟盟约》，促进了企业职工公益服务的规范化和常态化，发挥了项目的可持续性作用。

七、专业反思

（一）值得肯定的地方

1. 立足需求，以人为本

社会工作者真诚对待服务的问题和需要，广泛联系企业职工，了解其需求，并及时回应，搭建平台，满足职工群众、职工志愿者、爱心企业的需求，受到了企业职工的认可和肯定。

经常参加项目公益活动的企业负责人史先生表示：“很感谢咱们工会社会工作者帮我们搭建的平台，也让我们感到政府对我们的关心，2020年的疫情

对我们的冲击非常大，真的很困难，参与的公益活动比较少。但是，现在挺过来了，2021 年我们会多参与工会项目开展的公益活动，有需要物资、人员支持的，我们一定会全力支持、参与。”

职工志愿者彭先生说：“参加公益服务活动，对我自己也是一种鞭策和学习，我提高了认识，开阔了眼界，得到了锻炼，在某些方面有所突破，发现了自我潜能。非常感谢工会社会工作者提供的平台和机会，让我成长了很多。”

2. 坚持专业导向，彰显专业作用

社工以专业理论知识为基础，以专业价值观为指导，采用专业的方法，积极发挥服务提供者、倡导者和资源整合者的角色，搭建平台，运用优势视角，联动企业、职工参与服务职工群众的队伍，凝聚起了服务职工群众的基层力量，从而团结带领职工群众听党话、跟党走，提高了职工群众的获得感、安全感和幸福感。

（二）有待提升的地方

1. 强化创新思维，提升专业能力

进入新时代，广大企业、职工在工作、生活、兴趣等方面的特点与以往相比明显不同，并且在健康、物质、精神等方面的需求有明显提高，社会工作者需要与时俱进，在理论、实践层面紧跟时代潮流，把握时代脉搏，提高站位，开阔视野，不断提升创新能力、服务能力，切实提供职工满意的服务。

2. 广泛宣传，营造社会公益氛围

与其他社会工作服务领域相比，工会社会工作的服务对象具有数量大、流动性强的特点，必须营造浓厚的公益氛围，才能凝聚起服务职工群众的强大力量，因此要广泛宣传，多途径、多角度、经常化宣传，动员企业加入公益服务，不断壮大服务职工群众的基层力量，更好地满足广大职工群众的美好生活需要。

八、督导点评

该企业职工公益服务项目具有较高的政治站位，宽广的服务视野，项目能够广泛调动企业及职工的公益服务参与热情，开展了切合广大职工需求的多元服务，服务内容涵盖健康安全、职工关爱、节日慰问、氛围营造等多个主题，真正做到了“企聚力量，汇爱职工”。特别值得肯定的是，在项目的可持续性发展方面，既培育了一批志愿者骨干和15支志愿者服务团队，又建立了相关的服务制度，促进了服务的规范化和常态化。下一步，项目可以在特殊困难职工帮扶、慈善资源整合方面，做更多的探索，帮助更有需要的基层职工。

作者简介

汪晓文，中共党员，中级社工师、三级人力资源管理师，广州粤穗社会工作事务所海珠工会项目主任。

隆惠清，中级社会工作师，广州粤穗社会工作事务所总部部长。

阅读增智慧·文化添活力

——“云上书香”海珠职工读书会项目

汪晓文

一、项目背景

海珠区工会“广联系大服务增活力项目”为了更好地发挥工会组织职能和社会工作专业优势，激发工会组织活力，以“广联系”“大服务”“增活力”为三大抓手，走访调研百家企业，深入了解企业工会和职工需求，走进建会企业开展职工服务活动。在走访中发现，部分企业工会处于初步成立阶段，重经济、轻文化的现象较为突出，企业缺乏职工文化交流的平台，加上工作较为繁忙，而忽略了职工的业余文化生活，导致职工凝聚力减弱，工作效能降低。

为此，社会工作者以阅读活动为载体，以服务对象需求为出发点，运用社会工作手法，策划丰富多样的职工阅读活动，搭建企业职工学习交流平台，让阅读增进职工智慧，文化增添工会活力，以职工为点，以企业为面，辐射海珠区辖内企业，为海珠区营造浓厚的阅读氛围，推动书香建设。

二、需求评估

（一）企业层面

职工文化作为企业文化建设的重要组成部分，随着经济的快速发展，职工对文化的需求层次和品位越来越高，与此不相适应的是职工文化建设的发展却相对滞后。在社会文化交流日益深入和广泛发展的今天，多种文化模式并存，不同文化的价值日益被人们认识，促使文化之间相互交流、沟通、碰撞已成为文化发展的重要趋势。

（二）职工层面

职工在个人职业成长过程中，需要不断提升综合素质，才能更好地适应社会的发展。知识的学习、经验的积累，是一个日新月异的过程。养成良好的阅读习惯，在阅读与分享中可以增长见识，扩展视野，增强自信心，也可以改变思维习惯。

三、服务设计

（一）项目目标

1. 总目标

通过开展多种阅读活动，进一步加强职工文化素质，打造职工文化阵地，营造文明健康、积极向上的文化氛围，从而促使建会不成熟企业逐步走向成熟。

2. 分目标

建立一个比较成熟的阅读组织，为喜爱阅读的职工搭建沟通交流平台；通过线上线下联动的方式，开展 6 次内容丰富、形式多样的阅读活动，激励职工主动学习，形成“爱读书、读好书”的学习氛围；建立激励机制，在活动中发现和培育 10 位以上“书香蒲公英”，促进读书会发展，增强职工文化活力；联动建会不成熟企业，促进其企业发挥工会职能，促进企业职工文化阵地建设，增强建会不成熟企业活力。

（二）理论视角

库伯的经验学习理论经过不断发展，融入了多种教育思想，目前已经成为一个重要的教育理论。经验学习理论认为，人具有天生的学习能力，学习是将获得的经验转化为知识的过程，经验学习理论有 4 个基本观点：学习是一个过程而不是结果；学习过程源于经验获取；学习具有整体性和综合性；学习要求学习者与环境之间能够互动，学习应导致知识创新。

库伯认为，学习过程是四个环节的循环，首先学习者通过具体经验获得信息，再对信息进行反省和组织，其次经过抽象思维形成理论，最后积极应用理论进行实验或者实践，该过程不断重复。库伯认为，知识是通过对经验持续地修正而获得的，经验学习的本质是教学的交互性，经验学习强调积极地参与，能从经验形成理论，并且应用这些理论制定决策，解决实际问题。

因此，社会工作者在开展多元文化活动的过程中，要引导职工积极参与，激发职工的学习热情和创造活力，以及促进职工在学习过程中，不断获取和积累经验，不断提高文化素养。

（三）介入策略

1. 以需求为导向

项目社工通过走访企业、深入调研，与街道工会、企业工会负责人、职工面对面交流，深入了解企业和职工需求，做好需求分析。

2. 创新服务模式

（1）建立读书会会员管理制度。

（2）筹备、建设“云上书香”海珠职工读书会。

（3）向街道工会和企业工会宣传，提高读书会的知名度，扩大影响力。

（4）策划多种职工阅读活动，开展线下阅读活动。

（5）通过互动问答，激励和维护“云上书香”读书会会员的积极性。

（6）通过发展“书香蒲公英”影响和带动更多的职工参与。

（7）通过新媒体渠道进行广泛宣传，辐射带动更多的职工。

（8）开设智慧阅读专栏，定期向职工推荐精品好书。

3. 联动企业参与

社会工作者与建会不成熟企业沟通，通过开展丰富多样的职工阅读文化活动，推动企业充分发挥工会职能，进一步完善企业职工文化阵地，发挥职工书屋作用，增强企业工会活力。

（四）服务计划概述

以海珠职工服务站（凤阳站）为总站通过横向联系区总工会、街道工会和企业工会，纵向加强党务工作者、工会工作者、社会工作者、志愿者、职工之间的联系，辐射辖区内 18 个街道的企业和职工。通过开展形式多样、内容丰富的阅读活动，影响和带动一批喜爱阅读的职工，从中发展主动参与、热情推动文化传播的“书香蒲公英”作为领读志愿先行者，并逐步进入建会不成熟企业开展阅读活动，为企业营造良好的学习氛围，进而促进企业文化建设。

具体计划如下：

实施程序

时间	服务计划	形式
/	走访辖内企业，了解具体需求，链接项目资源	线下（企业）
2021年4月	“早安，宝贝”亲子有声阅读活动	线上（凤阳站）
2021年5月	“腹有诗书，筑梦海珠”职工读书活动	线下（企业）
2021年8月	“阅读红色经典，传承红色基因”	线上（凤阳站）
2021年10月	“公众演讲，我也行”主题读书分享会	线下+直播（企业）
2021年11月	“要发展，也要健康”职场保健知识学习活动	线上（凤阳站）
2021年12月	“一片树叶的传奇”海珠职工茶文化分享会	线下（链接场地）
/	智慧阅读专栏	线上

四、实施情况

（一）资源链接

通过与广东学而优文化发展有限公司沟通联系，获得捐赠图书104本，价值2000元；“一片树叶的传奇”海珠职工茶文化分享会链接场地、门票200多张、茶艺讲师、茶叶等资源，价值人民币4000多元；“腹有诗书，筑梦海珠”职工读书活动和“公众演讲，我也行”主题读书分享会链接场地、电脑投影和嘉宾资源，价值人民币2000元。

（二）运作模式

以社会工作者为主导，联动辖内街道和企业工会工作者力量，发现和培育“书香蒲公英”，共同推动“云上书香”海珠职工读书会发展。充分利用海珠职工服务站（凤阳）和各街道职工服务站、职工书屋以及企业会议室等场地资源开展线下活动。通过不同主题的阅读活动，吸引职工加入读书会，同时通过线下互动维系会员关系，促进读书会发展。通过进驻建会不成熟企业开展文化活动，助力企业职工文化阵地建设和完善。

（三）实施情况

序号	活动名称	时间	服务内容
1	走访企业，链接项目所需资源	/	通过走访企业，与企业工会负责人沟通，了解和挖掘企业工会文化方面的需求，做好精准分析，同时挖掘优势资源
2	“早安，宝贝”亲子有声阅读活动	4月	通过“早安，宝贝”职工亲子有声阅读活动，发动职工亲子家庭的积极性，鼓励职工与孩子共同完成阅读，让职工在参与活动过程增进亲子交流和感情

续表

序号	活动名称	时间	服务内容
3	“谱写劳动故事，展现时代风采”2020年五一国际劳动节职工抗疫故事征文	5月	通过开展“谱写劳动故事，展现时代风采”2020年五一国际劳动节职工抗疫故事活动，征集评选12个典型抗疫故事，进行广泛宣传，弘扬时代正能量，辐射1000多人次
4	“腹有诗书，筑梦海珠”职工读书活动	5月	通过走进建会不成熟企业A公司，开展“腹有诗书，筑梦海珠”职工读书活动，通过阅读桑德伯格的《向前一步》学习如何破解职业发展困惑，为企业营造浓厚的学习氛围，为企业打造学习型组织提供支持
5	“阅读红色经典，传承红色基因”职工读书活动	8月	通过“阅读红色经典，传承红色基因”职工读书活动，一方面联系建会不成熟企业，推动企业工会积极参与、发挥组织作用；另一方面激发企业职工的读书热情，引导职工阅读红色经典，倡导职工传承红色基因
6	“公众演讲，我也行”主题读书分享会	10月	公众演讲是每一位职工在职业生涯中不可或缺的一种重要能力。就如何克服恐惧与害怕心理，如何提升职场中的公众表达能力，走进建会不成熟企业B公司，通过“公众演讲，我也行”主题读书分享会，推动该企业职工参与、了解公众演讲技巧
7	“要发展，也要健康”职场保健知识学习活动	11月	身体是革命的本钱。通过开展“要发展，也要健康”职场保健知识学习活动在线互动，与“云上书香”读书会会员进行互动，为广大职工带去健康知识，引导职工增强体质观念，为企业的发展注入健康原动力
8	“一片树叶的传奇”海珠职工茶文化分享会	12月	发挥辖内建会不成熟企业C公司的场地优势，社工通过“一片树叶的传奇”海珠职工茶文化分享会，向职工介绍《茶经》《中国茶文化》《中国茶，一片树叶的传奇》等书籍，带领职工领略茶艺文化的芳香，提高对中国传统茶文化的认识，同时在品茗中学会放松，缓解工作压力。本次活动共吸引了10多个企业50人次参与，辐射上百人次
9	开通智慧阅读线上专栏	/	通过定期在项目微信公众号发布“云上书香”海珠职工读书会相关文章，为职工推荐经典好书，传播书香

五、服务成效

（一）搭建职工文化交流平台，建立健全职工文化队伍

以“云上书香”海珠职工读书会为主题的沟通交流平台，制定了较为完善的管理制度，通过不断发挥社会工作者的专业优势，联动企业、职工服务站资源，发展和培育了11名“书香蒲公英”，建立了一支职工文化骨干队伍，

以发扬与传播阅读文化。

（二）充分发挥工会桥梁纽带作用，用文化增强海珠职工活力

以阅读活动为媒介，建立了1个近100人的读书会，发挥工会社会工作者的积极作用，以阅读提升能力，掀起职工读书热潮，争做知识型职工，全力打造职工书屋使之成为职工学习成长优质平台，用文化增添职工活力。

（三）形成“社工＋工会”的互动模式，促进企业工会职能发挥

项目社工与企业联动深度开展阅读活动，如与新华网广东有限公司、广州米兰幼儿园、广州穗华幼儿园、广州益武国际展览有限公司、广州百安居建材有限公司、广州合富辉煌房地产有限公司、广州方行教育有限公司、广州合众创亚包装有限公司、广州杰钡利贸易有限公司、广州涅生股份有限公司、广州金域医学检验中心有限公司、广州白云山光华制药有公司、广州天博医院、广州铂丽酒店、广州奔腾达电子有限公司、海珠保安集团、汇美集团、广州小米服饰有限公司、广州明致服装有限公司等共计30家企业合作，直接受益职工300人次，辐射人数约2000人次。

（四）借助“互联网＋”，进一步扩大服务覆盖面

在项目微信公众号开设智慧阅读专栏，定期向职工推荐好书，分享职工喜闻乐见的最新流行作品，不断增强职工的文化素质，累计辐射人数达到1000人次。

（五）注重项目宣传，扩大项目社会影响力

本项目多次在海珠区总工会官方网站、信息时报e家通社区媒体平台、广州益武国际茶学院微信公众号、项目微信公众号等平台进行宣传和报道，扩大了影响力。

（六）树立阅读典型，彰显项目可持续性

在“云上书香”职工读书会中，通过了解职工参与阅读活动的感受，收集职工在阅读活动中的成长故事，树立阅读典型人物，在读书会和项目平台进行广泛宣传，影响和带动了更多的职工参与项目服务，扩大了项目的可持性影响。

六、总结和反思

（一）成功经验

1. 注重资源整合，提升项目的服务能力

社会工作者根据海珠区工会“广联系大服务增活力项目”的定位和特点，整合辖内各街道工会和企业工会资源，有效解决了场地、设备、人力资源等方面的问题。

2. 挖掘服务对象潜能，提高服务对象自助互助能力

在活动中，社工善于发现活跃的职工，通过发展“书香蒲公英”的方式，激励职工参与项目发展和管理，为项目发展提供了志愿人才和骨干力量。

3. 丰富服务内容，增强服务的吸引力

社工从职工需求出发，在上半年疫情期间，有针对性地开展亲子阅读活动，引导职工参与亲子阅读，体验阅读乐趣，缓解职工与子女相处中因学业问题而产生的焦虑情绪。同时在下半年疫情防控进入常态化阶段，社工又积极谋划演讲、健康、茶文化等主题的阅读活动。

4. 采用“线上＋线下”相结合的方式，满足服务对象的多样化需求

受疫情影响，社工克服困难，发挥互联网优势，通过线上和线下相结合的方式，线下活动让职工深入参与，线上活动延展服务范围，维系了读书会成员的关系和阅读热情。

5. 开拓项目服务阵地，促进企业工会职能发挥与文化建设

社工不断挖掘建会不成熟企业的文化建设资源，以共建共享等方式，助力企业完善职工文化阵地，让职工文化阵地发挥更大的作用。

（二）服务建议

1. 不断完善项目管理

社会工作者要以海珠区工会“广联系大服务增活动项目”为依托，继续发展和培育“书香蒲公英”，通过长效激励机制，充分发挥“书香蒲公英”作用，促进发挥读书会的文化价值。

2. 进一步加强宣传，扩大项目覆盖面

社工要继续发挥资源整合优势，不断深入更多的建会不成熟企业，多渠道广传播，进一步扩大“云上书香”海珠区职工读书会的影响力，吸收更多的会员，带动更多的职工参与服务。

七、督导点评

“云上书香”海珠职工读书会项目以阅读活动为载体，以服务对象需求为出发点，联合多家企业，运用社会工作手法，策划了丰富多样的职工阅读活动，搭建了企业职工学习交流平台，增进了职工智慧，增添了工会活力，服务取得了较好的效果。下一步，期望项目借助“书香蒲公英”的力量，进一步带动更多企业和职工加入阅读活动，帮助企业打造适合的文化阵地，真正让书香满溢。

作者简介

汪晓文，广州粤穗社会工作事务所海珠工会项目主任，中级社工师、三级人力资源管理师。

青少年社会工作服务

行为疗法介入儿童多动倾向

周柳湘

一、个案来源

LP 小学在二线城市，教育资源不是很丰富，一直没有专职的心理老师，都是班主任负责本班学生的心理健康教育，运用一些非专业的方式帮助学生解决心理问题。社工在 LP 小学驻校服务时，服务对象的班主任了解到社工能提供个案辅导服务，而且班主任认为服务对象的问题比较严重，自己没有能力帮助他解决，于是把他转介过来。社工分别与服务对象的班主任、妈妈进行沟通，了解了服务对象的相关信息之后，与妈妈达成协议，接下此个案。

二、个案背景

（一）服务对象个人情况

服务对象，男，10 岁，是 LP 小学的一名四年级学生，喜欢跑步、打乒乓球。服务对象在学校的成绩一直属于中下，在课堂上不认真听讲，不是开小差，就是找同学说话，还有作业拖拉或不做作业的情况。在四年级 9 月开学后不久，服务对象还迷上玩手机游戏，学习成绩越来越差，偶尔还会出现考试不及格。

（二）服务对象家庭情况

服务对象与父母、妹妹一家四口一起生活。服务对象父母都是外来务工人员，为了改善生活条件，让服务对象能在一个良好的环境长大，他们一直努力工作，但都没有时间管教服务对象，不过爸爸对服务对象要求比较高，也比较严厉，达不到要求就是一顿打。经过多年打拼，服务对象爸爸开了一家鞋厂，家庭经济条件比较好，所以在服务对象上学后，他们都尽量满足服务对象的物质需求，不让他过得比本地孩子差。但是妈妈把心思都用在照顾妹妹上，时常忽略服务对象的精神、心理需求。

（三）服务对象多动行为状况

服务对象妈妈反映，曾经怀疑服务对象可能患有儿童多动症，在服务对象5岁多的时候，曾带其到医院做过测评，结果是正常的。医生说孩子活泼、好动是天性，不用太担心，随着年龄增长，孩子会慢慢稳定的。因此，服务对象妈妈也没再关注服务对象的多动问题。

三、问题预估

（一）资料收集

社工在与服务对象第一次面谈时，通过与其聊一些他感兴趣的话题，以及做一些游戏，与他建立信任关系，并借此机会观察他。社工发现服务对象确实比较好动，在聊天过程中，服务对象没有一刻是安静坐着说话的，边说话边动手、动脚，只要听到咨询室外有一点声音，就朝门口望去，有时候还会站起来走动，去摸一下装饰物，或者去翻一下书本。但是，在与服务对象做游戏时，他很感兴趣，也能专注地投入游戏中。

根据服务对象平时的表现，社工感觉他有多动症的倾向，再加上早年的测评结果，于是决定让他做儿童多动症行为诊断量表，以评估他的多动行为是否严重了，是否患有多动症。结果显示服务对象的分数在多动倾向的区间，而且分数较高，但是还没达到多动症的程度。

社工还收集了老师、同学、家长对服务对象的评价。班主任反映，服务对象非常好动，注意力不集中，上课时一分钟都坐不住，经常离开座位；话多，经常打断别人，常在问题没说完时抢先回答；总是管不住自己，不是招惹同桌，就是自己玩，有时一张小纸屑、一块小橡皮，甚至自己的手，他都能玩一节课；课余活动中不大合群，经常讲粗话骂同学，有时还搞恶作剧，很多同学都远离他，只有两三个同学愿意跟他玩。

服务对象同学反映，服务对象与大家一起玩的时候，喜欢讲粗话，也喜欢动手动脚，虽然他不是有意打人，但是大家很不喜欢与他打打闹闹，加上他学习成绩比较差，所以很多同学都不喜欢跟他玩。

服务对象妈妈反映，服务对象在家很任性、冲动，精力也显得特别充沛，不愿意听从妈妈教育，总是自以为是。做作业很不认真，有很多小动作，容易分心，需要花很多时间才能完成作业。有时候还会说谎，跟妈妈说作业在学校就完成了，实际上并没完成。

（二）问题分析

根据问题分析，社工初步得出造成服务对象多动的原因主要有其自身、家庭、学校三方面因素：

第一，服务对象自身的气质特征。人的气质有不同的类型，有一种类型叫作多血质。多血质孩子的特点就是活泼好动，情绪不稳，注意力和兴趣容易转移，做事常常不够专心。年龄越小，气质类型的特征就越明显。

第二，服务对象家庭的原因。家庭是孩子的第一学校，家长是孩子的第一位老师。家庭教育在孩子成长的过程中起着举足轻重的作用，家长的教养模式和亲子互动尤为关键。服务对象父母文化程度不高，而且其父亲有个小公司，工作很忙，经常不在家，对儿子疏于管教，而且偶尔在家的时候，服务对象一不听话，就是一阵猛打。母亲是全职妈妈，在家照顾妹妹和服务对象，由于精力都花在妹妹身上，所以对服务对象听之任之。从一个极端到另一个极端的家庭教育越发让孩子不明白怎么做才是对的。孩子在一个人的世界里想怎样就怎样，缺乏必要的约束和正确的引导。

第三，学校环境问题。学校老师的专业知识不足以帮助服务对象解决问题，并且老师的评价与同学的相处方式对服务对象的影响也很重要。在儿童阶段，个体对自己的认知，如我是谁、我是一个怎样的人、我需要什么等问题的答案，较易受到他人评价的影响，当老师、同学或者其他重要他人都认为他是一个好动、调皮的人时，会进一步让服务对象建立这样的自我形象。

四、理论基础

（一）社会学习理论

班杜拉认为行为习得有两种不同的过程：一种是通过直接经验获得行为反应模式的过程，班杜拉把这种行为习得过程称为“通过反应的结果所进行的学习”，即我们所说的直接经验的学习；另一种是通过观察示范者的行为而习得行为的过程，班杜拉将它称为“通过示范所进行的学习”，即我们所说的间接经验的学习。

（二）榜样示范法

榜样示范法是以他人的优良品德和模范言行影响受教育人的方法。榜样示范的特点在于：通过榜样的言行和思想活动及展示其成长过程，把高深的理论内涵具体化、人格化，使儿童从这些富有形象性、感染性和可信性的榜样中受到深刻的教育。

（三）代币法

代币法是属于行为疗法的一种具体方法，使用具有交换价值的象征物代替金钱的奖励作用，作为服务对象适当行为出现后的正增强物，借由操作制约学习中的后强化原理，达到养成良好习惯的治疗目的的一种行为治疗方法。

五、制订计划

针对服务对象的问题和初步分析，社工制订了相应的服务计划。

（一）介入目标

1. 总目标

帮助服务对象觉察自身的行为问题，帮助他减少课堂上或做作业时的“多动”次数，提高注意力，并且帮助他养成良好的学习习惯，从而提高学习效率。

2. 具体目标

（1）帮助服务对象减少“多动”次数，每节课不超过 2 次，促进其提高注意力，提升学习效率。

（2）帮助服务对象至少把 2 个不良行为习惯转变为好的习惯，增强服务对象的学习动力和自信心。

（3）帮助服务对象改善朋辈关系和亲子关系，发挥家庭和学校的支持作用，扩大服务对象的支持网络。

（二）介入计划

个案介入具体服务计划如下：

序号	介入目标	介入策略	时间
1	通过安坐比赛，让服务对象减少“多动”次数	以安坐比赛为手段，通过运用榜样示范法、代币法，促进服务对象减少“多动”行为，以提高学习效率	第一周至第三周，每周 2 次

续表

序号	介入目标	介入策略	时间
2	帮助服务对象至少把2个不良行为习惯转变为好的习惯，增强服务对象的学习动力和自信心	通过服务对象亲身制作不良行为习惯与良好行为习惯对照表，帮助他发现自己的问题；帮助服务对象改变不良行为习惯	第四周至第六周，每周1次
3	促进服务对象与同学、家人沟通、互动，帮助服务对象改善朋辈关系、亲子关系，充分发挥家庭、学校的支持作用	1. 通过给服务对象赋以责任，培养他的责任感、集体主义感，让同学慢慢接纳他，增进同学间的情谊；通过布置家庭亲子作业，增加服务对象与父母的沟通、交流，以提高亲子亲密度 2. 建立“家校联系”制度，促进家庭与学校的联系，便于及时反馈和监督服务对象的表现	第七周至第九周 每周1次
4	巩固成效，处理离别情绪	通过肯定、表扬等方法，进一步强化服务对象的正向行为，巩固成效，正式结案	第十周 每周1次

六、开展服务

根据上述具体的服务计划，社会工作者开始实施介入服务。

第一阶段：“安坐比赛”行为训练，提高注意力。

在接触服务对象的开始阶段，需要采用比较轻松的状态，让服务对象降低戒备心，慢慢地接纳并且信任社工。然后结合服务对象的个性特点，选择采用适合他的转变方式。虽然服务对象爱玩爱动，但是他也很好强，只要是他答应的事，就会全力以赴去做。于是，社工在班里选了2名与服务对象关系较好且学习成绩在其之上的同学，在他们3人中举行“安坐比赛”。比赛规则：在规定时间内安静地坐着，手、脚不能动，不能说话；抬头挺胸，眼睛直视前方。违反规则就出局，出局者不得分；按要求坚持到时间结束者胜出，胜出者得1张贴纸。若连续三次都能坚持到最后，额外加5张贴纸。比赛时间为3周，根据得分可以兑换相应的礼品。在此，社工运用了代币法，让服务对象选自己喜欢的贴纸作为代币，并与服务对象商量代币可兑换的礼物，以强化他的正向行为，促进他能顺利完成3周的训练。

另外，社工还以观察学习理论为指导，运用榜样示范法，以提高服务对象投入“安坐比赛”行为训练的积极性。首先，让服务对象知道他的同学参加这个比赛，并有信心胜出，利用服务对象的好胜心理，让他认真对待这个比赛，同时也希望他在比赛中，发现他人的优点，并向他人学习。其次，每周二、四中午抽出 20～30 分钟进行安坐比赛，第一周是 10 分钟、第二周是 20 分钟、第三周是 30 分钟，逐渐延长安坐的时间，让学生从易到难过渡，让他们有信心坚持下去。最后，每周总结每个同学的表现情况，肯定他们做得好的地方，以及提出不足的地方，激励同学们不断进步。另外，让同学们分享内心的想法，是什么让他们放弃，又是什么促使他们坚持下来。看到别人能坚持下来，而自己不行的时候，心里又是怎么想的。虽然最后服务对象没有获得第一名，但经过这次行为训练，服务对象的进步很大，他从刚开始坚持几分钟，到最后能坚持到比赛结束。经过 3 周训练，服务对象沉稳了很多，学习、做事都能较为专注，有耐心了，他表示以后在课堂上，就要像参加“安坐比赛”那样，安静坐好，认真听课。

代币兑换礼物表

玩游戏 20 分钟	3 张贴纸
看电视 20 分钟	3 张贴纸
零花钱 10 元	6 张贴纸
买乐高玩具	6 张贴纸
一家人看电影	10 张贴纸
和同学去户外野炊、骑自行车	10 张贴纸
买漂亮的钢笔	15 张贴纸

第二阶段：改正缺点，培养良好的行为习惯。

虽然服务对象有不少不良行为习惯，但社工相信他也有自己的优点。于是，社工让服务对象说说自己的优点和缺点，并一一记录下来。在这个过程中，服务对象表示很苦恼，说想来想去，只想到自己做得不好的地方，也没想出有什么优点。社工鼓励他不用急，慢慢想，即使没有找到优点也没关系，大家一起想办法，看怎么把缺点减少，养成良好的行为习惯。最后，社工与服务对象一起做了一个优缺点统计表。

优缺点统计表

时间：

优点（服务对象自述）	发生次数	签名确认	优点（老师总结）	发生次数	签名确认
1. 成绩有时还不错			1. 上课会举手发言		
2. 写字漂亮			2. 课堂积极跟读		
缺点（服务对象自述）			**缺点（班主任总结）**		
1. 上课玩扑克牌或者其他小玩具			1. 小动作多，坐不住		
2. 上课和周围同学说话			2. 不认真听课，容易受外界事物干扰		
3. 讲粗话骂人			3. 特别喜欢发脾气		
4. 作业拖拉，做做玩玩			4. 对不感兴趣的事，容易走神		
5. 上课打瞌睡			5. 懒散、马虎		

针对服务对象的情况，考虑到语文老师是班主任，便于监督，社工与服务对象约定，让他自己每天记录在语文课上优点和缺点出现的情况，每出现一次画一笔，以画“正”字来记录次数，每周统计一次优点和缺点的总数。如果每周缺点出现的次数逐渐减少，优点出现的次数逐渐增多，并达到 10 次以上，社工会奖励他一个益智小玩具，如积木、象棋、橡皮泥，而且放学后与他一起玩。这样既符合服务对象好动爱玩的天性，还能增强他的行动力，提高积极性。这个方法坚持了 3 周后，班主任反映服务对象在课堂上多动的现象减少了，也不会去找同学说话，能够认真听课，且一直坚持到下课，第一阶段行为训练的效果得到了巩固。另外，服务对象的同学表示服务对象骂人、乱发脾气的情况也变少了。

在刚开始的时候，服务对象的优点情况出现很少，第一周都没有达到 10 次，但社工仍会肯定他做得好的地方，并给予口头表扬，让他看到自己的长处，激发他的上进心，鼓励他不断改正缺点。社工采取循序渐进的方式，以及给予物质奖励和精神鼓励的方法，让他在没有压力的情况下，心甘情愿地约束自己，使课堂学习质量有保证，学习效率大大提高，还帮助服务对象养成良好的行为习惯。

第三阶段：“社工—学校—家庭”联动，发挥三方的支持作用。

（1）“社工—学校”联动，帮助服务对象改善朋辈关系。

社工与服务对象班主任、学校德育主任开会沟通，反馈服务对象的情况，并与老师商量，建议选服务对象作为卫生委员，赋予他作为班干部应该承担的责任。另外，社工还建议老师要与服务对象约法三章，并让同学们监督。第一，上课时管好自己的手和嘴，不做小动作，不随便插嘴乱喊；第二，下课时文明玩耍，不大吵大闹，不爆粗口，不打架；第三，既然担任卫生委员，就要负起责任，从自己做起，不乱丢垃圾，保持桌椅整齐，带头认真打扫卫生。另外还要督促其他同学爱护班级卫生，认真做好值日。老师觉得提议很好，并同意按计划执行。老师找到合适的机会增选了服务对象担任卫生委员，并让服务对象把规则制度抄在纸上，认真执行，还选了 3 名监督员，监督执行情况。社工每周了解情况，发现服务对象做得好的，给予肯定和表扬，并鼓励他再接再厉。在服务对象的认真管理和积极带动下，班级卫生很干净，之前不太喜欢他的同学，也逐渐对他有所改观，服务对象感到很高兴，学习积极性也提高了很多。最后，社工还建议老师在班会课上，肯定和表扬服务对象的转变，并邀请同学们说说他的转变和对班集体的贡献，让服务对象了解同学对自己的正向看法，以巩固成效。

（2）“社工—家庭”联动，帮助服务对象改善亲子关系。

为了促进服务对象与父母沟通、交流，社工给服务对象布置了家庭作业，给了他一份向日葵种子，让他与父母一起种植，一起观察向日葵的成长，并互相分享在种植过程中的趣事。服务对象与妈妈一起给向日葵浇水、施肥，看着向日葵发芽、长高、开花，服务对象还用妈妈的手机拍了很多向日葵的视频发给社工。母子俩为向日葵开花感到开心，妈妈表示母子双方沟通、交流多了，大大增进了亲密度。

另外，社工还告知服务对象妈妈，服务对象在校的表现，以及向家长了解他在家的情况。社工让家长配合做好四件事：一是每天由家长督促孩子集中精力做好家庭作业，并认真检查，及时关注孩子在校的情况。二是不要随意打骂孩子，要耐心地讲道理；多表扬少惩罚，并制定具体有效的奖励办法。三是在家中也要训练孩子的注意力与自制力，例如要求孩子要把用完的书籍或玩具放回原位整理好；给孩子安排一些力所能及的家务，在他完成后给予表扬。四是增加亲子互动时间，多陪伴孩子，例如每周利用周末带孩子出去玩一次，既可充实思想内容，开阔视野，又可作为奖励的方式，丰富亲子的娱乐生活，让孩子在健康的家庭环境下成长。每隔 1 周，社工向家长了解服务对象的情况，家长表示服务对象做作业认真了，乱发脾气的情况也少了，房间也收拾得干净多了。社工肯定了服务对象的进步，家长高兴得感谢社工的帮助与支持，还表示会继续做好家庭教育。

(3)“社工—学校—家庭”联动，扩大服务对象的社会支持网络。

经过一段时间的个案服务，服务对象有了很大的转变，老师和家长也花了较多时间与精力关注、关心服务对象的情况，同时为他的转变感到高兴。最后，社会工作者建议老师与家长双方要加强联系，建立了家校联系微信群，有什么情况可以及时反馈、沟通，并且可以通过这个平台，共同督促服务对象进一步改正不良行为习惯，为促进其健康成长而努力。

七、评估与结案

本阶段代表社会工作者与服务对象专业关系的结束，要求社会工作者与服务对象一同做好回顾和整理工作，处理好离别情绪，巩固服务成效。

（一）效果评估

评估资料主要有服务对象自评，服务对象老师、同学的反馈，服务对象父母的反馈。评估内容主要包括服务对象的行为转变情况、服务目标完成情况。

第一，行为转变情况。社工先让服务对象、老师分别填写优缺点统计表。然后，社工把服务后期的数据与服务开始的数据作比较，发现服务对象确实进步了，很多不良的行为习惯都能改变过来，养成了良好的行为习惯。

第二，老师反馈。老师表示服务对象进步了很多，虽然成绩只进步了一点点，但是课堂纪律好了很多，作业能按时按量提交，写的字也比以前工整很多，看得出他比以前有耐心，也认真多了。

第三，同学反馈。从同学这里得知，服务对象发脾气次数少了，不会随意欺负同学，也愿意帮助同学，关心班集体，很认真、很负责地做好班级卫生工作。

第四，服务对象母亲反馈。服务对象母亲反馈，服务对象在家做作业的积极性增强了，会主动预习、复习，有不会做的作业，也会主动问。周末，她还带服务对象和妹妹一起去看电影了，他很开心。他们母子关系变好了，服务对象也会主动跟她分享在学校里发生的一些事情。

（二）结案

经过效果评估，个案目标已达成，可以结案。因此，在最后一次面谈中，社工主要是与服务对象一起回顾了个案历程，总结了介入内容，以及肯定了他的进步，并告知他服务要结束了。服务对象听到要结束服务后，表现出了依依不舍，问社工是不是以后都见不到面了。社工先安抚了服务对象的离别情绪，再次肯定了他的进步，鼓励他要相信自己能做得更好，激励他要勇敢面对问题，避免他对社工产生依赖；然后，社工告知服务对象回访计划，表示会继续关注他的情况，如果他有需要，还可以联系社工，况且社工还在学校服务，会定期开展活动，服务对象有兴趣也可以报名参加。最后，社工与服务对象达成了结案协议，并经其母亲同意，正式结束服务。

八、专业反思

多动是儿童期常见的行为问题，多动儿童很多的行为举止并非故意捣乱，而是他们经常无法控制和管理自己的行为所致。要改善儿童多动行为问题，不能仅仅靠儿童本人，还需要父母、教师督促、鼓励、支持。因此，社工在服务过程中，要充分发挥学校、家庭等环境系统的支持力量，可以通过“社工—学校—家庭”三方联动，促进个人的改变，以及巩固成效。

行为治疗对改变儿童的不良行为习惯具有良好作用，其中榜样示范法和代币法操作相对简单，适用于儿童，应用在个案辅导中成效明显。但是社工要明白良好行为习惯的养成不是一蹴而就的，特别是对于有多动行为问题的儿童，不能要求他马上转变过来，社工要无条件地接纳他们，用真诚的态度给予他们关怀，循序渐进，陪伴他们成长。

社工在进行第二阶段辅导时，只与班主任合作，让服务对象记录语文课上好的行为与不好的行为，这样可能会给服务对象造成一个误区，即只有上语文课才要安静、认真听讲，上其他科目的课，就可以说话、开小差、动来动去等。因此，社工要更全面去考虑问题，介入视角要更加开阔。

社工在介入时要注意专业关系和私人关系的伦理矛盾。社会工作者要当好指导者、支持者、协调者的角色，避免与服务对象过于亲近，造成服务对象对社会工作者的依赖，但是也不能过于强势，避免产生影响服务对象自决等伦理问题。

九、督导点评

面对“坐不住”的、令班主任头疼的服务对象，社会工作者没有丝毫的畏难情绪，他能够积极联动父母、老师、同学等力量，采用“安坐比赛”、行为习惯对照表、代币法等较新颖有趣的方式，帮助服务对象积极面对和处理多动行为，服务取得了较好效果。正如社会工作者所言，行为习惯的养成并不是一蹴而就的，但社会工作者以接纳的态度、优势的视角、陪伴与激励的方式，带动父母和老师以较为有效的方式去面对和处理服务对象的问题，就会取得令人满意的效果。

作者简介

周柳湘，中级社工师、心理咨询师。广州粤穗社会工作事务所海珠区工会社会工作服务项目部部长。

拆解愤怒

——青少年个案社会工作

黄　婷

一、背景介绍

（一）基本资料

安仔（化名），男，13 岁，A 市某中学初一的学生，身体情况良好。在学校期间，因为和老师、同学的关系紧张，安仔常常独来独往，对很多事情都表示“看不惯”，并且容易被激怒，被同学和老师称为“愤怒的男孩”。

（二）家庭及成长经历

安仔的父母关系恶劣，离婚之前已经分居两年多，其间安仔一直跟随父亲生活。父母打离婚官司时，安仔刚上小学五年级，由于父亲无稳定工作，而母亲工作稳定，故抚养权和房产的所有权最终都判给了母亲，安仔开始时跟随母亲生活。安仔上初一以后，母亲因为经济压力而选择将房子出租。为方便安仔上学，父亲在中学附近租了一房一厅的房子并交满一年的房租，安仔目前与母亲一起住在出租屋。由于母亲恋爱后需要从 A 市赶赴 C 市约会，晚上经常赶不回来，安仔便独自留在 A 市的出租屋内。

对于母亲，安仔有很多的愤怒。他认为母亲一点也不了解自己，不管任何事情都不问缘由就直接认为是他的错。加上安仔在学校表现不好，学校经常请家长，母亲便经常用各种言语羞辱他，总说他是自己的“耻辱”。因此，对于母亲的话语，安仔总是选择性失聪，并且拒绝沟通，每天放学后不愿意回家，经常在学校里游荡，直至学校保安强制其离开。

对于父亲，安仔也有很多的愤怒。他认为父亲是一个不负责任的人，对自己一点也不关心。父母离婚后，因为双方关系恶劣，母亲经常在安仔面前倾诉她的不容易以及父亲的各种“不是”，故安仔对父亲有更多的不满，除了去拿抚养费以外，其他时间都不愿与父亲见面，常说父亲生意失败、离婚等遭遇都是“活该的”。

（三）在校表现

对于同学，安仔有很多的愤怒。他认为，班上的同学总是喜欢向各科老师打他的小报告，故意疏远、排斥他。因此，他选择用欺负同学的方式来表达自己的不满：经常无故扔掉同学的学习用具、抢同学雨伞、把同学反锁在教室、干扰同学上课和午休等。

对于老师，安仔也有很多的愤怒。他认为，老师总是戴着“有色”眼镜去看待他，处理事情不管对错，总是要先批评他。因此，安仔选择用不努力读书来表达自己的不满：每天上学迟到不断、早读时吃东西、上课时扰乱课堂纪律、考试故意交白卷、老师批评教育后经常无故消失等。为此，班主任和学校德育处多次召开家长会进行教育和协调，但均因家长不配合，成效不明显，故将安仔转介至社工服务站。

二、分析预估

（一）与家庭系统缺乏正向互动，家庭支持系统薄弱

安仔对父母的愤怒缘于他缺乏与家庭系统的正向互动。父母离婚后，一直忙于各自的新生活和工作，对安仔疏于管教，当他在校出现偏差行为时也没能及时给予引导和支持。家庭成员之间缺乏良性的互动模式，家庭支持系统薄弱。

（二）与学校系统缺乏正向互动，学校支持网络薄弱

安仔对同学和老师的愤怒缘于他缺乏与学校系统的正向互动。在学校里，安仔对同学和老师有很多的愤怒，所以选择通过各种偏差行为来表达他的不满，却因此形成恶性循环，令矛盾升级，老师经常批评他，同学不愿意搭理他。由于在学校里得不到任何支持，安仔的愤怒加剧，做出了更加严重的偏差行为，甚至用绳子去勒同学的脖子。

（三）与社区系统缺乏正向互动，社区支持网络薄弱

安仔对自己的愤怒缘于他缺乏与社区系统的正向互动。上初中后，为了方便上学，安仔跟随母亲搬离原来的社区，来到中学附近的社区居住，对于整个社区环境不熟悉，身边没有朋友，缺乏社区支持网络。安仔对自己感到

愤怒，常常责怪自己无处可去、无事可做。

三、服务计划

（一）总目标

通过个案服务，安仔与家庭、学校、社区等系统的互动关系得到改善，能够更好地面对自己的学业和生活，健康成长。

（二）分目标

安仔与家庭成员之间的联结增加，家庭支持系统增强；安仔能够改善偏差行为，树立正面形象，学校的支持网络增强；安仔能够发展良性的朋辈关系，建立积极正向的社区支持网络。

（三）服务理论

心理社会治疗模式的理论假设包括：对人的成长发展的假设，对个人问题的假设，对人际沟通的假设，对人的价值的假设。其中，对个人问题的假设认为个人的问题与其感受到的压力有关；对人的价值的假设认为每个人都是有价值的，即使是暂时面临困扰的个人，也具有自身有待开发的潜能。心理社会治疗模式的目标就是帮助个人发掘自己的潜在能力，促进自身健康地成长。

在本个案中，安仔虽然存在较多的偏差行为，家庭情况复杂，但通过优劣势分析可知，他也存在较多的优势，故社工需协助他发掘自己的潜能，改善其与家庭系统、学校系统和社区系统的互动关系，增强其在各个系统的支持网络，使其能够更好地面对学业和生活，健康成长。

（四）服务策略

1. 个体反思

社工引导安仔通过现场模拟等方式进行自我反思，使其发现自身的偏差行为，并以奖励制度增强其改变的动力，激励其保持改变。

2. “家—校—社”联动

社工将学校、家庭和社区这三方的力量有机组合，为安仔构建社工服务站、家庭、学校和社区“四位一体”的支持网络平台：第一，定期与班主任保持沟通，了解安仔的在校表现，并鼓励班主任多欣赏安仔的好行为；第二，让家长知晓社工的服务，改善自身的家庭教养方式，给予支持；第三，通过社工服务站，为安仔提供参与社区活动、发展良性的朋辈关系的平台。

（五）服务程序

具体目标	服务内容及服务形式
第一阶段： 找准切入点，建立专业关系	1. 与班主任面谈，了解及掌握更多关于安仔的信息，找准切入点 2. 与安仔面谈，从其感兴趣的话题（养猫、游戏等）切入，采用同理心、支持性等技巧，与其建立专业关系
第二阶段： 拆解安仔对同学和老师的愤怒，协助他改善偏差行为，树立正面形象，增强学校的支持网络	1. 了解安仔对其在校表现的看法及其期望提升的地方，共同制订服务计划，增强安仔改变的动力 2. 定期与班主任保持沟通，了解安仔的在校表现，并鼓励班主任多欣赏安仔的好行为 3. 在班中为安仔设置图书阁管理员等与其特长相符的职位，以此协助其改善偏差行为，定期跟进其管理的情况，及时给予肯定及鼓励，增强其改变的动力 4. 在学校开展活动时，邀请安仔作为志愿者，规范其行为，同时协助其在校内树立正面形象，改变老师和同学对他的看法
第三阶段： 拆解安仔对父母的愤怒，协助他增加家庭成员之间的联结，增强家庭支持系统	1. 了解安仔父母对现状的看法以及他们对安仔的期待 2. 引导安仔父母明白安仔出现目前这些情况的原因，动员他们加入个案辅导当中，加强安仔的家庭支持系统 3. 鼓励安仔父母转变管教方式，多关注、倾听安仔的真实想法，给予鼓励和支持，增强他们之间的正向互动
第四阶段： 拆解安仔对自我的愤怒，发展良性的朋辈关系，建立积极正向的社区支持网络	1. 邀请安仔注册成为社工服务站的青少年志愿者，鼓励其参与自己感兴趣的社区活动 2. 通过“家—校—社”联动，拓宽安仔的社交网络，发展良性的朋辈关系，鼓励安仔积极参与学校、社区活动并在其中发挥自我潜能
第五阶段： 共同回顾辅导过程，巩固服务成效	1. 与安仔共同回顾个案辅导的过程，总结其改变历程，肯定其成功经验，鼓励其继续保持，巩固服务成效 2. 目标达成，个案服务结束

四、实施过程

（一）接案阶段

由于本个案由校方转介而来，社工与安仔在此之前相互不认识，安仔感觉是班主任“命令”他参加面谈的，故第一次见面时曾多次以“逃跑”等行为来试探社工对他的耐心及真诚度，直至见到社工一直在耐心等候且关注他的感受后，他才主动返回面谈室。社工认为，安仔懂得主动地做一些吸引人或试探人的行为，也反映出他有能力的一面。

在第一、第二次的面谈中，社工主要以安仔养猫和他喜欢的网络游戏“五重人格”为切入点，引起他的兴趣，顺利打开话题。安仔愿意跟社工谈话，主动坦白第一次见面时“逃跑”其实是在试探，并邀请社工到家中看猫。由此可见，社工成功与安仔建立了良好的关系。

（二）预估与计划阶段

首先，社工通过设置“吐槽大会”的方式，顺利协助安仔说出他所有的愤怒和不满，并与其共同分析这些愤怒和不满背后隐藏的需求，使其明确自己参与个案服务的原因和目标，增强了其参与的动力。其次，社工通过SWOT分析法，协助安仔挖掘自身的优势和周边资源，并在此基础上与其共同制订具体的服务计划，增强其参与度，提升了其改变的动力。

（三）介入阶段

1. 安仔能够改善偏差行为，树立正面形象，学校的支持网络增强

（1）培养安仔的责任感及时间观念。每次面谈时，社工会与安仔约定固定的时间，以此培养他的责任感及时间观念。当安仔按时参与面谈时，社工会及时给予肯定和认可，并以此为基础，引导安仔通过执行表来记录自己每天上课迟到的次数，协助他改善了每天上课迟到的行为。

（2）拆解安仔对同学的愤怒。社工发现安仔喜欢画画，便鼓励其以“我和同学的故事”为主题进行绘画，引导安仔画出了其平时与同学相处过程中所存在的偏差行为及其做出这种行为的原因。随后，社工先处理了安仔的情绪，帮助他接纳及转化情绪，之后再处理事件：首先同理安仔被误解后的委屈、愤怒和不满，再通过模拟“当我被同学勒住脖子”“当我的学习用具被同学扔掉”“当我的雨伞被同学抢走”“当我被同学反锁在教室”等情景，引导安仔分享当时的感受，使其看到这些行为背后隐藏的危险因素，从而明白同学、老师和校方高度重视的原因，学习应有的界限。除此之外，在班主任的支持下，社工在安仔班内开展了三节班级凝聚力工作坊，营造了包容、团结、友爱的班级氛围，并通过工作坊为安仔创造与同学正向互动的机会。随后，安仔对待同学、同学对待安仔的态度均有所改变。

（3）拆解安仔对老师的愤怒。通过面谈，社工发现安仔常常选择不用功读书的方式来表达自己对老师和学校的愤怒和不满，故引导他反思了自己的

行为，鼓励他往后选择不伤害自己和他人的方式来表达自己的情绪，同时也引导他看到老师对自己的关心。此外，社工也邀请班主任与安仔共同参与了一次面谈，引导班主任正面表达了自己对安仔的关心和支持。随后，安仔与班主任的关系得到改善，安仔上课迟到、扰乱课堂秩序等偏差行为减少，班主任亦能够看到他的努力和转变，及时给予肯定和称赞，并在班中设置图书阁管理员一职让安仔来担任。

（4）协助安仔打破原有的标签，树立正面形象。首先，社工链接大学生志愿者为安仔提供了“一对一”的课业辅导，使其在期中考试的班级排名往前提升了5个名次。其次，社工邀请安仔作为青少年志愿者担任树洞服务的校园守护大使，利用课余时间定期检查和维护树洞，并发挥其在绘画方面的特长，邀请其设计了一个专门用于回信的卡通形象，使所有看到树洞服务宣传册以及收到回信的同学都能够知晓安仔的正面行为。最后，同学和老师打破他们过往对安仔的“坏”印象，改善了对他的看法。而通过参与志愿服务得来的这些正向经验对安仔也有很大的帮助，提升了他改变的动力。

2. 安仔与家庭成员之间的联结增加，家庭支持系统增强

（1）将危机转化为介入安仔家庭的契机，争取母亲的支持。社工深刻明白动员安仔母亲参与个案服务的重要性，故多次约其面谈，但安仔母亲每次均以工作忙碌为由拒绝了。当“安仔因勒同学脖子被停学一周”事件发生时，社工迅速抓住契机，积极协助安仔母亲与校方及对方家长进行协调、沟通，取得她的认可和信任，顺利将危机转化成介入安仔家庭的契机。随后，安仔的母亲开始愿意参与面谈，社工了解到她对安仔现状的看法及其对安仔的期待，引导她明白安仔出现目前这种情况的原因，鼓励她转变自己的教育方式，多关注、倾听安仔的真实想法，增强了安仔与母亲之间的正向互动。

（2）邀请安仔父亲参与面谈，增强他对安仔的支持。社工通过校方的支持，邀请安仔父亲不定期进行面谈，一方面肯定他对安仔的付出及关心；另一方面也及时向他反馈安仔的情况，使他能够看到安仔的改变和成长，从而增强他对安仔的信心。在社工的引导下，安仔父亲能够在面谈中正面表达自己对安仔的关心，并通过一起吃饭、短期旅游等家庭活动来保持与安仔的定期见面时间，增进了父子之间的感情。

（3）化解安仔对父母的愤怒。社工通过安排三次联合面谈，由安仔直接分享自己的感受和经验，引导父母直接回应安仔的好行为，促进安仔与父母

之间的正向互动，增强了他的家庭支持系统。

3. 安仔能够发展良性的朋辈关系，建立积极正向的社区支持网络

（1）协助安仔发展良性的朋辈关系。父母的离异令安仔搬离了自己所熟悉的社区及学校，他需要重新熟悉及融入新的社区和学校，开始建立新的社交关系，这对于安仔来说也是一种挑战，但不管是学校还是家长的焦点都集中在安仔的偏差行为上，反而减弱了对安仔这方面情绪的关注度。社工通过邀请安仔参加他感兴趣的乒乓球学生营等社区活动，协助他结交新的朋友，发展良性的朋辈关系，增强了他的社区支持网络。

（2）提升安仔的社区参与度。社工邀请安仔注册成为社工服务站的青少年志愿者，鼓励其积极参与社区的志愿服务，例如做四点半课堂的志愿者等。在参与志愿服务中，社工会为安仔提供事前的培训和事后的解说，使他可以通过志愿服务有更多正向的经验。

（四）结案阶段

社工先利用量表引导安仔表达了对本个案服务的目标达成程度、满意度等的看法，并通过量表带领他共同回顾了个案辅导的过程，总结他的改变历程，肯定他的成功经验，鼓励他继续保持，巩固了服务成效，个案服务顺利结束。

五、总结评估

（一）评估方法

量化资料评估。社工通过前后测、个案服务反馈表了解安仔对本个案服务的目标达成程度、满意度评价。

质性资料评估。社工通过对安仔的同学、班主任、校长和家长的观察以及他们的分享来了解安仔参与个案服务后的改变。

社工自我观察。社工把安仔在每节面谈中的行为表现、分享内容等作为评估个案服务目标达成的参考之一。

安仔的自我评价情况。社工结合正强化和负强化理论，引导安仔以自我评价的角度回顾自身的行为变化和改变的程度。

（二）评估结果

1. 服务成效

本个案服务从 2019 年 1 月接案到 2020 年 1 月正式结案，历时一年，社工

共跟进28次，服务成效明显，具体如下：

	接受个案服务前的表现	接受个案服务后的表现
个人层面	安仔上课迟到不断，经常违反课堂纪律，骚扰同学上课	安仔能够按时上课，遵守课堂纪律，烦躁的时候会自己看书或者画画，不影响同学上课
	安仔不愿意接受老师的批评教育，经常因此无故消失	安仔与老师的关系得到改善，开始愿意与老师交流，正面接受老师的意见
	安仔放学不愿回家，经常在学校里游荡，直到保安强制其离开才回家	安仔能够按时回家，并按时喂养和照顾家中的两只小猫
家庭层面	父亲较少与安仔来往，对安仔的关注度较低	安仔定期与父亲见面，父亲对安仔的关注度也有所提高，家庭支持系统增强
	母亲对安仔的评价负面，两人的关系比较紧张	母亲能看到安仔的优点，对安仔的信心增强，会定期给予其鼓励和肯定
朋辈层面	安仔经常无故扔班里同学的学习用具，抢同学雨伞，把同学锁在教室里，所以同学也不愿意搭理他	安仔学会用正确的方式表达自己的想法，并通过参与志愿服务在校内建立了正面的形象，同学对他的评价和看法得到改观
	安仔在学校内没有一个朋友，独来独往	在社工的引导下，安仔在学校内成功结交了两个好朋友

2. 满意度

本个案结案后，不管是安仔及其家人，还是作为转介方的班主任和学校，都对本次个案服务的成效表示认可，并给予社工较高的评价。

六、专业反思

本案例的服务形式具有示范性和创新性。社工通过个案服务计划和实施记录详细呈现了如何把学校、家庭和社区这三方的力量有机组合起来开展个案服务，积极推动“家—校—社”联动模式，构建社工服务站、家庭、学校和社区“四位一体”的青少年支持网络平台，促进青少年的健康成长的全过程。

通过个案服务，社工更加明晰地认识到个案服务文书记录的重要性，特别是对于一些特殊情况、危机事件的跟进与处理，社工应及时记录并通知中心和督导，及时的工作记录也是保障社工自己的需要。

七、督导点评

青少年是国家的未来和希望，我们这个时代的青少年经历着社会高速发展，他们对新鲜事物具有很强的接受能力。但青少年期是个体心理与生理方面迅速走向成熟而又尚未完全成熟的一个过渡时期，是青少年世界观、人生观和价值观形成的重要时期，在这个阶段青少年没有经历过多的困难与挫折，无法寻找到正确发泄自身压力和解决问题的途径，从而容易导致偏差行为的产生。青少年的偏差行为对青少年自身成长与发展、家庭关系、师生关系、同辈群体、社会的和谐与稳定都会造成一定的影响，不容忽视。在本案例中，服务对象就是一个因家庭关系、师生关系、朋辈关系紧张，而在自我认知和成长过程中产生了偏差行为的青少年，社工能够借助量表工具从接案之初就对服务对象的情况从个体、家庭、学校和社会等层面展开全面的评估；在介入过程中，采用个体反思技术和“家 + 校 + 社”联动方式为服务对象构建社工服务站、家庭、学校和社区“四位一体”的支持网络，从与服务对象建立专业关系，到逐步帮助服务对象“拆解”对同学和老师、对父母和对自我的愤怒，从改善服务对象的偏差行为，帮助其参与班级、学校和社区活动，树立正面形象，每个环节都非常考验社会工作者的专业水平；在服务成效评估中，社工也能运用定量和定性相结合的方式，特别是开展前后测的对比评估，很好地总结了个案的服务成效。在本案例中，社工详细呈现了如何把学校、家庭和社区这三方的力量有机组合起来开展个案服务，积极推动“家—校—社”联动模式，构建社工服务站、家庭、学校和社区“四位一体”的青少年支持网络平台，以促进青少年的健康成长。该服务形式对于如何做好青少年社会工作服务具有示范性和创新性。

作者简介

黄婷，中共党员，助理社会工作师、婚姻家庭咨询师，毕业于岭南师范学院社会工作专业。现担任广州粤穗社会工作事务所广州市站前街社工服务站基础服务部部长。

从“生无可恋”到乐观生活

——社工多方联动帮扶困境青少年

蔡燕翘

一、背景介绍

服务对象，男，23岁，初中学历，广州市户籍居民。2018年，服务对象在麦当劳工作9个月后，开始待业，其间无收入来源，生活窘迫，手机坏了，没钱吃饭和理发，只有一双拖鞋。

服务对象是单亲家庭，其母亲有精神健康问题，服务对象待业期间也因母亲发病，致使个别邻里关系紧张。社工初次见到服务对象是在网吧，那时服务对象对自己的前途感到迷茫，对生活失去信心，感到“生无可恋”，对生活境况给予2分（1～10分）的评价，泡网吧度日。

二、分析预估

社工通过向服务对象本人、服务对象所在社区居委会、邻居、曾工作单位等收集资料，预估服务对象有以下需求：

个人层面：心理调适和就业辅导的需求。

家庭层面：照顾压力、家庭经济压力缓解的需求。

社区层面：邻里矛盾缓解、母亲照顾的应急机制建立的需求。

三、服务计划

（一）服务目标

通过增强服务对象的物质支持、情感支持和信息支持，提升服务对象对生活的信心和勇气，使服务对象成功就业；通过协助服务对象建立母亲的应急处理机制，使服务对象的照顾压力得到缓解；通过协助服务对象调适邻里关系，使服务对象的社区支持网络得以增强。

（二）服务策略

依据社会支持理论的观点，一个人所拥有的社会支持网络越强大，就能够越好地应对各种来自环境的挑战。以社会支持理论为取向的社会工作，强调通过干预个人的社会网络来改变其在个人生活中的作用。特别对那些社会网络资源不足或者利用社会网络的能力不足的个体，社会工作者应致力于给予他们必要的帮助，帮助他们扩大社会网络资源范围，提高其利用社会网络的能力。

根据该个案的情况，社会工作者从个人层面、家庭层面和社区层面为服务对象提供情感支持、信息支持、物质支持、自我发展支持等服务，以缓解服务对象的照顾压力、邻里关系压力，增强服务对象对生活的信心和勇气，使之能再次就业。

（三）服务程序

针对服务对象及其家庭存在的问题，为了增强服务对象的社会支持网络，缓解服务对象的家庭困境，社工在社会支持理论的基础上制订了一个服务计划（见下表）。

服务阶段	服务目标	服务内容	服务方法
准备阶段	接案，了解服务对象需求	了解居委会转介的原因，了解服务对象的基本情况	社区约访
第一阶段	增强对服务对象的物质、情感支持，缓解服务对象的家庭经济困境	多方联动协助找寻服务对象	社区探索、个案面谈、资源链接
		协助服务对象申请低保	
		为服务对象家庭提供必要生活物资	
第二阶段	增强服务对象的家庭支持，缓解服务对象的照顾压力和促进服务对象就业	缓解服务对象的照顾压力	个案面谈
		协助服务对象进行职业规划，鼓励服务对象就业	个案面谈、资源链接
第三阶段	缓解邻里矛盾，增强邻里支持，并制订针对服务对象的应急处理方案	缓解邻里矛盾，增强邻里支持	社区约访、个案面谈
		多方联动制订应急方案	社区约访
第四阶段	巩固服务成效，结案	服务对象就业后与其同行一段时间	电话访谈
		服务历程回顾，巩固已有正向改变	电话访谈

四、服务计划实施过程

（一）接案，多方收集资料

1. 社会工作者了解居委会转介的原因及服务对象基本情况

社区居委会针对服务对象家庭做了很多的努力，但由于找不到服务对象，又考虑到服务对象母亲目前的精神状况，为此将服务对象家庭转介给社工跟进。由于服务对象在失业中，居委会希望服务对象能办理最低生活保障，让生活有所保障，并一起处理母亲因病情造成的问题，不要回避问题。

2. 社工走访服务对象邻居，收集资料和增强邻里支持

服务对象的邻居花姐（化名）一直帮助服务对象母子，时常提供米、油、食物及金钱等。但由于春季服务对象母亲时常扰民，有一户邻居已搬迁，花姐也担心自己是下个受害者，有搬离的打算，社工对花姐进行情绪疏导，并为花姐普及精神卫生法等知识，鼓励花姐继续协助服务对象度过困难时期，花姐表示同意。

（二）链接资源，缓解服务对象生活窘境

1. 社工找到服务对象，协助服务对象申请低保

社工通过联系服务对象的原工作单位，了解到服务对象泡吧的地点，后来终于在网吧找到服务对象，督促并协助服务对象填写低保申请的资料（后因服务对象上一份工作的收入超过低保标准，未能申请成功）。

2. 社工了解服务对象诉求，并为服务对象提供必要的生活物资支持

对于母亲的情况，服务对象认为自己只有放弃，自己无能为力。同时，服务对象对自我的当下也表示“生无可恋”，对目前自己生活的评分是 2 分（1 ~ 10 分）。服务对象表示如果自己能找到工作，对生活的满意度也会提高。

由于服务对象只有一双拖鞋，头发凌乱，母子俩吃饭都成问题，而且服务对象手机已坏，联系服务对象不方便，故社工通过资源链接，为服务对象理发，帮助其打理个人形象，并为服务对象链接到运动鞋一双、二手手机一台，以及水果、米、油、腊肠、面等生活必需品和几百元现金，以缓解生活燃眉之急。

（三）多方联动，制订针对服务对象母亲病情严重时的应急处理方案

社工与服务对象沟通其母亲深夜骚扰邻居的事情，服务对象表示自己不

知母亲会深夜影响他人。经进一步沟通，社工了解到服务对象的母亲已超过半年没服用精神类药物，以前药物不知所踪，但服务对象表示自己没有能力再次带母亲去医院就诊。社工建议服务对象尝试让母亲早睡早起，减少深夜活动；睡觉时可锁上大门，减少外出，尽量避免影响他人，服务对象表示认同。服务对象表示其母一直没有攻击他人，只是有妄想及胡言乱语的症状，一般情况下，他不希望母亲被送往医院。社工澄清，虽然近段时间其母亲有频繁骚扰邻居的行为，但并未发生袭击他人或自残的情况，所以暂时也不会被送往医院治疗，但是一旦发生上述突发事件，服务对象则必须要配合将母亲送进医院治疗。而且作为家属，在日常生活中服务对象也有责任和义务多留意母亲的健康状态。服务对象回应不想发生严重问题，会配合相关人员处理此事。

在个案跟进过程中，社工联动多方共同商议，制订针对服务对象母亲病情严重时的应急处理方案。

1. 居委会民政专干/社区精防医生

由于服务对象的母亲没有直接对邻里做出袭击行为，只是胡言乱语，没有激动情绪，故对其主要以观察和关怀为主。如果出现袭击他人或自残的行为，则需及时联动社区民警、精防医生、精神病院和家属等多方合作送院治疗，整个过程首先需要邻居或家属报警处理，家属愿意配合及签署入院手续，居委会介入及证明送院人员情况，最后联系医院派车运送，全程需符合精康人士送院流程。如果入院后产生费用，需居委会协助处理，申请办理残疾证等政策保障。

2. 服务对象邻居

一方面，社工对服务对象邻里进行关系调适介入，让服务对象的邻居愿意继续保持对服务对象母亲的关注。另一方面，社工为服务对象的邻居普及精神卫生法及精神健康等相关知识，使邻居认识到如果服务对象的母亲出现任何袭击他人或自残行为时，可以马上报警，并且联系居委会或社工，共同应对。

3. 社工

社工保持对服务对象母亲的恒常观察和关怀，保持与服务对象、服务对象所在居委会、邻里等的联系，以便服务对象的母亲出现突发事件时，能够及时多方联动启动应急机制。

（四）提供情感支持和就业辅导，协助服务对象重拾生活的信心与勇气

1. 协助服务对象认识自我和找出就业的正向经验

迫于家庭经济压力，服务对象16岁便出来工作，帮人卖香港小吃。服务对象认为那是自己有生以来最开心的时候，有种“我的世界我话事”的感觉，当时自己也被同事称为“抽烧小王子”。后来服务对象先后做过4份工作，其中3份都与饮食有关。另外服务对象还有与朋友一起创业的经历，创业的内容是卖咖啡等饮品，但由于创业过程的辛劳和收入低微，在尝试一年后就结束了创业。对此，社工让服务对象填写了一份量表，量表显示服务对象的自我价值感有待提高，自我抑制程度有待降低。通过量表的填写和探讨，服务对象对自我有了进一步的认识。

2. 再次探讨家庭现状和就业想法，增强服务对象的就业动力

经过第一阶段的辅导，服务对象泡吧次数减少，但有时仍然会去泡吧。

再次找到服务对象时，服务对象正躺在网吧的椅子上睡觉。关于工作，服务对象表示之前麦当劳的工作太辛苦了，需要一个人干2.5个人的活，由于太劳累，就辞职了。

在交谈的过程中，服务对象表示自己去找过工作，如1点点等饮食类的店铺或公司，但对方通常要求中专或大专学历，而这些条件自己并不具备。当社工说到之后可以边工作边提升学历时，服务对象有所停顿，似有所思。

对于目前状况，服务对象表示自己很“free”，因为之前上班太累了。当社工问服务对象希望给自己的“free”多长期限，即这样的状态要持续多久，是否会对找工作感到心急焦虑时，服务对象脸色微变，思考片刻后说“现在也急”。但服务对象又表示，就算找到工作了，如果不包吃，自己仍然没钱吃饭，对此社工作出了“你不工作，也照样需要吃饭”的回应，服务对象听后低下头沉默不语。社工在交谈中逐步使服务对象意识到若长时间找不到工作将可能会让自己的生活陷入更深的困境，激发服务对象想要去改变现状的意愿，并向服务对象表示如果其在找工作过程中遇到什么困难，可以向社工诉说，而这段时间大家一起留意相关招聘信息，服务对象应允。

3. 进一步探讨就业、自我价值感，促使服务对象认识到自身的内外资源

再次会谈时，服务对象表示自己最近没怎么去网吧，开始找新工作了，虽然目前还没有找到比较适合的，但自己还是会继续找的，因为有工作才能使生活状况好转。

社工与服务对象进一步探讨关于自我价值感的问题。一方面，服务对象表示有时感觉自己非常无能，特别是面对家人现状的时候；服务对象还认为自己没有优点，觉得自己毫无作为，没有任何存在的价值和意义。另一方面，服务对象又表示一般人能做好的事情，自己也有能力做好，比如分内事和打工。社工对服务对象的自尊、自爱和担当表示肯定，同时借助量表“家庭内外支持”部分的内容，再次引导服务对象认识到他身边有认识多年的好朋友，有邻居花姐的支持，前工作单位麦当劳的经理也很认可他的工作能力，非常欢迎他再次回麦当劳工作，而社工、居委会等也一直对其家庭的事情很关心。社工在本阶段的会谈中通过引导服务对象进行自我觉察，对自身的能力进行优劣势的分析，在此过程中重点抓住服务对象对自我肯定的地方进行鼓励和强化，让服务对象意识到每个人都是具备潜能的，通过多给予自身一些积极的暗示，可以增强个人的自尊感和价值感，从而更有力量去应对困难。

4. 协助服务对象进一步明确职业规划，增强服务对象面对生活的信心

服务对象通过网络招聘信息，自主找到了新工作，已经上班几天了，社工向服务对象表示祝贺。

服务对象目前在做网络维护。对于该工作，服务对象表示满意度为 4 分（1 ~ 10 分），不满意的地方：一是上班时间有点长，8 ~ 10 小时，比较无聊，都是坐着对着电脑；二是住宿的地方离上班的地方有点远，坐车要 20 多分钟；三是不缴纳社保医保；四是不住家里，母亲那边的照应会少些。满意的地方是包吃包住，而且吃住质量尚可，目前是实习试用期，有人带自己，觉得带自己的人挺好的，自己会好好工作。社工肯定服务对象对自己的工作现状有一个清晰的认识，同时鼓励服务对象按自己的想法，先好好做下去。

（五）与服务对象同行一段时间，巩固服务对象的正向改变

服务对象表示现在来新地方工作已将近两个月，包食宿，生活规律，同事关系也可以，每周回家一次，服务对象妈妈大约每周也会主动电话联系一次服务对象，并表示妈妈状况好了很多。对目前的生活满意度方面，服务对象表示有 6 分（1 ~ 10 分），表示目前状况可以。

社工和服务对象回顾过去几个月的经历，并肯定服务对象的优势和进步，如服务对象解决问题时的行动力强、积极主动找工作等，服务对象目前生活规律、母亲状况改善等。

看到服务对象目前生活得还可以，社工也很开心。愿服务对象在之后的

职业生涯中，越来越好。

五、总结评估

服务对象的物质支持、情感支持增强了，服务对象的家庭经济困境得以缓解。社工通过资源链接，为服务对象提供物质支持，折合人民币1000多元；通过定期探访，给予了服务对象及其家人关心和问候，服务对象母亲的状况也有所改善。

缓解了邻里矛盾，增强了邻里支持，制订出相关应急处理方案。服务对象母亲的扰民状况得到缓解，邻里关系改善，邻里支持增加；社工与居委会民政专干、社区精防医生、服务对象邻居等商讨制订出针对服务对象的应急处理方案。

增强了服务对象的家庭支持，缓解了服务对象的照顾压力和促进了服务对象就业。社工通过心理辅导和协助服务对象规划职业生涯，增强了服务对象面对生活的信心与勇气，服务对象对生活满意度得到提高，由当初的2分提升到6分（1～10分）；增强了服务对象的就业动力，服务对象成功就业，且已稳定工作，生活规律，同事关系也可以。服务对象的成功就业，进一步缓解了服务对象的家庭经济困境和照顾压力。

六、专业反思

用全人发展观看待服务对象的问题与需求是基础。评估好服务对象的生理、心理、社会状况，了解好服务对象的过往人生事件、重要他人、家庭状况、邻里状况，利于找出服务对象的内外资源，并有针对性地提供服务。

心理辅导和资源链接是重点。不管是对于服务对象还是服务对象邻居，面对服务对象母亲的状况都会有一定的心理负担，故为相关人士提供心理辅导是必要的。而对于经济困难的精神健康家庭，链接资源为服务对象缓解经济上的燃眉之急更重要。

多方联动是关键。服务对象家多种问题和需求并存，如就业、流连网吧、家属精神健康问题、家庭经济问题、邻里矛盾等，单方面的介入力量是薄弱的，社工、居委会、医院、邻里等多方联动合作，才能缓解服务对象家庭的困境。

七、督导点评

随着社会流动的加剧，在青少年群体中，逐渐分流出一个规模庞大且需要特别关爱的群体——他们没有固定工作和收入，没有进一步就学的机会和意愿，基本上处于“无书可读、无业可就、无组织去管”的状态，文化程度普遍较低，就业技能、自我谋生能力较差。其中一部分青少年还存在一定的越轨行为甚至违法行为，他们已经成为青少年犯罪的高发人群，给社会稳定和发展带来极大的隐患，对青少年自身成长也造成很大影响，他们迫切需要得到社会的关爱。本案例中的青少年不仅面临失业的困境，也面临家庭照顾的压力和家庭经济的困难，甚至还有一定的“网瘾”问题。面对复杂的情况，社会工作者通过联动社区居委会、医院、邻里等多方力量，合力解决困难。首先，链接社会资源为服务对象提供物质支持、情感支持；其次，帮助服务对象制订出母亲突发应急处理的方案，协助改善邻里关系，增加邻里支持；最后，通过心理辅导和协助服务对象做好职业生涯规划，增强了服务对象面对生活的信心与勇气。本案例具有一定的专业性和值得借鉴的意义。

作者简介

蔡燕翘，中级社会工作师，现任广州粤穗社会工作事务所红山街社工服务站主任。社会工作专业硕士，从事社会工作服务6年多，擅长个案工作、社区工作。服务格言：助人自助，用生命影响生命。

残障青少年的成长之路

苏嘉静

在我国，7 岁至 35 岁残疾青少年是一个数量约为 1200 万人的特殊群体。当我们在社区开展各种活动，看到一个又一个残障青少年的身影时，发现有的人可能正独处家中无人陪伴，有的却在低就业率、低工资中保持着较高的工作满意度……

一、基本资料

小乐（化名），男，21 岁，小学文化水平，在 A 市某工疗站上班，一级智力残疾，有吞咽困难导致的言语障碍，先天性左手无力。因身体和智力上的残疾，长期在家人的照顾下生活，缺乏基本的生活常识和生活技能。

（一）家庭状况

小乐与父母、姐姐一起居住，父亲在铁路公司上班，工作繁忙，经常三四天才回家一趟。母亲在家没有固定工作，主要负责照顾小乐，偶尔去超市做促销员。姐姐在家附近的医院做停车场管理员，工作属于三班倒制，不会很忙，有时间也可以帮忙照顾小乐。

（二）成长经历

小学阶段，小乐在特殊学校上学，需要坐公交车上学，小乐的母亲就每天与小乐一起坐车去学校，经过多次练习，小乐能独自坐公交车上学。但在一次外出途中，小乐走丢了，找不到回家的路。小学学业结束后，由于没有找到合适的特殊学校，加上小乐有走丢的经历，为了小乐的安全，母亲尽量让他待在家里，长期在家的小乐脾气逐渐暴躁，隔绝一切社交，且生活作息混乱。一年前，小乐的母亲了解到，小乐符合进入社区附近工疗站的条件。小乐很喜欢去工疗站上班，在工疗站里也有交好的朋友，他能在工疗站做点简单的手工活，每天都有几块钱的收入。自从去了工疗站后，小乐开心乐观了不少。

在日常生活中，母亲负责小乐的所有起居饮食。母亲辞去工作只为照顾小乐，衣食全部由母亲准备好，吃饭是喂食的，家务不需要他动手，所以他连简单的家务都不会做，外出也仅限于到工疗站。由于小乐有吞咽困难症状及先天性左手无力等身体残疾，小乐很少在外面喝水，就连在工疗站上班，中午也是匆匆赶回家吃饭，避免给工作人员带来麻烦。小乐有一台手机，喜欢拍照，看到什么都要拍下来，也很喜欢外出参加活动，经常拿他母亲的手机查看活动信息。社工站如果有合适的活动，小乐都会踊跃参加。小乐参加社工站组织的小组后，其母亲向社工提出，能否提供相关建议，帮小乐掌握更多的生活技能，补充常识，提高自我照顾能力。

二、预估分析

（一）生理层面

小乐有吞咽困难症，先天性左手无力，造成自我照顾能力较差，但凡需要借助手部力量的劳动，对小乐都十分困难，拿不稳抓不牢。为减少身体残疾带来的生活不便，小乐的家人忽视其身体康复、能力锻炼的需要，不让小乐做任何家务，就连吃饭都是喂食。在家人的过度照顾下，原本自理能力较差的小乐，更加缺乏锻炼的机会，生活技能得不到锻炼，自理能力也得不到提高。

（二）家庭层面

在小乐的家庭中，由于工作的缘故，父亲的角色常年缺位，照顾小乐的责任全都落在母亲的身上，为了更好地照顾小乐，小乐的母亲甚至放弃了上班的机会，小乐的姐姐偶尔也能协助照顾，给小乐订外卖。小乐的家庭照顾关系是不平衡的，所有的责任落在母亲身上，不平衡的照顾关系会让其母亲倍感压力，照顾方式也难以满足小乐个体发展的需要，把小乐视作完全需要照顾的个体，让母亲压力大增的同时也阻碍了小乐自我照顾能力的提高。

（三）社会支持层面

小乐的生活模式固定，每天往返于家庭和工疗站之间，缺少与外界接触的其他途径，对社区生活环境不了解，缺少朋辈支持。虽然小乐喜欢参加活动，但适合的活动却不多，母亲的家庭照顾压力重，没时间带小乐外出，也不放心小乐独自外出。

三、服务计划

（一）总目标

通过个案服务，增强小乐自我照顾能力，提升生活技能。

（二）分目标

增强小乐的生活技能，培养小乐自己吃饭、喝水的能力。

帮助小乐了解更多的生活场景，例如社区、医院、车站、公园等场景。

改变小乐的家庭照顾模式，给小乐更多的锻炼机会。

（三）服务理论

体验式学习理论。体验式学习是指通过亲身实践有效地获得知识或技能的过程，它与生活中其他的任何一种体验一样，是内在的，是个人在身体、情绪、知识上参与的所得。体验式学习特别强调知识和信息来源于参与者的实践和体验，实践的过程有利于促进个人经验的重建和内化。在个案过程中，社工通过联动小乐的家人，一起帮助小乐学习自己吃饭、穿衣服，增强小乐的生活技能，提高其自我照顾能力，逐渐从依赖他人照顾转变为能够自我照顾。

（四）服务策略

1. 转变家庭照顾模式

社工协助小乐母亲，共同梳理小乐每日的生活轨迹，找出确实需要被照顾的环节，以及需要照顾的方式等，转变家庭原本的照顾模式。第一，划分需要照顾的日常活动与不需要照顾的部分；第二，尝试改变用餐方式，帮助小乐增强独立的活动能力。

2. 丰富各类场景知识

社工通过向小乐讲解场景知识，以及进行场景模拟训练等，帮助小乐了解多种生活场景，增加小乐的常识，鼓励小乐走进社区、融入社会，了解自己的生活场景，获得更多的社会支持。

四、服务过程

（一）接案阶段

本次个案是在小组中发掘。在个案开始前，社工与小乐已认识，社工了解小乐的基本情况，且已建立了一定的信任关系。在第一次会谈中，社工进一步收集小乐的信息，对小乐的社会支持网络、拥有的能力进行评估。社工主动向小乐及其监护人介绍社会工作、社会工作者角色、能提供的服务内容等。社工了解到小乐很喜欢拍照，就以拍照为话题，鼓励小乐把自己的日常拍下来。

（二）预估及计划阶段

首先，社工把小乐及其母亲的生活轨迹划分为两大部分：能独立完成部分和需要协助完成部分。通过共同观看小乐拍摄的照片，了解小乐的生活轨迹，划分小乐能照顾自己的部分，以及需要协助的部分。接下来，梳理小乐母亲每天照顾他的轨迹，结合小乐的生活轨迹，划分他能独自完成的部分，以及能锻炼生活能力的部分。通过生活轨迹的划分，让小乐的母亲了解小乐可以掌握的能力，共同制订具体的服务计划，激发小乐母亲转变照顾模式。

其次，测试小乐对社区、公园、医院等场景的了解程度，社工利用图片的方式，让小乐分别指出多个场景图，以及这些场景涉及的内容。社工通过小乐的表现，评估小乐对不同场景及所在社区的了解程度，制订合适的场景学习计划。

（三）服务介入阶段

1. 锻炼小乐的生活技能，转变小乐母亲的照顾模式

社工与小乐的母亲约定，严格执行共同制订的计划，转变照顾模式，增强小乐的生活技能。在这一阶段，吃饭、喝水这两个行为由小乐独自完成，除非有危险的可能，否则不能帮忙。在这一阶段，小乐母亲的角色开始转变，由照顾者的角色转变为照看者的角色。

据小乐母亲描述，小乐用手拿不起碗，多番尝试后，更换餐具，换成可以固定在手上的勺子，虽然还是会把食物弄得到处都是，但是新的尝试至少能让他吃到食物。社工不断鼓励小乐的母亲，要相信小乐的努力，而且还要给小乐持续的鼓励。由于小乐不仅患有先天性左手无力症，还有吞咽功能障碍，所以小乐自己吃一顿饭最少要花 1 个小时以上，小乐白天还要去工疗站上班，小乐的母亲与社工商量后，决定每天晚餐由小乐自己吃，午餐还是喂食，从而节约时间。

在此期间，小乐还学会了如何热饭。小乐的母亲产生重新工作的念头，

以往怕小乐没人照顾、没饭吃，就一直没去工作。现在小乐的母亲把饭菜都准备好，一遍又一遍教小乐如何热饭，在小乐母亲的引导下，小乐能够按照要求使用电饭锅热饭。在看到小乐能独自吃饭、喝水，还可以热饭的进步后，小乐的母亲在家附近找了一份超市的兼职工作，工作时间是下午到傍晚，这样一来即使小乐的母亲晚上不在家，小乐也能自己热饭、吃饭。

2. 帮助小乐学习场景知识，了解周边的生活环境

社工约小乐到社工站面谈，在面谈的过程中，社工分别向小乐讲解社区、医院、公园等场景包含的内容，以及这些场景的作用。随后社工与小乐一起做场景模拟。在模拟的过程中，社工发现，小乐的接受能力并不弱，对车站、公园等场景很快就有认识，社工与小乐共做了 6 次场景模拟，最后的模拟测试小乐基本能够通过。

社工建议小乐的母亲多带小乐外出，让小乐熟悉自己的生活环境，减少再次走丢的可能性。据小乐母亲说，小乐是很喜欢出门的，以前是没时间带他外出，现在每周会固定带他走一走。周末带小乐外出的时候，小乐用手到处指，询问那些是什么，他们去了公园，经过好几遍的重复走，小乐能够自己去公园，而且还能认路回家。

（四）结案阶段

社工让小乐进行了场景模拟、拿水杯喝水等测试，小乐顺利通过测试。社工带领他回顾个案辅导的过程，对小乐的成功给予鼓励，并鼓励他要继续坚持，让小乐填写个案满意度、目标达成情况表等，个案顺利结束。

五、总结与反思

（一）评估方法

1. 前后测资料评估

社工通过给小乐做前后测、个案反馈表的填写，评估小乐对于个案服务的目标达成情况，以及对个案服务内容的满意度。

2. 社会工作者的观察

社工根据小乐每一节个案的表现，以及服务目标的达成情况进行评估。

3. 服务对象监护人的反馈

社工根据小乐母亲分享小乐的每一次转变进行评估。

（二）个案发展总结

1. 个案初期

小乐被母亲照顾得很好，因为小乐有吞咽困难，担心小乐噎着或者吃不饱，吃饭是喂食的。小乐外出活动范围一般仅限于工疗站，但其母亲也不放心，生怕小乐出现意外。社工根据小乐的需求，制定了学习生活技能以及生活场景学习的目标，以提升小乐的自我照顾能力。

2. 个案中期

社工根据小乐接触的生活场景较少、缺乏生活常识的状况，为小乐讲解生活场景的知识。与小乐一起进行场景模拟，让小乐熟悉各类生活场景，扩充小乐的生活常识。

3. 个案后期

经过小乐自己的努力及其母亲的配合，小乐现在能够自己吃饭、喝水，甚至能加热饭菜。小乐的母亲也会抽时间带他外出，交际范围也不再仅限于工疗站与家里；小乐母亲的照顾模式也发生了变化，从坚持亲自照顾到放心让小乐自己吃饭，锻炼小乐的自理能力，不仅小乐自理能力有所提升，也减轻了小乐母亲的照顾压力。

4. 个案巩固期

社工会定期关心问候小乐，了解小乐近况。小乐与社工已建立良好的沟通关系，小乐会向社工诉说自己的近况，社工也了解到，小乐的生活态度很积极，生活状况也发生了转变。小乐和母亲有空会到家附近的公园等场所走走，帮助小乐熟悉自己的生活环境，锻炼小乐自我照顾能力。小乐母亲也有更多的时间去过自己的生活，从照顾小乐的压力中，逐步解放出来。

六、督导点评

本个案以“成长”服务为重点，运用体验式学习理论，让服务对象通过亲身实践有效地获得知识及技能。在个案过程中，社工联动服务对象家人，一起帮助服务对象学习自己吃饭、穿衣，增强服务对象的生活技能，提高其自我照顾能力，走上自理式成长之路。本个案先从背景选择、服务设计和服务实施方面入手，然后重点对服务对象展开了评估。个案总体运行情况较好，满足了残障青少年在个人成长发展、专业技能提升、社会融入和家庭关系改善等方面的需求。

值得关注的是，社工在制定目标的时候，除了以工作任务为导向，还要立足服务对象的需要，挖掘服务对象的潜在需求，结合现实需要，制定适合的服务目标。在服务过程中，社工需要以发展的眼光看待服务对象，及时调整工作方法与态度，发现服务对象的变化，及时鼓励，给服务对象信心。社工在服务过程中除了要提升服务对象的能力，也需要注意到服务对象家人的变化，营造良好的成长环境，共同促进目标的实现。

作者简介

苏嘉静，广州大学公共管理学院社会工作专业研究生，广州粤穗社会工作事务所实习生。

“成长路上，友你同行”

——青少年人际交往小组

危芷茵

一、背景介绍

人际交往也称人际沟通，是指个体通过一定的语言、文字或肢体动作、表情等表达手段将某种信息传递给其他个体的过程。人际交往是人与人交往关系的总称，人际关系包括亲属关系、朋友关系、同学关系、师生关系、雇佣关系、战友关系、同事关系及领导与被领导关系等。人是社会性动物，每个个体均有其独特之思想、背景、态度、个性、行为模式及价值观，然而人际关系对每个人的情绪、生活、工作有很大的影响，甚至对组织气氛、组织沟通、组织运作、组织效率及个人与组织之关系均有极大的影响。

人际交往是青少年青春期的一大课题，社工在前期调研中发现，有67.87%的在校青少年表示有必要开展有关青春期相关知识的活动，并且有47.51%的在校青少年希望社工站开展关于如何与他人交往的活动，因此社会工作者计划开展“成长路上　友你同行”——青少年人际交往小组，通过团队游戏、制作美食等环节促进青少年学习通过一定的语言、文字或肢体动作更好地与他人交往。

二、预估分析

（一）人际孤独，被动离群、主动离群

在校青少年渴望和同学交往，希望能够融入集体，和大家打成一片，但是周围的同学不接纳他们，甚至排斥他们，使他们感到孤独，这是被动离群。而还有的在校青少年表现为少言寡语、性情孤僻，在集体中，他们总是独来独往，和同学们讲话少之又少，这是主动离群。

（二）社交恐惧，过分敏感、异常紧张

部分在校青少年有所谓的社交恐惧症，即对社交持一种恐惧的心理。他们在与别人交谈或者别人找自己打交道时，对自己的言谈举止过分敏感，害怕自己在别人面前表现不好，越是害怕，越是在别人面前表现得异常紧张，当问题严重到一定程度时，他们就会不敢见人，神经处于一种非常紧张的状态。

三、服务计划

（一）小组理念

社会学习理论：班杜拉的社会学习理论认为，人的行为同时受环境和个人的认知与需要的影响，它强调自我调节的能力，人不是消极地接受外界刺激，而是积极地对这种刺激作出选择、组织和转换，并且调节自己的行为。小组服务活动的实施需要每个组员的积极参与，组员不仅可以通过榜样示范进行学习，也可以通过参与讨论获得直接的交往经验，还可以通过对小组组长以及其他成员的观察、交流、分享获得间接经验。在本次小组中，社工会通过多种方式促使参与的青少年学习与他人交往的技能，这些方式包括 PPT 讲授、经验分享、团队游戏、制作美食等。

（二）小组目标

1. 总目标

通过本次小组，促进青少年掌握人际交往技巧，提升青少年与他人交往的能力。

2. 具体目标

（1）通过 PPT 讲授、经验分享等形式，使青少年在语言和行为方面的积极乐观程度打 4 分以上（1 ~5 分制）。

（2）通过团队游戏、制作美食等形式，促进青少年掌握 2 个及以上人际交往的技巧。

（三）小组性质

发展性小组。

（四）服务对象

初中在校青少年。

（五）服务时间

每周六 15:30—16:30。

（六）小组程序

小组共 5 节，时长均为 60 分钟。其具体流程安排如下：

节次	时间与地点	活动主题	活动内容	具体目标
第一节	2020. 8. 1 15:30—16:30 社工服务站	相互认识，制定契约	1. 社工通过快问快答的游戏方式，让组员进行自我介绍。组员需要介绍自己的名字、年龄、学校、年级等基本信息 2. 社工向组员介绍小组开展的目的、目标、内容及时间的安排，引导组员一同制定小组契约 3. 社工发放小组前测表给组员，组员根据自己的实际情况进行填写 4. 收获与总结	1. 促进组员之间相互认识 2. 对小组的认识
第二节	2020. 8. 8 15:30—16:30 社工服务站	增强小组凝聚力	1. 回顾上节小组的内容，介绍本节小组 2. 热身游戏：蒙眼拉绳 3. 社工通过 PPT 内容呈现的形式，促进青少年了解和学习人际交往的知识 4. 收获与总结	1. 促进组员互相深入了解，增强小组的凝聚力 2. 引导组员了解人际交往的知识
第三节	2020. 8. 15 15:30—16:30 社工服务站	团队游戏，学习体验	1. 回顾上节小组的内容，介绍本节小组 2. 团队游戏：趣味翻扑克牌，游戏共进行两轮，第一轮游戏结束后，进行游戏总结，归纳游戏运用的技巧，第二轮游戏时间比第一轮游戏时间少。两轮游戏时间进行对比，从而得出沟通的作用 3. 收获与总结	促进组员人际沟通能力
第四节	2020. 8. 22 15:30—16:30 社工服务站	制作美食，体验合作	1. 回顾上节小组的内容，介绍本节小组 2. 制作蛋糕，组员两人为一组合作制作蛋糕，社工作为观察者，观察组员在小组内语言沟通和行为沟通的表现 3. 品尝蛋糕，收获与总结	促进组员人际沟通能力
第五节	2020. 8. 29 15:30—16:30 社工服务站	回顾总结	1. 优点大轰炸，组员通过抽签的顺序赞美其他组员，让大家明白积极沟通的人，更容易让大家接纳、了解 2. 播放视频，回顾小组的历程，回顾每节小组的重点内容 3. 社工发放小组后测表给组员，组员根据自己的实际情况进行填写 4. 收获与总结	1. 回顾总结小组 2. 处理离别情绪

四、计划实施过程

（一）小组第一节

本节小组的自我介绍环节，社工通过“快问快答”的游戏形式进行，一共10道问答题，每位组员思考时间只有1秒钟就要进行回答。问答题包括喜欢的食物、喜欢的科目等。青少年在回答时还是会犹豫，由此可见青少年对于自己的喜欢的东西并不是十分明确。本环节除了促进组员互相认识外，还促进了组员对自己的了解。然后就到了主题介绍和制定契约的环节，社工向组员介绍了本节小组的主题和内容。

本节小组为第一节，社工为了解组员参与小组前的情况，引导组员填写社工设计的小组前测表。

最后在分享环节，组员分享对于“快问快答”的自我介绍形式的感受，认为比以往的单纯自我介绍要有趣，而且很期待之后几节的小组内容。

（二）小组第二节

本次小组社工首先引导组员一起回顾第一节小组内容，组员表示喜欢有趣的自我介绍方式，游戏的方式使青少年更敢于表达自己，比较轻松欢乐。

社工在本节小组设计了团队合作游戏“蒙眼拉绳”。小组里只有一名组员不需要戴眼罩、不许拉绳子，也不许碰组员，其余组员戴眼罩拉绳。社工喊出组员要拉出梯形，之后戴眼罩的组员就听取不戴眼罩的组员的指引。游戏进行第一轮时，组员们表现得非常着急，所以游戏中途被暂停了，组员摘下眼罩后开始抱怨。紧接着社工引导组员表达看不见的感受，通过社工的引导，组员们都安静了，听取不戴眼罩组员的指引，所以这次很快就把一个直角梯形给拉出来了，组员们都非常开心。游戏结束后，社工引导组员就游戏分享感受。

游戏结束后，组员依旧沉浸在共同完成游戏的兴奋中，社工适时切入人际交往的主题，运用PPT呈现的形式，促使组员学习人际交往的知识，在社工讲解的时候，有部分组员也会说出自己的观点和感受。

最后到了分享环节，社工引导组员分享，因为在游戏环节结束和PPT环节时，社工都曾引导组员分享或者与组员交流互动，所以社工在每个环节中都能直接了解组员对本环节最真实最直接的感受。

（三）小组第三节

社工首先引导组员回顾第二节小组的内容。第二节小组进行到团队游戏环节时因遇到困难，组员们通过多次努力才顺利完成了游戏，所以组员们对第二节的内容记忆深刻，迅速完成了对第二节小组的回顾。

在第三节小组中，社工以“趣味翻扑克”的游戏作为切入点，让组员们体会人际关系中的正面沟通。首先，社工向组员讲解了游戏的规则，但在这个过程中，组员们已经迫不及待想要进行游戏了，因此社工尊重组员的选择随即开始游戏。进行第一轮游戏时，因为组员没有提前沟通过，所以几个组员多次翻同一张牌，导致游戏一直停留在原地，无法翻出下一张牌。慢慢地，组员发现不妥，就开始一边沟通一边进行游戏，虽然耗时比较长，但还是顺利地完成了。第一轮游戏结束后，社工引导组员分享在游戏中的感受，组员表示游戏前没进行沟通，导致大家都多次翻同一张牌，而且在游戏过程中翻到牌的组员也应该说明情况。其次，社工引导组员进行第二次游戏，第二轮游戏完成的时间明显少于第一轮，组员们的信心高涨，因为在游戏前进行了沟通，所以第二轮游戏的用时较短，也没有出现组员多次翻同一张牌的情况。

最后，社工先对本节小组内容进行总结，然后引导组员进行本节小组分享。本节小组的主题是学会正面沟通，通过在活动中的正面沟通，促进了游戏的顺利进行，让组员体会到了正面沟通也是人际交往的内容之一，学会了正面沟通，才能更好地与人相处，人际关系也能大大加强。

（四）小组第四节

社工引导组员回顾上节小组内容，组员在回顾上节小组内容的过程中，进一步加深了对正面沟通的理解。

第四节小组的主题是促进组员人际沟通能力的提升。社工以青少年比较喜欢的美食制作为媒介，在制作美食过程中促进组员与其他人进行正面沟通，一同完成美食的制作。在制作美食过程中，社工将组员们两人分为一组，并引导组员们相互帮忙，以共同完成任务。其间有一组成员因为操作失误，导致第一次美食制作失败，但是组员之间并没有因此互相埋怨，而是一同非常积极地表示想重新制作一份。在重新制作时，该组组员表现得更加细心，而且两人互相提醒，最后成功完成美食作品。最后社工引导组员分享，组员表示互相帮助和正面的沟通，真的会让人际交往这件事变得没那么困难，有时候可能是因为自己说话的态度不好或者语气表现比较烦躁，影响别人回应时的态度和语气，所以人际交往是相互影响的过程。

（五）小组第五节

学会赞美也是人际交往中重要的内容。组员们一起参与了四节小组，对彼此都有了一定的了解。社工为让组员学会称赞别人，在小组的第五节设计了“优点大轰炸”的环节，活动以抽签的方式决定了称赞的顺序，首先由社工先进行称赞，其次组员们就按顺序由左到右进行称赞，组员们一开始并不知道如何称赞他人，在社工的示范下，在获得他人的称赞后，组员们也都鼓起勇气大声地赞美别人。社工引导组员以后可以多尝试称赞自己，有助于提高自己的自信心，更要真诚地多赞美别人，这也是促进人际沟通的重要方式之一，能促进自己与他人的交往。

最后，社工将前四节的小组照片以视频的形式进行播放，同时引导组员一同对整个小组的主题和每节小组的内容进行回顾，邀请组员们分享自己对于小组的内容和形式的感受以及建议，以评估小组的成效和巩固组员们在小组过程中的收获。

五、总结评估

（一）评估方法

本小组的评估方法包括：服务对象意见反馈表、小组前后测表和社工观察法。

（二）评估内容

组员对人际交往的知识和技巧的了解和掌握程度。

（三）服务对象评价情况

小组整体满意度为90%。有小组组员表示，环节内容设计有趣，例如自我介绍环节能打破传统，采用有趣的游戏方式进行，促进组员了解自己和了解别人，而且小组通过PPT展示、团队游戏、制作美食等多种形式寓教于乐，也深受在校青少年的喜欢。

（四）目标达成情况

85.7%的组员能够在语言和行为方面的积极乐观程度打4分以上（1～5分制）；100%的组员掌握两个及以上人际交往的技巧。

六、专业反思

（一）内容的适切性

人际交往是青春期发展的重要任务。人际交往的好坏会影响青春期的青少年的身心变化，所以社工通过小组的形式，以青少年喜欢的方式，如“团队合作游戏”“制作美食”等，来促进青少年学习人际交往的知识。

（二）人员的表现

1. 小组前期

组员来自不同学校、年龄跨度大，所以社工引导组员进行自我介绍、相互认识，但是青少年对于传统的、简单的自我介绍不太喜欢，所以社工运用青少年喜欢的“游戏”形式，促进组员相互认识；而且针对小组前期组员的凝聚力弱的情况，社工为组员设置了合作游戏，以增强小组的凝聚力。社工在此阶段还鼓励组员勇敢表达对小组和其他组员的期望，并且在第一节小组里引导组员一同制定了小组契约。

2. 小组中期

小组中期即小组内容进行的重要阶段。在此阶段，社工将多种青少年喜欢的形式，如“团队合作游戏”“制作美食”等融入小组的主题，促使组员提高对小组的兴趣度和参与度，让组员更容易接受小组的主题内容。

3. 小组后期

在小组的后期，组员面临小组结束、组员分别。社工通过优点大轰炸、视频播放、一同回顾小组内容等形式，促使组员巩固小组的收获，并且有仪式感地结束小组，不仅巩固了小组成效也使组员更容易接受小组的结束。

（三）成功经验的分享

社工根据前期对青少年的调研，了解到青少年喜欢的活动形式，所以设计了多个有趣的小组活动内容。如将小组的目标主题融入“团队合作游戏”“制作美食”等各个环节中，提升了组员对小组的兴趣度和参与度，所以组员较容易接受和学习小组主题内容。

（四）今后可改进的地方

1. 时间限制

由于社工设计了 5 节小组，每周一节，历时一个月，时间间隔比较长，所以中途社工无法得知组员与他人交往的情况，而且组员也会忘记小组内容，需要社工提醒，若小组能在两周内完成，成效会更好。

2. 后续跟进

因参与人数比较多，组员来自不同的学校，而且在校青少年开学后会忙于学业，所以后续跟进比较难以实现，但是社工会克服困难去尽量跟进组员的成长。

七、督导点评

青春期在生物学上是指人体由不成熟发育到成熟的转化时期，也就是一个孩子由儿童到成年的过渡时期。青春期的人际交往是青少年成长中永远都绕不开的话题。进入青春期，青少年的生理和心理发生急剧的变化，面对着许许多多的问题，越来越多的青少年在人际交往时表现出焦虑或紧张等心理情绪，他们渴望及时得到相关问题的解答、指导和帮助，社工的及时介入，有助于帮助青少年面对和解决人际交往中遇到的问题。在本案例中，社工采用寓教于乐的方式，通过在游戏的互动中让青少年体会到人际交往中正面沟通、合作和赞美的重要性，产生了一定的成效。建议社工在后期的青少年服务中可以就青春期如何树立正确的人际交往观念、人际交往中应注意的问题和如何与异性交往等话题进行更加深入的探讨。

作者简介

危芷茵，广州粤穗社会工作事务所红山街社工服务站一线社工，助理社工师，从事社会工作服务4年，擅长残障康复服务、青少年服务。

“青青相伴”

——残障青少年的成长之路

吴惠林

一、背景介绍

在社工服务的辖区内有着较多的残障青少年，智力残障青少年大多数时间都在工疗站上班或者在家无所事事，工疗站内的工作更多偏向于简单的手工制作，但时间一长，就无法激起他们学习、工作的积极性。另外，根据社工过往服务经验以及调研得知，智力残障青少年在自我照顾能力方面都比较差，其家人作为主要照顾者，压力也相对较大。

为了帮助残障青少年激发学习动力，提升其生活自理能力，以及拓展朋辈支持网络，社工策划开展“青青相伴”——残障青少年能力提升小组。社工希望通过小组活动为残障青少年提供实践机会，搭建朋辈支持网络，以在校青少年志愿者带领的方式，引导残障青少年“走出去”，进行“购物”“出行”等实践，促进残障青少年能力的提升。

二、分析预估

（一）能力提升的需求

根据社工过往对辖区内残障青少年的接触了解，辖区内残障青少年中智力残障青少年占比较大，在生活自理方面普遍较差，以家属作为主要照顾者。部分残障青少年虽然在工疗站工作，但生活自理能力同样不强，每天需要家人接送，不能脱离家人的照看，因此社工服务专注于残障青少年基本的生活能力提升，通过小组引导残障青少年参与实践，在实践中提升残障青少年学习及生活自理能力。

（二）朋辈支持的需求

残障青少年由于身体上的残疾，长期接触的对象是家人或者工疗站的同伴。在过往的服务过程中，社会工作者了解到，残障青少年渴望能够接触到更多的同龄人，尤其渴望与普通青少年交流。对此，社工结合残障青少年的实际情况，通过小组“结伴出行”，搭建青少年互助支持的平台，也让残障青少年在互动交流的过程中学习，提升残障青少年自信心和支持网络功能。

三、服务计划

（一）小组理念

社会学习理论：班杜拉认为，人的行为特别是人的复杂行为主要是后天习得的。行为的习得既受遗传因素和生理因素的制约，又受后天经验环境的影响。生理因素的影响和后天经验的影响在决定行为上微妙地交织在一起，很难将两者分开。班杜拉认为，行为习得有两种不同的过程：一种是通过直接经验获得行为反应模式的过程，班杜拉把这种行为习得过程称为“通过反应的结果所进行的学习”，即我们所说的直接经验的学习；另一种是通过观察示范者的行为而习得行为的过程，班杜拉将它称为“通过示范所进行的学习”，即我们所说的间接经验的学习。在本小组中，社工引导残障青少年通过直接实践提升生活自理能力，同时通过搭建在校青少年与残障青少年互助支持交流平台，在互动中以间接经验影响促进残障青少年提升能力。

（二）小组目标

目的：通过小组，搭建互助支持平台，促进智力残障青少年能力提升。

目标：组员能够掌握两个独自出行的注意事项；组员能够掌握简单的数字计算，尝试进行购物。

（三）小组性质

本小组为支持性小组。

（四）对象

18～28 岁智力残障青少年。

（五）时间

2020 年 8—9 月。

（六）小组程序

节数	时间	主题	具体内容	环节目标
1	2020. 8. 21	成长路上，初识小组	1. 社工与组员相互认识，同时社工介绍小组内容及目的，促进组员认识小组 2. 五指连“我”游戏互动，通过绘画手指引导组员进行自我介绍，锻炼组员的表达能力，同时促进组员之间的交流 3. 小组纪律制定（组员为智力残障青少年，为防止组员说不出小组的规定，社工事先准备好有相应规定的字条，如组员说不出时，则将字条提供给组员选择） 4. 社工介绍积分规则与奖励制度，发放积分参与卡，并鼓励组员积极投入小组 5. 总结分享	1. 组员认识小组，明晰小组的开展地点及时间 2. 促进组员之间交流，加深彼此的熟悉 3. 制定小组规范，并获得组员的认可
2	2020. 8. 26	成长路上，共同学习	1. 回顾上一节小组内容 2. 一块五毛互动游戏：在活跃小组气氛的同时，引导组员进行简单的金钱计算 3. 拯救小猪：通过游戏引导组员学习简易的算术题，提升组员的计算能力 4. 动画视频观看：促进组员了解出行的注意事项 5. 总结分享，积分参与卡盖章	1. 提升组员的算术能力，例如 10 块钱以内的金额计算 2. 组员能够掌握出行的注意事项
3	2020. 8. 28	成长路上，伴你同行	1. 回顾上一节小组内容 2. 社工向组员介绍青少年志愿者，说明志愿者会一同外出，协助小组活动 3. “抓鸭子”游戏互动：通过互动小游戏，促进组员与青少年志愿者的交流互动，同时也打破彼此间的陌生感 4. 社工发放出行安全卡与乘车费，并重申出行安全注意事项；组员有疑问可以提问，社工进行答疑 5. 社工和志愿者指导、带领组员坐车前往儿童公园，同时让组员完成公园照片打卡任务 6. 总结分享，鼓励组员对外出情况进行分享，关注组员的感受、收获 7. 社工在完成任务组员的积分参与卡上盖章，给组员积分，强化组员的正向行为	1. 组员掌握外出坐车的基本技能 2. 组员能够完成公园打卡任务

续表

节数	时间	主题	具体内容	环节目标
4	2020.9.2	我能行，实践促提升	1. 回顾上一节小组内容 2. 社工引导组员进行分组 3. 社工布置不同的“购物任务”，即购买不同的物品，例如一根胡萝卜、一棵白菜、一包盐等 4. 社工给予每组30块钱购物经费，引导组员在志愿者的协助下外出购买物品，在限定时间回到社工站 5. 总结分享，鼓励组员对购物情况进行分享，关注组员的感受、收获 6. 社工在完成任务组员的积分参与卡上盖章，给组员积分，强化组员的正向行为	1. 组员能够完成购物任务 2. 组员能够学习如何表达自己想要购买的物品
5	2020.9.4	我总结，我成长	1. 回顾上一节小组内容 2. 接力夹乒乓球游戏互动 3. 积分参与卡兑换奖励，对组员的积极参与进行鼓励 4. 共同制作“小组成长相册”，回顾小组 5. 总结分享，提炼成效	1. 制作完成小组成长相册 2. 通过小组，引导组员回顾小组

四、计划实施过程

（一）小组筹备阶段

在前期与工疗站合作，进行宣传招募，招募合适的组员。同时邀请过往服务中接触到的符合本次小组招募要求的服务对象参与小组。

在小组开始前，负责社工提前设计小组参与积分卡以及出行安全卡，收集安全出行动画视频等资料，为小组顺利开展做准备。

社工提前招募在校青少年志愿者，在小组过程中促进在校青少年与残障青少年组员之间的互动交流，同时也确保小组的顺利开展。

（二）小组初期

第一节小组，社工通过自我介绍以及对小组内容进行说明，使组员初步认识小组。同时通过小组共同制定规范，构建形成本次小组。在第一节小组中，社工通过五指连“我”游戏，引导组员完成手掌绘画的同时进行有针对性的自我介绍，锻炼组员的语言表达能力，学习如何向他人介绍自己。考虑到组员对社工比较陌生，社工也参与五指连“我”游戏，再次自我介绍，加深组员对社工的认识，打破彼此间的隔膜。

（三）小组中期

在小组中期，结合直接经验和间接经验的学习，通过引导组员学习算术问题、出行安全注意事项以及让青少年志愿者带领组员外出实践，在学习和实践过程中提升组员能力，搭建朋辈支持网络。

1. 间接经验学习

（1）掌握知识，提升认知。第二节小组中，由于后续小组需要组员通过外出实践提升组员的生活能力，因此在本节小组中，社工通过一块五毛互动游戏和拯救小猪拖拽游戏，引导组员在过程中学习简单的数字计算，为后续外出购物环节做好知识铺垫。针对后续出行环节，结合组员特质安排了出行安全注意事项动画视频观看环节，引导组员学习掌握出行过程中应注意的安全事项。

（2）榜样学习，带领促成长。在小组中期，由青少年志愿者协助带领组员去公园以及进行购物，青少年志愿者在为组员提供帮助的过程中，为组员树立榜样学习的范例，间接促进组员的成长。

2. 直接经验学习

（1）外出实践，在实践中成长。在第三、第四节小组过程中，社工带领组员乘坐公交车外出以及到菜市场买菜，在实践的过程中引导组员学习独自外出乘车时应怎么坐，以及学习尝试自己进行购物，也引导组员在以后的生活中继续尝试，不断提升组员的生活自理能力。

（2）互动促成长。在第三、第四节小组中，志愿者协助带领组员乘车外出以及购物，志愿者与组员一同完成拍照打卡任务以及买菜任务，促进了组员与志愿者之间的直接交流，提升了组员的人际交往能力。经过小组期间的相处，组员与志愿者之间也初步建立了信任关系，组员的朋辈支持网络得到增强。

（四）小组后期

第五节小组中，通过合力夹乒乓球游戏活跃小组氛围，同时利用小组过程中的照片引导组员共同回顾整个小组内容，巩固小组成效。最后，通过分享，社工总结每个组员的成长变化，引导组员认识到自身的成长，提升信心。

通过整个小组期间的相处，组员与社工也建立了良好的关系，并表示希望之后能够参加社工站更多不同类型的活动。

五、总结评估

（一）评估方法

1. 社会工作者自评

每节小组后，将小组的计划、执行、操作过程中所观察到的内容、感受等写入单节小组记录，分析小组目的达成情况，服务对象的参与和改变情况。

2. 小组成员评估

社工在每一节都设计了组员分享环节，评估组员的参与感受和进步情况，并在小组最后让组员填写自评及满意度反馈表来评估小组效能。

3. 工作组会议评估

小组设有协助者，协助者同时也是观察员的角色。另外小组有部分节数有青少年志愿者进行协助。工作组成员包括负责社工、观察员和志愿者。每节小组结束后，工作组成员就本次小组的开展情况进行讨论，发表意见。

4. 督导评估

督导根据社工撰写的单节小组记录表中的过程记录、组员表现、社工反思以及总结报告中的成效情况等给予评估意见。

（二）评估内容

组员参与小组后能力提升情况。

（三）组员评价

由于组员均为智力残障青少年，不认识字，因此无法填写意见反馈表。在小组最后阶段，社工引导组员进行分享可以了解到组员对小组的满意度较高，有的组员表示参加小组很有成就感，能够学习到知识，同时还能自己独自外出。

（四）目标达成情况

在小组过程中，通过动画视频的学习以及引导组员实际乘车外出，在实践过程中提升了组员独自出行的能力。根据组员最后一节的分享反馈，组员已学习到两个以上的出行安全注意事项，目标达成。

在小组过程中，通过游戏互动以及引导组员外出购买蔬菜，提升了组员的生活能力，根据组员在小组过程中的表现，社工观察、志愿者观察反馈，组员能够尝试自己完成买菜任务，目标达成。

六、专业反思

（一）经验总结

1. 小组内容的切适性

智力残障青少年的生活自理能力相对较低，受智力影响，平时也较少有外出、独自生活的机会。本次小组通过引导组员外出、坐车、购物，在实践中学习，提升组员的生活自理能力，在内容和形式上都比较适合残障青少年参与，也满足了残障青少年的需求。

2. 介入方法

在小组开展过程中，社工重视介入方法的运用，通过鼓励、肯定、总结陈述、正增强等方法，发挥小组参与积分卡的作用，当组员表现好时，给予组员口头奖励以及盖章积分，增强组员的正向行为，激发组员的学习动力。

（二）不足之处

评估工具有待加强：由于组员是智力残障青少年，因此考虑到服务对象的能力情况，本次小组未设置前后测问卷进行评估，单凭工作人员的观察评估以及组员个人的评估显得较为单薄。在后续类似针对残障青少年开展的服务中，可增加不同维度的评估工具，例如小组前期针对组员进行访谈评估，小组后期针对组员进行深入访谈，同时联动组员的家人、工作单位等多方面评估服务成效。

七、督导点评

青少年社会工作是社会工作的一个重要领域，青少年社会工作在具体实践中需要以社会工作学科专业的理论、方法、技巧等作为指导，以发掘青少年的潜力，促成其全面发展，增强其社会适应能力。残障青少年作为青少年群体中的“困难群体”，更需要社会工作者重点关注。

在本案例中，社工能够根据残障青少年在生活自理和人际支持方面的需求，通过设置学习数字计算、出行安全注意事项环节，以及由一般青少年志愿者带领组员外出实践等服务内容，提升残障青少年的自我照顾能力以及与一般青少年的互动。在小组开展过程中，社工重视介入方法的运用，通过鼓励、肯定、总结陈述、正增强等方法，设置小组参与积分卡，当组员表现好时，给予组员口头奖励以及盖章积分，增强组员的正面行为，激发组员的学习动力。这些无疑是值得肯定的。因为在为残障青少年提供服务时，社工不仅要善于发现残障青少年自身的“闪光点”，不断地给予鼓励和支持以促进其优势的不断扩大和自信心的不断提高，还要在保证残障青少年健康成长的前提下，着眼于其未来发展，协助残障青少年为其未来发展积累资本，不仅“授之以鱼”，更要“授之以渔”。

作者简介

吴惠林，广州粤穗社会工作事务所红山社工站青少年部部长，助理社工师，从事社会工作服务4年，主要擅长青少年社会工作服务。

共建资源·助青成长

——职青就业经验分享工作坊

徐惠梅

一、服务背景

在L街社工站以往的青少年服务中，社工为辖区内31名失业青年建立了档案，对他们进行了一对一的重点跟进，其中21名失业青年成功转变为在职青年，他们积累了各种就业经验，社工计划邀请他们为10名仍处于失业状态的青年进行就业经验分享，期望能给失业青年求职和就业以帮助。

因此，社工计划在2019年12月1日开展“榜样的力量”就业经验分享工作坊，提升失业青年的求职能力，增强他们的朋辈支持系统，激励他们更好地面对工作和生活。

二、分析预估

已经成功转变为就业状态的职业青年，已掌握较为丰富的求职经验和资源，能够学会运用资源帮助自己解决问题。而仍然处于失业状态的青年，如何更好地求职并成功就业，成为他们现阶段的首要任务，这也将会影响到他们的生活状况。因此，社工希望通过邀请成功就业青年分享他们的求职经验和工作资源，以此提升失业青年的求职能力，促进朋辈之间的相互支持。

三、服务计划

（一）理论支持

社会学习理论中的观察学习过程，是指通过观察示范者的行为而习得行为的过程，班杜拉称之为“通过示范所进行的学习”，即间接的经验学习。在观察学习的过程中，人们获得了示范活动的象征性表象，并引导适当的操作。

社工先邀请在职青年参加活动，协助他们总结已成功就业的经验并对其进行就业经验分享的培训，培育其成为社工站“就业经验分享大咖”，之后组织他们向仍处于失业状态的青年分享经验，让处于失业状态的青年对以往的求职经历进行反思，整合和巩固习得的经验，从而提升失业青年的求职能力，增强他们的朋辈支持系统，让他们更好地面对工作和生活。

（二）服务目标

1. 目的

通过就业经验分享的形式，提升失业青年的求职能力，增强朋辈支持系统，令他们更好地面对工作和生活。

2. 目标

参与者的求职经验有所增加；参与者之间的互动有所增加。

（三）服务对象

在职青年、失业青年。

（四）服务时间

2019 年 12 月 1 日 10:00—11:30。

（五）服务程序

时间	环节目标	活动流程
09:45—10:00	了解出席的情况	1. 参与者签到 2. 发水
10:00—10:05	有利于参与者了解本次活动的流程内容	1. 社工自我介绍 2. 主持人讲解活动的目的、主要流程以及活动的主要内容
10:05—10:15	有利于营造轻松活跃的氛围，促进参与者之间的相互认识	“心脏病”游戏： 1. 将参与者分为 5 人一组；准备 5 副扑克牌 2. 同组的于桌前围成一圈；先作简单自我介绍，其他人需记住对方的名字 3. 选一位发扑克牌的人 4. 活动开始，发牌的人逐一在成员面前发一张 5. 成员需注意，所发的每一张牌的数字（发牌者亦需看牌） 6. 当发牌员发给成员的牌数字（不论花色）与其他成员的相同时，成员需要赶快喊出对方的名字

续表

时间	环节目标	活动流程
10:05—10:15	有利于营造轻松活跃的氛围，促进参与者之间的相互认识	7. 喊对名字，且最快反应的人，就将自己面前的牌送给喊错或叫不出别人名字的人 8. 所有的牌发完后，谁的牌最少，谁获胜，表示其记人的名字快且正确 9. 工作人员邀请2名参与者分享感受和总结
10:15—10:35	参与者对求职经验的学习有所增加	经验分享环节： 1. 社工介绍3名成功转为在职青年的基本情况 2. 3名成功转为在职青年进行就业经验分享（形式：PPT） 3. 工作人员总结他们分享的经验
10:35—11:10	促进参与者之间的互动与交流	讨论环节： 1. 将事先收集到的4个就业疑惑展示出来，将所有的失业青年按照游戏环节分成2组，分别讨论其中的1个疑惑 2. 让3名成功转为在职青年各带着一组进行讨论并在大白纸上记录解决疑惑的小tips（小技巧） 3. 2组分别进行展示讨论的成果 4. 社工总结分享并将收集到的小tips用PPT展示 5. 邀请青年分享参与探讨的感受
11:10—11:15	了解经验分享青年的感受	1. 社工向3名成功转为在职青年表示感谢，为他们颁发荣誉证书和奖品 2. 邀请2名青年发表感言
11:15—11:20	有利于参与者了解就业相关信息，有效帮扶和促进参与者的求职	1. 在PPT上放出“青年就业促进交流群”微信二维码 2. 工作人员介绍青年就业促进平台（定期在线上收集就业的疑惑，可以邀请线上的经验分享者进行解答），并邀请现场的参与者扫码进群
11:20—11:30	有利于了解参与者对活动的投入和感受，了解活动的成效	1. 社工带领参与者回顾和总结整场活动，邀请组员分享对活动的感受或是建议 2. 填写服务对象意见反馈表

四、实施过程

（一）前期筹备过程

1. 人员分工

统筹社工负责制订计划书并完善计划书，并与部门的同工试玩服务中的“心脏病”游戏，测试游戏的可行性和趣味性。

2. 物资的筹备

统筹社工负责列出物资的清单，并购买和申请相应的物资。

3. 宣传与招募

由于在职青年需要工作，社工担忧线上的信息可能无法及时传递过去，因此以电访的形式逐一邀请在职青年参与此次活动，社工也采取微信与电访相结合的方式邀请失业青年参与此次活动，确定当天能够参与活动的服务对象。

4. 职青经验故事与技巧收集

社工提前一周时间收集 3 位成功就业青年的求职经验，协助他们梳理和总结自己的经验，以便更好地分享给失业青年。

5. 求职疑惑的收集

向待业青年收集求职疑惑，在活动当天让参与者共同讨论。

（二）方案执行过程

社工作自我介绍和讲解活动的目的。

“心脏病”游戏环节，社工将参与者分为两组，两名社工各带领一组。社工先带领参与者试玩一遍，厘清游戏的规则，再正式开始。通过游戏环节，促进参与者之间相互认识，活跃现场气氛。

经验分享环节：

社工邀请 3 名已经成功转为在职青年到活动现场进行分享，其中 1 名因工作原因没有到场而采用线上方式分享。3 名经验分享者分别处于三种不同的状态：正式工作、兼职工作、职中在读。正式工作分享者主要是从获取招聘信息、准备面试的技巧来分享求职的经验，兼职工作者主要是从探索和认识自我来分享求职的经验，职中在读者主要以读自己感兴趣的专业为主题，分享为未来就业所需要积累的经验。

讨论环节中，社工将在活动前期收集到的关于求职的疑惑进行展示，并让现场两组参与者抽取疑惑进行讨论和交流。A 组抽到“在求职路上，会遇到是选择自己喜欢的工作，还是选择工资高的工作?”，B 组抽到“在实习时工作，被领导认为实习工龄不够，做事不够细心，该怎么办?”。两组参与者都能积极地投入讨论，并分享了自己的想法和经验，使现场的经验学习气氛变得浓烈。经过一番讨论，两组分别展示他们的想法，增加了参与者对求职经验的学习。

社工为 3 名经验分享者颁发荣誉证书，并聘请他们作为站前街社工服务站的“就业经验分享大咖”，期望他们能够继续为失业青年群体提供更多的就业经验支持。

社工向参与者推荐了就业促进平台，并邀请现场的参与者扫码进群，之后社工会通过在就业促进平台推送招聘信息、宣传就业政策等方法有效地帮扶和推动参与者的求职。

社工带领参与者回顾和总结整场活动，并邀请组员分享对活动的感受和收获。有参与者分享道："我学习到了更多的求职和工作的经验，也与有就业经验的人进行交流和探讨，认识了新的朋友，收获颇多。"活动结束后，参与者相互添加微信，并在活动现场继续交流。

五、总结评估

（一）满意度情况

服务意见反馈表数据显示，100%的参与者对此次活动表示满意，63%的参与者认为通过此次活动学习到了求职的经验，88%的参与者认为通过参与此次活动，与其他参与者的沟通与交流有所增加。

（二）目标达成情况

1. 参与者的求职经验有所增加

目标达成情况良好。通过抽样访谈的方式，社工邀请2名参与者分享自己参与了此次活动的感受，参与者A分享道："参与了这次的活动，听到了不同人的经验分享，能为日后求职积累一些经验，对我来说是有收获的。"参与者B分享道："通过参与这次活动，能够学习到求职和就业的一些经验，挺好的。"根据服务意见反馈表的数据显示，63%的参与者认为通过此次的活动增加了求职的经验。

2. 参与者之间的互动有所增加

目标达成情况良好。通过社工的观察，参与者在参与"心脏病"游戏的时候，彼此之间的互动比较少，且比较腼腆。游戏、经验分享环节之后，参与者之间关系拉近。在讨论环节中，社工邀请两组代表抽取讨论的题目，两组参与者都快速地并能一致地推选出人选，关系更近一步。而在讨论的过程中，两组的参与者都讨论得很投入，参与者分享自己的看法并得到了其他参与者的支持，即使观点有不一样的也能尊重差异。而在活动结束后，参与者之间相互添加微信，以便进行更多的沟通和交流。服务对象意见统计分析表的数据也显示，88%的参与者认为通过参与此次的活动，与其他参与者的互动有所增加。

六、专业反思

（一）服务内容适切性

1. 活动形式

此次活动主要以经验分享的形式为主，邀请成功转为在职的青年进行就业经验分享，为参与者提供就业经验的指导，也通过游戏体验和讨论环节来促进参与者之间的互动。

2. 活动的内容

活动内容的设计主要结合失业青年的现状与需求，以朋辈间就业经验的分享、求职疑惑的探讨为重点，让参与者的求职经验有所增加，也以此促进参与者之间的交流。

（二）资源的转化

在此次活动中，社工将服务过的服务对象转化为帮助其他服务对象的资源，真正地实现助人自助。社工不仅邀请成功就业的青年总结和分享他们的经验，并聘请他们成为社工站“就业经验分享大咖”，鼓励他们未来不断地提升自己的能力，帮助失业或是有需要的青年，共建社区就业资源分享的平台，形成互助友好的社区氛围。

（三）求职主题内容的反思

此次社工选取的就业经验分享人员是以社区内的为主，所分享的内容比较多样和宽泛。在未来的服务中，一方面，可以收集更多已就业的青年分享求职经验，对他们的经验进行整理和总结，聚焦到具体的主题，使之具有针对性，并在网络平台进行主题分享；另一方面，可以尝试邀请招聘求职方面的专业人士进行分享，让失业青年能够更系统地学习求职的技巧和知识，从而更好地提升他们的求职能力。

七、督导点评

待业青年是青少年社会工作领域的重点群体，负责本次活动的社会工作者能够借助以往的服务基础，将已经成功就业的青年视为服务工作开展的重要资源，通过两个群体的交流分享，帮助待业青年学习更多的求职技巧和知识，也帮助他们拓展自己的支持网络，社会工作的“助人自助”理念得到较好的运用。在活动前，社工专门收集了待业青年的求职疑惑，也帮助即将参与分享的在职青年总结和梳理自己的求职经验，这样的安排，保证了分享的针对性与有效性。若能进一步了解与评估待业青年至今未就业的原因，服务才能更加深入。

作者简介

徐惠梅，助理社会工作师，广州粤穗社会工作事务所站前社工站社区发展部部长。

社区社会工作服务

认知障碍长者的认知训练介入

赖雯肖

一、背景介绍

服务对象94岁，服务对象妻子89岁，2019年1月，妻子突发脑梗，经过住院治疗后生活能自理，但是在日常生活中，丈夫发现妻子有一些记忆力衰退、思维混乱的问题，如已经吃过药了，还会重复问几次这个问题；在床上穿着衣服的时候，突然就不动了，问她也没有反应。丈夫将情况反馈给医生，医生经过评估，表示妻子因为脑梗导致脑部功能出现障碍，建议丈夫要让其妻子多思考、多说话，但是丈夫不知道如何引导妻子多思考、多说话，感觉比较困扰。社工查阅妻子病历，了解服务对象妻子确诊患有轻中度认知障碍。

经济状况方面，服务对象夫妻俩都是党员，属于退休职工，都有退休金，儿女都有工作收入或退休金，家里经济状况较好。

家庭支持情况方面，服务对象夫妇有一个儿子和两个女儿，大女儿在广州市外定居，儿子在广州市其他区居住，二女儿患有三级智力障碍，在同一个小区居住，家人为了照顾服务对象夫妇，请了保姆帮忙做饭和清洗保洁。

二、介入理论

社会支持理论：社会支持网络是指在社会网络中起支持作用的各种关系的集合，通过这些关系的维系，个人得以维持社会身份并且获得情绪支持、物质援助和服务、信息与新的社会接触。依据社会支持理论的观点，一个人所拥有的社会支持网络越强大，就能够越好地应对来自环境的挑战。社工通过提升服务对象对认知障碍知识的了解和对妻子的照顾技巧，同时增强服务对象家庭和社区邻里对服务对象的支持系统功能，以更好地帮助服务对象解决对妻子的照顾问题。

三、分析预估

（一）优势

服务对象的精神状况及其自我照顾能力情况较好，有保姆会每天上门帮忙做饭和搞卫生，服务对象有一定的时间和精力，同时服务对象夫妻都有一定的文化；妻子脑梗后恢复情况较好，能自如行走和生活自理；服务对象的二女儿每天都会到家里吃饭，能作为一个潜在的协助照顾资源；服务对象夫妻为某厂退休职工，邻里关系比较好。

（二）困难

服务对象年纪较大，对于认知障碍症的了解不多，丈夫对训练妻子的认知能力存在困难，虽然医生建议其多让妻子动脑和多说话，但是缺乏具体的指导。

服务对象夫妻的二女儿为三级智力残疾，在协助照顾上存在一定的困难。

服务对象夫妻目前的生活状态较为简单，平时较少出门，大部分时间在家里，娱乐以看电视为主，交流非常少，不利于妻子目前情况的改善。

服务对象的大女儿一家在上海，儿子在新塘，距离较远，三女儿虽然在同一小区，但是其患有三级智力障碍，家庭的支援力量较弱。

四、服务计划

具体目标	服务内容及服务形式
增强服务对象对认知障碍知识的了解和对妻子出现的行为的理解	为服务对象讲解出现认知障碍症状的原因，可能会出现的其他症状及应对的方法，增强服务对象对认知障碍知识的了解，更好地应对妻子可能会出现的情况
帮助服务对象掌握认知障碍的干预方法	为服务对象提供认知障碍的干预方法：专注力训练、口述能力训练、解难训练、感知能力训练、健脑手指操等，鼓励其与妻子在日常生活中尝试训练
增强服务对象的家庭和社区的支持网络	1. 联动服务对象的家人，让他们参与训练干预，多与服务对象妻子沟通交流，与服务对象一起照顾妻子 2. 结合项目服务内容，发动社区志愿者定期上门，与服务对象妻子沟通交流

五、计划实施过程

（一）建立信任关系，评估妻子认知能力

社工通过探访，初步与服务对象夫妇建立关系，并通过简易智能测试MMSE评估妻子的认知能力；同时社工通过与服务对象妻子交流互动，了解服务对象妻子的认知情况：服务对象妻子表达能力一般，有时候会不回应社工的问题，或者答非所问，又或者重复同一个问题几次，比较喜欢说以前的事情。

（二）商讨确定个案跟进目标

丈夫希望让妻子说话动脑，但是不知道如何进行。因此社工与丈夫制订了前期由社工上门为妻子进行认知训练、丈夫在旁学习、后期丈夫尝试与妻子在日常生活中进行认知游戏的计划，增加妻子动脑的机会，从而达到让妻子多动脑的目的。此外，社工联合服务对象家人、邻里、垃圾分类的志愿者等共同协助服务对象，促进服务对象妻子的日常沟通交流。

1. 向服务对象讲解认知障碍的相关知识及示范专注力训练的游戏方法

社工向服务对象讲解认知障碍症，解释认知障碍症的十个征兆，并用日常生活中常见的情况和结合妻子目前出现的一些情况进行举例说明，回应妻子出现的情况，妻子的行为都是属于认知障碍的一些正常情况，如认知障碍症的一个征兆是常把东西乱放在不适当的地方（妻子常常把药放在路由器上面）。

服务对象对认知障碍有了初步了解后，社工向其示范认知障碍的专注力、感知能力、解难能力和口述流畅能力等方面日常干预和训练的过程和技巧。在本次跟进中，社工也准备了数字反读、众里寻【3】、数字拼图、数字迷宫和舒尔特方格等训练游戏，并详细讲解游戏规则，让服务对象在日常生活中可以带妻子训练，提升妻子的专注力，促进互动和交流。通过社工的多次示范及引导，服务对象基本掌握了认知训练游戏，同时也非常愿意与妻子尝试。

2. 激活家庭支持网络，联动家人投入认知训练

考虑到服务对象（丈夫）年龄比较大，社工主动联络服务对象的儿媳，希望她能提供支持。儿媳决定，周一到周五下班后就住在服务对象家，在婆婆不愿与公公进行训练游戏时由她与婆婆一起做游戏，婆婆也很高兴她的参与。社工建议儿媳，由她劝说婆婆日常多与公公交流，一起做游戏，儿媳也

同意这个提议。

3. 教授新的认知障碍的训练游戏

社工向丈夫了解其与妻子做认知障碍训练游戏的情况，丈夫表示，平时有和妻子做训练游戏，如在数字拼图游戏中，她很快就找到了，自己都还没看到；如在舒尔特方格游戏中，除了数字 2 读不快，其他她都能很快地读出来，并且除了这种方法，他也会考妻子哪两个数相加可以等于 25 或者其他数的。丈夫表示，平时儿媳妇回来也会和妻子一起做这些游戏，妻子会一起做。社工对丈夫的行为表示了肯定，并且对丈夫能够对游戏进行改动，融会贯通的行为表示了赞扬。

社工为丈夫带来了新的游戏：舒尔特方格、数字成语、找相同、找不同、读数字颜色、说出颜色字的颜色、填数字、画图、穿衣和叠衣服顺序等，来训练妻子的专注力和反应速度、解难能力、视觉空间和感觉能力等，并给其相应的答案。丈夫表示感谢，表示后面会和妻子一起做。

社工与服务对象交流的时候，妻子有时候也会参与进来，也会说到游戏中的一些事情，也愿意跟着丈夫一起做训练游戏。在面谈过程中，服务对象妻子的交流情况较好，较少出现答非所问的情况，这说明通过社工和服务对象及服务对象的家人共同努力，服务对象妻子的情况得到改善。

4. 评估认知训练的情况，结案

社工向服务对象了解近期游戏训练的情况，服务对象向社工分享了每个游戏操作的情况，根据服务对象和妻子目前的情况，本次服务的目标已基本达成，社工与服务对象沟通结案事宜并回顾了个案的跟进历程，服务对象表示，妻子目前的状态还是可以的，如果能一直维持，就更好了，现在自己基本也是顺着她的意愿，能够理解她了；儿媳回来的时候，也会经常与妻子做游戏训练、看相册等，说话比之前多了；另外，社区的志愿者每月定期上门，会陪伴妻子聊天。社工与服务对象就结案事宜达成共识，并告知服务对象后续如有需要可再联系社工，服务对象表示同意和感谢。

六、总结评估

（一）增强服务对象对认知障碍知识的了解的目标达成

社工向服务对象讲解认知障碍症，解释认知障碍症的十个征兆，并用日常生活中常见的情况结合服务对象目前出现的一些情况进行举例说明，回应妻子出现的情况，妻子的行为都是属于认知障碍的一些正常情况，让服务对象了解认知障碍知识的同时，增强了服务对象对妻子的行为的理解。

（二）帮助服务对象掌握认知障碍者照顾方法的目标达成

社工通过教授服务对象一些缓解认知障碍的训练游戏，让服务对象在日常生活中能与妻子进行训练，主要训练服务对象妻子的专注力、口述能力、解难能力、感知能力等，同时促进服务对象与妻子的交流互动。服务对象基本都已掌握训练游戏，并且在训练的过程中还能举一反三进行优化改良，目标达成。

（三）增强服务对象的家庭和社区的支持网络的目标达成

社工根据服务对象照顾妻子的压力情况，通过联动服务对象的女儿、儿媳等家人一起参与和协助服务对象照顾妻子，同时发展社区志愿者定期上门，与服务对象妻子沟通交流，从而缓解服务对象的照顾压力，增强服务对象的家庭和社区的支持网络。

七、专业反思

服务对象也是高龄长者，听力不是很好，需要更多的时间和耐心去沟通。

服务对象家人联系最频繁的为二女儿，但二女儿为三级智力残疾，在协助照顾上存在一定的困难，但可以陪同服务对象妻子共同练习，同时联动其他的家人资源，共同协助。

考虑到服务对象的年龄问题，在与妻子做认知障碍的训练游戏时，可能会存在比较大的困难，社工推荐使用的游戏尽量适合服务对象和其妻子的情况，在教学游戏时，向服务对象进行详细的解释，提高训练的可操作性。

八、督导点评

随着人口老龄化的不断加剧，认知障碍长者日益增多，而这个群体的个性化需求非常明显。认知障碍长者的亲属作为主要照料者承担着主要责任和巨大压力，如何通过知识科普、赋能培训、喘息服务、辅具应用等多种方式，提升非正式照料者的能力，缓解非正式照料者的压力，是长者社会工作服务中经常要面对的问题。在本案例中，针对认知障碍长者，社会工作者先增强服务对象对认知障碍知识的了解和对妻子出现的行为的理解，再进一步学习认知障碍训练知识；同时联动家人，获得家人的支持和参与，促进家庭成员互动，更好地应对认知障碍长者的照顾问题，营造良好的家庭氛围；促进服务对象社区邻里和志愿者对服务对象的支持系统的建立，取得了一定的效果。

作者简介

赖雯肖，中级社会工作师，现任广州粤穗社会工作事务所社工服务站部长。从事社会工作5年半，擅长家庭、长者领域服务。

疫情下，社工用专业关怀陪伴丧亲者走出哀痛

罗窍格

一、背景介绍

服务对象，女，约60岁，离异，育有一女，30多岁，女儿跟随前夫生活。服务对象胃部有囊肿，容易出现胃液倒流的不适情况，其母亲患有帕金森症，疑似患有老年痴呆症、抑郁症，生活不能自理，日常由服务对象一个人全天候照顾，服务对象曾向居委会反映自己精神压力很大，照顾得比较痛苦，个人存在严重的失眠情况。服务对象的母亲在2020年3月下旬的某个傍晚跳楼自杀身亡，事件发生后的一个多小时，社工服务站主任在社区微信工作群看到“人命关天”“出事了”“了解情况的速复”等信息，社工立即加入该微信群聊，在微信群里初步了解到服务对象的母亲跳楼自杀，服务对象也想跟着跳楼，情绪比较失控，社工遂紧急介入。服务对象长期居住在社区，与本地社区居民比较熟悉，也有很多以前的同事居住在附近，但因为这几年在家照顾母亲的原因，服务对象较少能够与他们相聚。当时服务对象的居住地仍处于新冠肺炎疫情防控的关键期，属于疫情中风险区域。

二、分析预估

（一）情况分析

1. 生理、心理状况

服务对象身高约155厘米，体重七八十斤，看起来特别瘦弱，黑眼圈、眼袋比较明显。服务对象胃部有囊肿，容易出现胃液倒流的不适症状，服务对象母亲患有帕金森症，疑似患有老年痴呆症、抑郁症，生活不能自理，母亲生前由服务对象一个人照顾，服务对象觉得精神压力很大，照顾得比较痛苦，存在严重的失眠情况。在目睹母亲跳楼自杀身亡后，服务对象情绪比较

失控，当下也想跟着一起跳楼，好在邻居及时发现并制止了。

2. 经济状况

服务对象每月有退休金3000元左右，需要用于日常生活费、自己和母亲的医药费开销，经济上比较拮据。

3. 家庭状况

服务对象在女儿8岁时与丈夫离婚，女儿现在30多岁，已工作。女儿跟随父亲一起生活，之前只在休假或者服务对象特别需要其回来帮忙照顾外婆的时候才回服务对象家居住。服务对象虽然有个哥哥但已经至少8年没有联系，服务对象与其他亲戚也没有多少联系，关系较冷淡，在服务对象母亲跳楼自杀当晚，在外市的亲戚曾过来协助处理后事，但是亲戚均不愿意当晚留下陪护服务对象。

4. 邻里、同事关系

服务对象长期居住在社区，与本地社区居民比较熟悉，服务对象还有一群旧同事，因为这几年照顾母亲的原因，服务对象较少能够与他们相聚，但同事、朋友情谊仍在。

5. 服务意愿及街道重视程度

服务对象期望改善自己的状况，出事之前曾向居委会求助，表达自己长期照顾母亲，经济和精神压力比较大，但没有想到，仅几天时间，就出现了“意外”。在服务对象母亲出事后，街道办领导、退管所工作人员、居委会多方关注服务对象的情况，大家均愿意提供力所能及的指引及帮助。

（二）个案需求分析

1. 生命安全的保障

母亲突然以跳楼自杀的方式离开人世，对服务对象的心理冲击比较大，其一时难以接受，当下也有一起跳楼的冲动，急需危机介入，以保证服务对象的生命安全。

2. 医疗救助和心理支持

自身病痛的折磨、长期照顾压力的影响，加上母亲跳楼事件的冲击，使服务对象的身心健康受到极大影响，急需给予一定的医疗及心理支持。

3. 构建新的社会支持系统，协助平稳度过哀伤期

服务对象的家庭支持系统较薄弱，其他社会支持系统有所中断，需要协助服务对象重新建立与周边社会支持系统的联系，协助服务对象平稳度过哀伤期。

三、服务计划

（一）介入理论

危机介入理论：危机是指一个人的正常生活受到意外事件的破坏而产生的身心混乱的状态。母亲突然以跳楼自杀的方式离开人世，对服务对象的心理冲击比较大，服务对象一时之间难以接受，当下也有一起跳楼的冲动，急需危机介入，以保证服务对象的生命安全。危机介入是围绕着服务对象的危机而展开的调适和治疗工作。当危机发生之后，服务对象处于迷茫、无助、失去希望的状态，要帮助服务对象找寻有效方法，输入希望，调动服务对象改变的愿望。输入希望时，社会工作者应利用服务对象的社会支持系统，让女儿、朋友、退管所工作人员等为服务对象提供心理支持和生活援助等。

（二）服务目标

协助服务对象获取妥当的陪护、安置方案，保障服务对象的生命安全；协助改善服务对象的身心健康状况，缓解病痛及心理压力；鼓励与支持服务对象建立与前同事、朋友的日常联系，协助建立正常的生活秩序。

（三）具体服务计划

具体目标	服务内容及服务形式	预计完成时间
协助服务对象获取妥当的陪护、安置方案，保障服务对象的生命安全	联动居委会、退管所、派出所等，结合服务对象及其女儿的意愿，协商出一个妥当的陪护、安置方案，确保服务对象 24 小时有人在身边，且最好暂时搬离家里	3 月底前
协助改善服务对象的身心健康状况，缓解病痛及心理压力	说服服务对象就医，通过医生的专业诊断来处理服务对象的病痛及应急心理创伤；给予服务对象陪伴及倾听，协助服务对象宣泄负面情绪、处理离别情绪，适时给予心理支持	5 月 31 日前
鼓励与支持服务对象建立与同事、朋友的日常联系，协助建立正常的生活秩序	结合服务对象之前的兴趣，通过鼓励与创造机会与他人联系等，支持服务对象重拾之前的兴趣，逐步让自己的生活回到正轨	6 月 30 日前

四、计划实施

（一）紧急介入，保障生命安全

社工及时关注街道、居委会相关工作群信息，在第一时间了解到服务对象母亲出事的消息后，积极联系居委会主任，引导居委会主任关注服务对象的精神状况，注意其也可能产生轻生念头，提出了需要全程陪护及暂搬离家的建议，社工的建议得到了重视，后经居委会和派出所的沟通协商，当晚服务对象得到了全程的监护。

事情发生的第二天，社工及时到场介入，通过引导服务对象关注女儿这个至亲，启发服务对象珍惜生命，放弃轻生的念头，初步解除了其轻生危机，社工还同理服务对象顾虑经济问题、女儿处理外婆后事的压力，向其耐心分析住院治疗、暂住酒店、住回家里三个方案的优劣，帮助服务对象作出妥当的生活安排。在服务对象有非常大的抵触心理、拒绝去脑科医院治疗的情况下，社工联合居委会、退管所工作人员，成功说服了服务对象去医院接受治疗并暂住酒店，这为改善服务对象的身心健康状态创造了较好的条件。

（二）尊重服务对象，协调后事安排

服务对象暂住酒店期间，社工随时保持与服务对象及其女儿、退管所负责人的联系。在服务对象与女儿因母亲后事的安排而有所争执时，社工耐心倾听其想法，引导其发现可能的解决措施，并调解了两人的关系，促成了相互间的理解与支持。服务对象也能够积极参与后事的安排，在缓解女儿压力的同时，也让后事的安排遵照了自己的意愿。

（三）逐步告别过去，坦然接受现实

在母亲离世的第四天，服务对象提出搬回家里居住，社工又进一步帮助其与女儿做好相应的心理准备、生活安排，协助两人通过分阶段式的安排，逐步适应“人去房空”的现实状况。服务对象搬回家里居住后，社工能够及时预判服务对象回到之前的生活环境会触景生情的情况，及时关注服务对象的陪护安排、情绪状况，并通过清明节前的上门探访，协助服务对象进一步宣泄对母亲的愧疚、自责情绪，成功协助其与母亲做了“告别”，服务对象能够逐步接受母亲已离开人世的事实。

（四）重建社交网络，生活回归正轨

社工随时关注服务对象的康复情况，在服务对象对其病症是不是家族遗传存在疑虑的时候，社工都能够耐心开导，并不断鼓励其多与朋友走动，多将生活的关注点放在自己感兴趣的事情上。服务对象由原先的依赖药物也可能睡眠不好，不愿意走出家门，对什么都不感兴趣的状态，逐步变为目前睡

眠状况有明显改善，对康复充满信心，已经遵照医嘱减少服药量，并在做好个人防护的情况下，经常与朋友相约喝茶、逛街、逛公园等，服务对象回归到了比较正常的生活轨道上。目前服务对象还会主动分享自己的生活趣事给社工，给社工发送节日祝福卡，应邀参与社区活动等，我们很欣喜地看到了服务对象的变化。

五、总结评估

（一）帮助服务对象获得妥当的陪护、安置方案，保障了服务对象的生命安全

在服务对象母亲出事当晚，社工及时介入，积极关注了服务对象的精神状况，同时联动居委会、派出所帮助服务对象作出了当晚暂住派出所和之后在情绪稳定前先暂住酒店的安排，并由派出所民警、服务对象女儿、社工或者其他工作人员全程陪护。社工着重为服务对象提供心理辅导，使服务对象的注意力转移到关注自己还有女儿这个亲人上，为服务对象注入了继续活下去的生活希望，较好地保障了服务对象的生命安全。

（二）协助服务对象平稳度过哀伤期，回归正常的社会生活

社工积极关注服务对象的身心健康状况，及时给予其就诊、服药建议，鼓励及支持服务对象与以前同事多加联系。目前服务对象的失眠状况明显改善，病情也有明显好转，情绪状况良好，其与旧同事的联系明显增多，日常生活安排回归正轨，服务目标较好达成。

六、专业反思

（一）需要特别关注长期照料者

服务对象作为一名长期照料者，面临着自身疾病折磨、照料压力、心理压力等多重状况，这些很容易把人逼到崩溃的边缘，后续再接触到类似的照料者服务对象时，社工需要继续保持高度的警惕及充分的责任意识，及时进行介入服务。

（二）陪伴与同理，是此个案成功的前提

在开始接触此类服务对象时，个别的社工可能会产生畏难情绪，特别是害怕在与服务对象接触的时候，会触发其严重的哀伤情绪，因此社工在整个

服务过程中，更加注重自己作为服务对象的陪伴者和同行者的角色作用发挥，跟随服务对象的步伐，陪同服务对象一起去面对与处理，多去理解服务对象的感受、处境和想法——这个过程中，社工与服务对象建立起了较好的工作关系，服务对象也更愿意接受社工的辅导，逐步走出哀伤。

（三）及时寻求专业督导支持的重要性

对于一些突发的、棘手的个案，社工需要及时寻求专业督导的支持。亲历亲人自杀的场景，社工觉得对服务对象的心理冲击会比较大，而社工个人也害怕面对这样的现场。因有这样的自我觉察，社工及时求助于专业督导，督导对社工的感受表示同理，并重点指导社工结合服务对象自决原则和保障生命安全的原则进行介入。

七、督导点评

丧失挚爱的亲人是人生中最痛苦的经历，个体在失去所依恋的对象之后会陷入哀伤情境。丧亲给个体带来的哀伤体验涉及情感反应、认知反应、行为反应和生理反应等多个方面。在本案例中，服务对象面临的危机发生在疫情防控的关键时期，亲历至亲之人自杀而带来的巨大创伤，需要获得及时而有效的帮助。危机介入的首要目标是以危机的调适和治疗为中心尽可能降低危机造成的危害，避免不良影响的扩大，因此社工应限定目标，把精力集中在目前有限的目标上，与服务对象共同协商和处理面临的危机。在本案例中，社工能够遵循危机介入的原则，将服务对象的生命安全摆在首要位置。用心陪伴服务对象度过哀伤时期，服务具有一定的专业成效。

作者简介

罗穷格，广州粤穗社会工作事务所“粤穗学府”执行主任，中级社会工作师，从事社会工作服务 12 年，具有 6 年社会工作督导经验。

夕阳余晖，生命的另一种美

——促进低龄有能长者继续在社区内发挥自我价值

邓　玲

服务社区内有这样一群长者，他们退休在家，而子女已成年有自己的生活圈子，还未有孙辈需要帮忙照顾或者孙辈已入学等。这群长者自己身体状况尚可，年龄在55~70岁，他们有时间、有能力、有精力，而如何有效地发挥他们的价值也是社会工作者需要思考的问题。为此，社会工作者开展了以“低龄长者社区资源搜集”为主题的小组，来分析和展示这一群低龄有能长者是如何在社区内发挥他们的价值的。

一、服务背景

H街社工站在社区开展服务过程中已成功吸引和招募到一批社区志愿者队伍，其中已注册的长者志愿者占到整体志愿者人数的80%，同时已顺利组建多支长者志愿者队伍，志愿服务内容包括爱心送餐、垃圾分类、上门探访等。从社工日常服务过程中与长者志愿者接触了解到的信息来看，大部分参与志愿服务的长者较为空闲，退休前多从事教育、行政类工作，自我的荣誉感和价值感较强，因此希望退休后能继续发挥自己的“余热”，为社区贡献一分力量。

同时，根据民政部门提供的数据，H街户籍人口18759人，60周岁及以上的长者3732人，约占总人口的19.9%，老龄化程度远超国际老龄化标准（占总人口10%）。一方面，低龄有能长者希望继续参与社区志愿服务来展示自我的价值；另一方面，困境长者希望得到他人的关注和支持，以协助自己更好地应对目前生活的困境。为此，社工组织开展此次小组活动，搭建社区低龄长者自我价值展示的平台的同时，也为辖区内的困境长者送去社区的关爱。

二、分析预估

（一）低龄有能长者有展示和发挥自我价值的需求

随着退休生活的到来，低龄有能长者在空闲时间内有继续“工作”和展示自我价值的需求。他们自身有较多的生活和工作经验，特别是年轻时从事管理、教师、医生等岗位工作的长者，退休后个人的价值感逐步降低，他们希望将这些经验继续传承下去，因此希望通过另一种“工作模式”，即参与社区志愿服务来获得自我价值感的满足。

（二）困境长者有获得社区支持的需求

社区内困境长者由于患病导致身体状况差、经济困难，社区资源和社区支持较少，身心均受到一定影响，他们渴望他人对自身的关注与帮助。根据民政部门提供的数据，辖区内有一定数量的低保低收、独居孤寡长者，这部分困境长者需要社会各方多加关注，从而帮助他们更好地在社区内生活和养老。

三、服务计划

（一）小组理念

1. 马斯洛需求层次理论

马斯洛需求层次理论将人类的需求分为五级，即生理、安全、社交、尊重和自我实现的需求。社区低龄有能长者随着个人职业的发展、生活阅历的增加，生理等基本需求均已得到满足，还有最高层次的需求——尊重和自我实现的需求需要满足。因此社工组织开展社区服务，为低龄有能长者搭建社区参与的平台，帮助这一群体发挥自我价值，满足自身的尊重和自我实现的需求。

2. 社会支持理论

社会支持理论强调“社会支持网络”的功能。社区失能长者及家庭，获取经济、社会资源等方面的能力相对较弱。通过此次小组活动，组织社区低龄有能长者发掘和搜集社区资源，提供给社区困境长者家庭，为他们的日常生活提供帮助。

（二）小组目标

通过小组活动，让参与长者的自我价值感获得提升；通过参与小组，增进低龄有能长者对失能长者家庭的了解，提升组员为失能长者提供帮助的意愿；在小组开展过程中，参与长者顺利搜集到至少两种社区资源，为社区困难群体服务奠定基础。

（三）小组性质

本小组为支持性、发展性小组。

（四）小组对象

社区低龄有能长者。

四、计划实施过程

（一）小组初期：小组契约的建立，小组动力的形成

在这一阶段，社工主要发挥引导者作用。在小组成立之初，引导参与的组员订立小组契约，了解小组内容及明确自己在小组中的角色定位，强化小组动力，增强小组的凝聚力。

社工通过“小组之树”，带领组员绘制完成代表小组的这棵树，将所有的组员比作一片片树叶，将整个小组比作树干，树叶和树干的相互映衬，才使小组之树枝繁叶茂。

第__1__节	日期：2020.8.11	时间：15:00—16:00		
本节小组活动目的：促进组员与社工、组员与组员之间的认识，熟悉小组内容及制定小组契约				
活动时间	环节目标	内容	人员分工	所需物资
15:00—15:15	促进社工、组员之间相互认识；带领组员认识小组目标、内容	1. 根据疫情防控要求，小组开始前每位组员用洗手液洗手 2. 社工和组员分别进行自我介绍 3. 社工带领组员认识小组，了解小组主要内容、目的及接下来的时间安排等，这一过程中，也可与组员协商之后确定小组开展的时间、地点	邓玲	洗手液、椅子
15:15—15:30	小组组员的期待	1. 邀请每位组员发表自己对于该小组的期待，例如在小组过程中，你最希望收获什么？社工进行举例，收获朋友、收获知识或者收获对社区的熟悉等 2. 社工带领组员将自己的期望写下来，以备最后一节小组时进行对比	邓玲	大白纸、大头笔

续表

活动时间	环节目标	内容	人员分工	所需物资
15:30—15:45	小组契约的制定及小组微信群的建立	1. 与组员共同制定小组契约，增加此环节趣味性，带领组员共同制作一棵“契约”树，每位组员利用卡纸和剪刀完成自己的树叶 2. 社工带领组员共同讨论小组过程中需要遵守的约定，例如守时、提前请假、相互尊重等，并写下来 3. 邀请组员共同建立小组微信群，增强组员凝聚力，同时促进组员与社工之间的有效沟通	邓玲	剪刀、彩纸、笔
15:45—16:00	本节小组总结和下节小组预告	社工总结此节小组内容，感谢组员的积极参与，预告下节小组的时间、地点，与大家约定继续参与下节小组	邓玲	椅子

第__2__节　　日期：2020. 8. 13　　时间：15:00—16:00				
本节小组活动目的：带领组员学习安全知识，提升组员外出的安全意识				
活动时间	环节目标	内容	人员分工	所需物资
15:00—15:05	介绍本节小组内容	1. 根据疫情防控要求，小组开始前每位组员用洗手液洗手 2. 带领组员了解本节小组内容	邓玲	洗手液、椅子
15:05—15:30	安全知识学习	1. 由于下节小组是户外自行参加，所以社工提前进行安全提醒 2. “安全知识问答环节”：通过知识问答的形式，增强组员参与度，同时派发小礼品鼓励组员（礼品：洗手液）	邓玲	安全知识小问题 15 题、洗手液
15:30—15:45	社区资源搜集分组	1. 下节小组组员将结队出发去探索社区资源，社工引导组员分为两支队伍，分别由一名社工带队 2. 派发社区资源搜集纸，社工将需要搜集的资源信息打印出来，每队派发一张 3. 每人派发 2 只口罩，用于第 3 节和第 4 节外出走访	邓玲	资源搜集纸
15:45—16:00	本节小组总结和下节小组预告	社工总结此节小组内容，感谢组员的积极参与，预告下节小组的时间地点，与大家约定继续参与下节小组	邓玲	无

（二）小组中期：组员主动发挥价值的过程

这一阶段，社工角色作用逐步弱化，慢慢退居至小组边缘，注重强化组员自身的主动性和参与性。该阶段围绕社区资源搜集，组员分组通过电话访问、实地走访、网络查询等形式，在社区及周边搜集了解关于家政、就医、轮椅租借、养老院等信息。每组组员均能积极参与社区资源的搜集，主动向相关的部门或商铺搜集关于收费、入住流程、所需资料等信息。

第 3 节　日期：2020. 8. 18　时间：15:00—16:00				
本节小组活动目的：引导组员探索社区日常生活资源——家政资源、医护资源，为后续向失能长者家庭提供信息支持做准备				
活动时间	环节目标	内容	人员分工	所需物资
15:00—15:15	小组集合	1. 社工与组员集合：两名社工分别带领一支队伍外出进行资源搜集 2. 社工再次提醒组员在外出走访过程中注意安全	邓玲、张泳恩	无
15:15—15:30	社区资源我搜罗	1. 组员根据上节小组中的分组结队出发 2. 在指定区域收集相关社区资源，包括联系方式、收费标准、服务内容等，并完成表格的填写（第5节小组带回社工站交给社工）	邓玲、张泳恩	无
15:30—15:45	社区资源分享	再次线上集合，每队组员分享和反馈自己这一组走访的成果，包括所拍照片、介绍等	邓玲	无
15:45—16:00	小组总结	带队社工组织本队成员对本节小组进行总结，预告下节小组时间、地点安排	邓玲	无

第 4 节　日期：2020. 8. 20　时间：15:00—16:00				
本节小组活动目的：引导组员探索社区日常生活资源——养老院，为后续向失能长者家庭提供信息支持做准备				
活动时间	环节目标	内容	人员分工	所需物资
15:00—15:15	小组集合	1. 社工与组员集合：两名社工分别带领一支队伍外出进行资源搜集 2. 社工再次提醒组员在外出走访过程中注意安全	邓玲、侯燕芳	无

续表

活动时间	环节目标	内容	人员分工	所需物资
15:15—15:30	社区资源我搜罗	继续上一节小组的分组，社工与组员出发针对社区内养老院资源进行实地走访和拍照、记录（社工引导组员了解辖区附近的养老院——龙头山养老院、黄埔老人院）	邓玲	无
15:30—15:45	采访与记录	1. 每队组员在外出结束后回到自己居住的辖区，需采访2位社区长者，主要收集他们对社区现有资源的了解程度及自己存在的困难；社工提前派发问题纸 2. 如实记录采访内容，下节小组带回社工站	邓玲	无
15:45—16:00	小组线上总结	1. 组员在微信群内反馈走访情况 2. 社工肯定组员的参与，预告下节小组时间、地点及提醒组员带回第3节和第4节小组中完成的表格	邓玲	无

（三）小组末期：小组内容巩固与服务成效的提炼

小组末期，社工继续回归到主导者、统筹者角色，引导组员回顾小组历程，总结分享自我在小组中的收获。组员对于自己参与小组活动感受颇深，并通过贺卡记录的方式写下小组参与感受。

社工将小组收集到的资源信息整理成宣传册，以便后续在日常探访服务中，向有需要的长者进行宣传。

第__5__节　日期：2020.8.21　时间：15:00—16:00				
本节小组活动目的：巩固小组内容，肯定组员的付出				
活动时间	环节目标	内容	人员分工	所需物资
15:00—15:05	介绍本节小组内容	1. 根据疫情防控要求，小组开始前每位组员用洗手液洗手 2. 社工带领组员了解本节小组内容，欢迎大家参与本小组最后一节	邓玲	洗手液、椅子

续表

活动时间	环节目标	内容	人员分工	所需物资
15:05—15:25	社区资源整理及回顾小组历程	1. 社工整合组员提交收集完成的养老院、医护、家政公司等资源信息，与组员一同汇总、核对资源卡内容，后续制作完成一张社区家政、养老院、医护资源卡，在探访失能长者时派发给失能长者照顾者 2. 社工通过照片或视频，将整个小组过程中的内容进行展示，带领组员一起回顾整个小组初期、中期以及组员在各个环节的表现	邓玲	照片或视频
15:25—15:45	梳理自我服务收获	1. 将小组第1节中完成的小组期望及小组契约拿出来，对照回顾自己在小组中是否完成了自己的期望 2. 社工发放贺卡，邀请组员完成贺卡的填写；通过卡片的完成，表达自己参与小组的感受	邓玲	贺卡、笔、椅子、水果、零食等
15:45—16:00	畅想未来	1. 社工向组员介绍喘息服务内容及安排，邀请所有组员加入喘息项目的志愿服务中来，填写志愿服务报名表 2. 向组员预告喘息志愿服务安排及后续的团建活动、志愿者表彰活动等	邓玲	志愿服务报名表

五、总结评估

小组在社工的带领及组员的积极参与下顺利进行。社工在开展小组过程中态度积极，充分发挥社会工作者的统筹者、协调者、沟通者角色作用。运用鼓励、肯定、倾听等技巧带领组员参与小组各个环节活动。在社区资源收集环节中，组员刚开始不知道具体收集哪方面的信息，社工通过表格的形式将所需收集的资源列出来，引导组员从地址、收费、电话等几方面顺利收集到相关的资源信息。

整个小组形式以互动交流和走访为主。社工引导组员先相互交流分享收集到的社区资源，同时相互学习安全知识，再外出探访或以电话咨询方式了解相关的资源信息。组员对小组内容表示满意。

六、专业反思

（一）提供社区服务的平台，发挥社区低龄有能长者的主观能动性，肯定他们的价值

此次参与小组的组员均为社区内低龄有能长者，在小组中，经过社工的引导，组员们通过实地走访与记录的方式重新认识自己所居住的社区，同时还收集到有效的资讯可以提供给有需要的长者。

（二）服务有延伸效果，为其他社区群体提供资讯支持，小组后续继续为困难群体提供帮助

此小组结束后，社工在服务延续性方面做了相应的工作，将小组收集整理到的资料进行汇编，形成一本《社区资源手册》。虽然小组结束了，但组员收集到的信息将会继续在社区内帮助有需要的长者及家庭。

七、督导点评

进入21世纪以来，我国不断加速的老龄化趋势在经济尚不发达、社会保障制度还不完善的时代背景下越加凸显。整个中国社会面临着空前巨大的养老压力，老年群体也面临着身体、心理、社会关系、环境变化等方面的适应压力。长者社会工作主要是运用社会工作的专业方法协助长者解决其生活困难或问题，主要内容包括长者社会工作救助、长者生活服务、长者家庭关系处理、长者心理辅导、长者社会参与和社会融合等。

在本案例中，社会工作者关注到刚刚开始步入老年阶段的群体有进一步实现自我价值的需求，并将其与困境长者群体需要获得社会关注与支持的需求相对接，开展“初老服务老老”的探索。社工在开展小组过程中态度积极，充分发挥社工的统筹者、协调者、沟通者角色功能。运用鼓励、肯定、倾听等技巧带领组员参与小组活动。对小组的评估也能采用前后测表进行对比，在小组的最后通过制作《社区资源手册》，以巩固小组的成效。建议下一步，社工能继续深入关注特殊困境长者需求，继续发挥专业服务优势，积极整合链接社会资源，并倡导社会各界共同支持，让更多的长者获得适切的个性化服务，增强其社会支持网络，提升其晚年的生活质量，让更多的老年人感受到政府的关怀和社会的温暖。

作者简介

邓玲，中共党员，现任广州粤穗社会工作事务所红山街社工服务站长者部部长，中级社会工作师。从事社会工作服务9年，擅长长者社工服务。

家庭社会工作服务

重生之路，社工相伴

——重度地贫儿家庭援助个案

罗窍格

一、背景介绍

服务对象，男，30多岁，外来务工人员，户籍地湖南，属于建档立卡的贫困户。服务对象的儿子明明2012年2月出生，2013年初确诊为患重型地中海贫血症，需要长期输血和排铁治疗。为照顾儿子和寻找匹配骨髓提供者做移植手术，服务对象工作不稳定，妻子全职在家，家庭缺少稳定的经济来源，而儿子将近5年的治疗，已经花光了家庭的积蓄，夫妻俩只能不断向亲朋好友借债。2017年4月，明明终于在某阳光骨髓库找到匹配的供者，而手术费用约需要40万元，经服务对象的多方筹资，目前仍有20万元的资金缺口。服务对象自行了解到广州市慈善会的“爱蕾行动”困境儿童救助服务项目，希望申请该项目的医疗救助，但其申请时被告知只能由社会服务机构提出申请，个人不能申请，且拥有广州市有效的居住证明是医疗救助申请条件之一。而服务对象从2013年11月至今，一直租住在广州市A地的前工作单位的宿舍，其间未及时更换新的居住证，原居住证已经过期，服务对象曾向某社工机构、居住地居委会寻求帮助，但均未得到解决，后其又辗转找到了粤穗的社工。

二、分析预估

服务对象的主要问题是儿子明明治疗费用紧张，儿子长期的输血和排铁治疗（每月治疗费用约4000元），已让这个家庭不堪重负，骨髓配型成功，又让这个家庭看到了一丝希望，服务对象也在积极寻求各种资源和渠道筹措资金。在治疗费用问题上，社工希望帮助服务对象了解有关政策规定，寻找并申请社会的经济援助和发动爱心人士捐助，充分发挥正式社会支持网络和非正式支持网络的积极作用，来缓解服务对象的经济压力。此外在骨髓移植手术的前后，服务对象及其家庭也会在资金、儿子护理照料、医疗问题等方面面临较大心理压力，有紧急支援的需求。

三、服务计划

（一）介入理论

社会支持理论认为，一个人所拥有的社会支持网络越强大，就越能够更好地应对各种挑战。社会工作者在服务过程中，需要协助服务对象建立和利用社会支持网络，充分发挥正式社会支持网络和非正式支持网络的积极作用，助力服务对象解决问题。

（二）服务目标

协助服务对象准备齐全的申请资助材料，获取广州市慈善会的医疗救助；协助寻找并申请社会的经济援助，缓解服务对象的经济压力；促进服务对象的社会支持网络发挥作用，提高服务对象应对儿子疾病治疗的信心与能力。

（三）服务计划

第一阶段：了解与评估服务对象的社会支持网络状况，并协助准备齐全的申请资助材料，为服务对象申请广州市慈善会“爱蕾行动”的医疗救助。

第二阶段：寻找并申请社会的经济援助，缓解服务对象的经济压力；促使服务对象的社会支持网络发挥作用，从心理支持、家庭日常照料、资金筹措等方面支持服务对象。

第三阶段：跟进广州市慈善会“爱蕾行动”的医疗救助审核与拨款情况；跟进服务对象儿子的手术情况，及时给予服务对象心理支持和紧急支援服务。

第四阶段：跟进了解服务对象儿子手术后适应和康复情况，及时给予服务对象心理支持和紧急支援服务。

四、服务计划实施过程

（一）了解与评估服务对象的社会支持网络，帮助服务对象寻找更多筹款途径及增加家庭收入的办法

社工问及服务对象新农合医疗报销和大病救助情况时，服务对象表示自

己了解新农合医疗报销，但新农合是医疗费用达到 1 万元以上，凭收费单只能一次性拿到 5000 元的报销款，且能够报销的只是住院费用，而自己的儿子现在还不能安排住院，无法按照住院费用报销，而大病救助政策，服务对象表示没有这个救助，并强调自己已经多次问过村干部、当地政府，他们均回应已经没有什么政策或资源可以帮到他，他也不想再为几千块钱的事奔波。社工结合自己母亲之前生病住院做手术也相应得到比较大数额的新农合医疗报销的情况，来澄清新农合医疗是结合药目类别、医疗总费用等按比例报销的，不是一次性只能报销 5000 元而已。而大病救助，不同的省份救助标准不一样，像服务对象儿子的情况，肯定符合大病救助的要求，社工再三建议服务对象自己或让家人再去户籍地民政局了解清楚情况，并特别强调，新农合和大病救助都是国家层面的医疗救助，如果其子的手术前后医疗费用达到一定标准，应该能够得到相应的医疗补助，这比去想其他的筹资方法更实际。

对于能否请母亲到广州来照顾儿子，让妻子外出工作的提议，服务对象表示母亲已经年迈，无法适应广州的生活，照顾儿子也比较吃力，况且妻子自打结婚后就没有再工作，他也说服不了妻子一同做些手工活来贴补家用。而求医路上的这几年，两个人也比较容易起争执，但他还是比较感激妻子对孩子对家庭的不离不弃，虽然现在生活的重担都压在自己身上，也只能任劳任怨。社工充分肯定了服务对象对孩子对家庭的付出，引导他换位思考妻子可能的处境和感受，同时教其如何在日常生活中，与妻子多交流与表达关心、体谅，有效缓解了他与妻子的矛盾。

服务对象资源状况

资源类型	资源状况
个人资源	服务对象肯吃苦，尝试了多种工种，工作经验相对丰富，也比较有“经济”头脑，如发起腾讯公益众筹项目；贷款买车，平常接单滴滴顺风车来增加收入
家庭资源	母亲和继父在家种植果树，每年有 2 万～3 万的收入，收入的一部分可以用于儿子的治疗；妻子目前全职在家照顾儿子；妻子的姐姐、弟弟、服务对象的弟弟都在经济上对服务对象有所支援

续表

资源类型	资源状况
正式资源	1. 服务对象之前在拖车公司，被迫停职后，其可以申领失业金 2. 服务对象的儿子缴纳了新农合，医疗费可以按一定比例来报销 3. 湖南省也有大病救助的政策，服务对象可以申请大病救助 4. 服务对象是精准扶贫户，每月有一定的低保金领取 5. 广州市慈善会有“爱蕾行动”医疗救助可以申请 6. 腾讯公益众筹项目可以帮服务对象筹集到一定的治疗费 7. 服务对象前单位可能可以给予一定的人道经济支持 8. 街道办、社区居委会、医院、户籍地可以出具相关证明材料给服务对象以申请相关救助
非正式资源	服务对象的亲戚、前同事/工友、邻居、社区爱心人士可以进行一些捐助，并在需要的情况下，可以给予献血等紧急支援

（二）协助服务对象准备申请材料

在准备申请材料的过程中，一开始社工向服务对象了解其家庭的具体经济来源状况时，服务对象有所迟疑，且回应得含糊不清，后经社工进一步解释说明了解清楚经济来源状况是资助要求之一，即使服务对象家庭经济来源较好，但对于巨大的医疗费用支出也是杯水车薪，申请医疗救助也有获得成功的可能。社工结合服务对象的情况和现有材料，指导其个人申请报告、贫困证明、社会工作者评估报告等资料应该如何准备，并陪同其到居委会说明情况，请求居委会帮忙出具居住证明，从行动上让服务对象感受到社工的诚意，服务对象与社工的关系迅速建立起来，服务对象也愿意表露更多自己的情况。

（三）协助服务对象扩散腾讯公益众筹信息，进行多方筹款

社工将服务对象的众筹信息发布在自己的朋友圈、机构工作群、社区居民群等，让更多的人了解服务对象急需捐助的情况，后有多名社工、辖区居民进行了爱心捐助和信息扩散。

（四）密切关注服务对象及其儿子的情况，随时给予鼓励、支持

等待手术和医疗救助拨款的过程，可谓几经“波折”，先是明明鼻子上长了个大疙瘩，医生担心手术感染，而将手术日期推迟了 3 个多月；原为手术特地租住的高档小区的楼房（术后对居住环境有严格要求，是遵照医嘱的），服务对象因经济压力也只能再转租便宜的“城中村”出租屋；明明在此期间也偶有感冒生病，急需输血，不能出去玩其会发脾气，妻子也抱怨生活不顺

心，服务对象觉得妻子、孩子都不体谅自己；等等。无论遇到什么情况，社工和服务对象的亲朋好友都及时通过其微信朋友圈、电话联络、微信聊天等方式给予服务对象心理支持、情绪疏导，服务对象也在每次与社工的交流中，得到更多的信心与力量。

就如何应对妻子比较啰嗦、喜欢抱怨，儿子爱发脾气，社工也主动分享了自己为人妻、为人母的生活经验，协助服务对象更加体谅妻子和儿子行为背后的内在需求，指引其尝试不同的应对策略，从中找到适合其家庭的沟通、相处模式。在后期的服务跟进中，服务对象反馈其与妻子、儿子的相处更加融洽了。服务对象也在等待手术的过程中，积极就业，开顺风车、跑保险、售房等，并能够利用自己已有的人脉来帮助其提升业绩。针对后期服务对象搬离辖区的实际，为避免出现服务对象有紧急之需时，社工远水救不了近火的情况发生，且为了让服务对象一家获得更全面的社会工作服务，如满足服务对象亲子管教、夫妻沟通与关系提升的需求，社工向服务对象介绍了其新的居住地的社工服务站，让其在有需求的时候可以就近获得社工服务。

（五）密切关注服务对象儿子的手术恢复情况，协助再次申请医疗救助

明明术后恢复良好，结合康复期仍需要高额费用的情况，社工再次帮助服务对象申请了广州市慈善会“爱蕾行动”医疗救助，并获成功。在新的一年到来之际，社工通过微信对服务对象进行回访，问候其家人，祝福其和家庭都获得了新生活。服务对象对社会工作者表达了谢意，也表示对未来的生活更加充满信心。

五、总结评估

社会工作者充分整合各种正式和非正式的资源，有效地帮助服务对象减轻了经济压力。服务对象儿子的手术费用约为 50 万元，社工帮助服务对象在新农合中报销了医疗费用 15 万元，在大病救助中获得 3.5 万元，在广州市慈善会“爱蕾行动”医疗救助项目中获资助 2 万元，在腾讯公益众筹中也获得较多爱心捐助。在手术前后，社工和服务对象的亲人、朋友也不断地给予服务对象鼓励、支持，有些人甚至介绍了自己的亲人、朋友给其认识，帮助其提高了销售业绩，极大地增加了服务对象的工资收入。结案时，服务对象儿子术后恢复顺利，已经平稳度过了半年安全期，还有半年安全期即可恢复正常人的生活，而半年内也只需每月复查一次，服务对象也在新工作中更加得

心应手，能够更好地应对经济压力和处理家庭问题，个案服务目标较好地达成了。

六、专业反思

（一）社会工作者需要熟悉相关救助政策，才能更好地帮助服务对象

服务对象有比较明确和强烈的求助动机——通过社工申请广州市慈善会“爱蕾行动”医疗救助，但社工在帮助其的过程中，并不停留在单一的医疗救助申请上，而是结合自己对国家医疗政策的了解，鼓励服务对象去寻求更可靠的经济援助资源。在服务对象不愿意再去申请新农合医疗报销也不想了解是否符合大病救助之际，社工又结合自己母亲的实例，鼓励服务对象再去了解政策和申请医疗救助，后成功促成其获得了 18.5 万元的医疗费用。

（二）陪伴与心理支持，帮助服务对象更有信心面对生活中的难题

在过往的服务过程中，我们也时常听到诸如“服务对象需要的是金钱，需要的是物资，而社工很难去找到那么多的资助，实际上帮不上什么忙”的说法，但这个个案，让我们看到心理支持的作用也同样不可小觑，如果不是社工及其亲朋好友，在一次又一次的波折中始终陪伴在服务对象的身边，不断地鼓励他、支持他，服务对象也可能在这漫长的煎熬和心理负荷下崩溃。

（三）农村的婚育教育值得关注

服务对象和其妻子均为地中海贫血基因携带者，但在婚检、产检中，他们都未曾听说过地中海贫血，更别提能够提前了解两人生育的孩子有可能患有重度地中海贫血症的情况。而儿子 1 岁前反复奔波于各个医院进行治疗，仍被以平常的贫血来看待，既花钱又适得其反，偏远农村的婚育教育、医疗水平，值得重点关注。在今后的服务中，社工也可以针对育龄夫妇，特别是偏远农村的外来务工人员，开展诸如地中海贫血、蚕豆病等常见遗传疾病的宣传教育服务，减少因无知带来的严重伤害。

七、督导点评

近年来，因疾病向社会求助的热点事件屡屡发生，引发公众同情或热议。之所以引发社会关注，是有其社会心理基础的：“因病致贫、因病返贫”是中国现实存在的现象。由于人口老龄化、医疗技术和设备的进步更新等多方面

的原因，居民所承担的医疗费用正在逐年上升，基本医保难以解决群众因大病承担的重负。在本案例中，社会工作者面对的就是一个家庭因为孩子生病而陷入困境的实例，如何破解“因病致贫”带来的家庭困局，社会工作者以社会支持网络理论和优势视角为指导，制订了清晰的服务目标和可行的介入计划，在服务的过程中积极发挥资源链接者、支持者和陪伴者以及教育者的角色，协助服务对象成功获取相应的医疗救助，缓解服务对象的经济压力，提高服务对象应对儿子疾病治疗的信心与能力，促进服务对象的社会支持网络发挥作用，最终帮助这个家庭较好地应对困局，避免了更多家庭问题和家庭矛盾的产生。从专业反思中，也可以看到社工的素养，社工并没有局限于该案例，而是透过此个案看到其背后可能存在的农村婚育教育不足的社会问题。本案例无论是从专业的服务角度还是从社会工作者专业素养的培养角度都值得众多社会工作者学习。

作者简介

罗窍格，广州粤穗社会工作事务所“粤穗学府”执行主任，中级社会工作师，从事社会工作服务12年，拥有6年多社会工作督导经验。

“童心同绘”亲子绘画小组

罗窍格

一、背景介绍

X街家庭综合服务中心处于居民小区中，中心场地宽敞，服务设施齐全，正值寒假期间，日常较多家长携带儿童到中心游玩，并多有居民咨询近期有何活动可供孩子参与，一方面想要孩子在假期也能有所学习，丰富孩子的假期生活；另一方面减轻家长的照顾压力，也可与其他家长交流学习育儿经验。综合4～6岁儿童及其家长的情况及需求，社工遂策划了此亲子绘画小组。

二、分析预估

埃里克森的人类心理社会发展阶段理论认为，每个人成长的过程都普遍经历生理的、心理的以及社会事件的影响，按一定的成熟度分阶段地向前发展。而个体在每一个发展阶段都面临特殊的发展任务，都会经历一次心理-社会“危机”，或者说矛盾冲突，个体只有尝试面对并解决这一冲突之后，才能顺利进入下一阶段，同时发展出特定的品质或“美德”。如果冲突无法圆满解决，那么个体自我的发展就会出现困扰乃至停滞。4～6岁的儿童，处于发展阶段中的儿童早期和儿童中期，面临的主要冲突是“主动还是内疚”和“勤奋还是自卑”，他们需要完成的任务为“不断尝试新的事物，克服内疚，建立自信心”和“学习重要的知识、技能和生存技巧，勤奋感超越自卑感”，而家庭、学校（幼儿园）和同伴成为他们的重要成长因素，而这些儿童的家长正处于成年中期，则面临着“培养和指导下一代”的主要任务。如果儿童和家长不能够顺利解决这些冲突，无法完成相应任务，那就会影响到儿童的自我发展。

目前，街道内4～6岁的儿童，已经上幼儿园，他们除继续与家庭成员，特别是照料者（主要为父母、祖父母、外祖父母）保持密切联系外，开始与幼儿园伙伴、同伴（主要为幼儿园同班同学、隔壁邻居的小孩子）有了更密切的联系。在此阶段，儿童容易在知识学习与人际交往方面遇到一些困难，而他们的照料者，也易在照料的过程中面临一些困扰和困难。因而，小组希望借助儿童喜欢的绘画形式，来协助儿童进行知识学习与社会交往，从中建立自信心，并解决发展阶段中遇到的冲突，顺利完成发展阶段中面临的任务；而家长则在参与小组的过程中，学习到培养和指导下一代应有的态度、方法等，并与其他家长建立起联系，扩大其社会支持网络。

三、服务计划

（一）小组介入理论

1. 认知行为理论

认知行为理论强调内在认知与外在环境之间的互动，认为外在的行为改变与内在的认知改变都会影响个人行为的改变。小组过程中，将会通过教导、分享、认知重建等策略，协助儿童组员调整认知，相应调整个人的一些行为，并鼓励家长改变一些不当的教育态度、方法，通过家长的行为改变，来促成儿童组员形成正确的认知及妥当的行为。

2. 社会学习理论

社会学习理论相信人可以借助观察和模仿学习新行为。在小组的过程中，组员将获得丰富的观察和模仿的样本，当社工和其他组员对某一行为持肯定、支持的态度，甚至对这一行为进行直接奖励时，组员会将这一行为强化，无形中将形成自己新的行为方式。

（二）具体介入策略

1. 教导

教导即社工通过分步讲解绘画技巧、现场示范、展示实物（或图片）等方式，直接教授组员简笔画的绘画技巧。

2. 团体游戏

社工会设计一些团体游戏，增强组员间的互动，促进和谐人际关系的建立和相互间的学习。

3. 分享

小组过程中设置分享环节，让儿童组员能够分享自己的绘画作品，并同时欣赏与学习他人的作品，而家长则在分享的过程中了解自己的孩子和其他同龄孩子。

4. 认知重建

在小组过程中，遇到个别家长存在不当的教育态度、方法以及小组员存在不良的行为表现时，社工及时进行引导，并动用小组动力，协助调整个人的认知来促进行为的改变。

（三）小组目标

1. 整体目标

儿童方面，提高绘画能力与认知能力，提升自信心；学习人际交往技能，发展社会支持网络；提供亲子互动机会，提升亲子关系。

家长方面，提供亲子互动机会，提升亲子关系；提供交流平台，提升教育子女的技巧，发展社会支持网络。

2. 具体目标

（1）工作目标

参加者在小组内能够学习到不少于 5 种物品的简笔画法；参加者能够对所绘物品的特点有进一步的了解；儿童能够相互认识，并合作完成不少于两次的任务；亲子能够在小组内合作完成不少于两次的家庭任务。

（2）过程目标

组员在绘画的过程中，能够有积极的情绪体验；加强组员在绘画和社交活动中的能力与信心；提升家长教育子女的能力与信心。

（四）小组性质

本小组为教育性、发展性的封闭式小组。

（五）参与对象

4 ~6 岁儿童及其一名家长，并进行以下甄选。

1. 甄选准则

4 ~6 岁儿童及其一名家长；儿童需要具备基本的执笔绘画的能力；儿童喜欢绘画，且家长有时间陪同参与；家长希望儿童能够提高绘画能力，结识更多社区同龄人。

2. 小组前个别面见或电访

小组前，通过个别面见或电访，了解儿童的绘画能力、日常人际表现、照料者对小组的期望等。

（六）小组时间

2 月 1 日、2 日、5 日、6 日、7 日。

（七）小组程序

各节时间	主题	目的	活动内容	所需用具
第一节 2 月 1 日 10:00—11:30	简笔画入门	1. 互相认识 2. 营造亲子间、组员间共享互动的气氛，相互交流、学习 3. 共同订立小组规范，澄清组员期望及小组目的 4. 初步学习简笔画	1. 热身游戏：花落谁家——小组员围成一个圆圈坐好，家长在旁边陪同。小组员依照社工的指令传递布娃娃，当社工喊“停”的时候，停止传递，布娃娃在谁的手上，谁站起来介绍自己和陪同的家长 2. 亲子活动：大话红绿——首先亲子两人为一组，尽可能地列举出红色、绿色的物品，其次所有小组员依照一定的顺序，依次说出一件红色、绿色的物品，要求所列举的物品必须是他人没有提到的 3. 初识圆形——所有小组员依照一定顺序，依次说出一样圆形物品，要求所列举的物品必须是他人没有提到的 4. 巧手绘圆——社工展示一些圆形物品图画，并选择一些进行绘法讲解。所有小组员借助圆形工具，在陪同家长的协助下，绘出两三幅圆形物品 5. 瞧瞧我的作品——邀请几位组员展示、讲解自己的作品	1. 大的布娃娃 1 个 2. 圆形积木 12 块（辅助来画圆的） 3. 铅笔、白纸、橡皮擦、彩色笔若干（提醒组员每次均携带，这里准备的仅供备用）

续表

各节时间	主题	目的	活动内容	所需用具
第二节 2月2日 10:00—11:30	简笔画变身术	1. 提高认知能力与绘画能力 2. 提高小组员的自信心 3. 提升亲子关系	1. 热身游戏：水果朋友——两名小组员为一组，告知对方自己最喜欢吃的水果，并向对方描绘它的情况，可包括形状、构造、颜色、味道等。家长从中协助、引导 2. 圆物变形——结合上次所教授的圆形物品绘法，进行一些添加、修改，掌握新物品的绘法。小组员在家长的协助下自由绘画圆形物品 3. 蝴蝶与蜻蜓——结合幻灯片，了解蜻蜓与蝴蝶的相同与不同之处；教授蝴蝶绘法，相应引出蜻蜓的绘法；小组员在家长的协助下，绘画蜻蜓与蝴蝶 4. 瞧瞧我的作品——邀请几名组员展示、讲解自己的作品，社工进行点评	1. 圆形积木12块 2. 笔记本电脑1台 3. 投影仪及其配件1套 4. 幻灯片：蝴蝶和蜻蜓
第三节 2月5日 15:00—16:30	合作创作	1. 提高认知能力与绘画能力 2. 提供合作机会，提升人际交往能力 3. 提高组员的自信心	1. 花花世界：各种花卉的画法——教授花卉的基本绘法，并着重讲解与练习牵牛花、康乃馨、月季花的画法 2. 合作绘画：花园——两两小组员合作以“花园”为主题进行绘画，家长从中协助与引导 3. 瞧瞧我们的作品——邀请几名组员展示、讲解自己的作品，社工进行点评，并合影留念	1. B5硬卡纸12张 2. 相机1部
第四节 2月6日 15:00—16:30	动物绘法（一）	1. 提高认知能力 2. 提供互动机会，融洽人际关系，加强交流、学习	1. 集体分享：动物的秘密——邀请组员列举所见过的动物；挑选两三种动物，让组员加以介绍 2. 团体游戏：妙传动物——依据出席情况分组，同组组员需要根据一大一小的座次，同方向地坐成一列。最后一个组员将拿到一张动物卡片，其需要往前传递动物信息，以此类推，最后一名组员需要准确说出动物的名称 3. 我想画的动物	1. 动物卡片10张 2. 相机1部

续表

各节时间	主题	目的	活动内容	所需用具
第五节 2月7日 15:00—16:30	动物绘法（二） 总结、评估	1. 提高认知能力与绘画能力 2. 巩固组内人际关系，处理离别情绪 3. 评估小组	1. 动物画法——依次教授鱼、海豚、天鹅的绘法，组员加以练习 2. 自由绘画和问卷评估——小组员自由绘画，并赠送给其他组员。家长填写评估问卷，反馈小组情况 3. 互赠作品——组员展示与讲解作品，并相互赠送。组员间留影道别 4. 集体合影留念	1. 相机1部 2. 彩色纸15张 3. 问卷12份

（八）评估方法

出席率：如出席率达80%，则此次小组出席率为高。

自评：每一节小组结束后，填写单节记录报告，评估当节小组筹备情况、组员的投入程度、小组内容和程序的适切性、目标达成度，并反思获取小组改善的方法等。小组结束后，回顾小组整体情况，结合单节记录报告和组员的反馈结果，对小组进行全面、综合的评估。

每节小组结束后，向个别组员了解对小组内容和过程的看法。

社工的现场观察。

四、服务计划实施过程

（一）第一节

1. 目标成效之达成度

第一，组员间初步认识，这个目标基本达到。通过热身游戏，小组员开放了自我，敢于积极介绍自己和家长，组员间初步认识。

第二，营造亲子间、组员间互动共享的气氛，相互交流、学习，这个目标较好地达成，特别是亲子间有了更多的沟通、合作，组员也能够在一起玩游戏、一起学习、一起绘画的过程中，学习到更多。

第三，共同订立小组规则，澄清组员期望及小组目的，这个目标较好地达成。通过组员报名时的解说、组前的电访、小组正式开始时的澄清等，社工已经让组员了解了小组的目的，并订立了小组规则，而这些均得到组员特别是家长的认可。

2. 活动程序设计及执行

此节活动程序较适合初次见面的小组成员，首先，注重结合实物来进行教学，但又鼓励组员创新，一方面能够降低学习的难度；另一方面给予了组员自由发挥的平台，能够增强组员继续参与小组和主动与他人交流、学习的动力；其次，考虑到这是初次小组聚会，组员存在更多的忧虑和退缩行为等，社工注重从较熟悉、易调动的亲子间入手，创造更多的机会让亲子交流、合作，争取组员在熟悉的氛围中，进行初步的学习与体验，这也为后续组员间更多的互动，建立起更融洽的人际关系做好铺垫。

3. 社工自我评估

社工能够依据小组员年龄较小，需要较多的协助和带动的情况，邀请家长一齐参与小组，这既便利了小组员间的交流、学习，也提供了一个平台，让家长了解同龄孩子的情况，并相互学习一些教育的态度、方法等。但在布置活动室时，考虑不足，小组没有得到足够的绘画空间，个别家长难以给予小组员及时的协助。时间安排方面，稍微有点紧，出现一些小组员跟不上进度，家长因此催促小组员的情况。

（二）第二节

1. 目标成效之达成度

第一，提高认知能力与绘画能力，这个目标较好地达成。通过游戏“水果朋友”和绘画前的知识介绍、绘法讲解等，组员对不同类型的水果以及蜻蜓、蝴蝶了解更多，绘画的技巧也得到了学习与提高。

第二，提高小组员的自信心，这个目标较好地达成。愉悦的交流与学习环境，不断支持、肯定与鼓励的态度与相应技巧，均能够增强组员的自信心，这从组员由刚开始的害羞、胆怯，到后来的积极、主动的表现可以得到证明。

第三，提升亲子关系，这个目标基本达成。小组过程中，特别是绘画环节，提供了亲子交流、合作的机会，社工亦在此过程中，注重给予小组员及其家长一定的引导，促进亲子和谐关系的建立与维护。

2. 活动程序设计及执行

此节更加注重小组员间的互动，活动程序中的游戏“水果朋友”较受小组员欢迎，除营造了愉悦的交流气氛外，组员亦从中学习到一些知识，也为后续的水果绘画进行铺垫。而整个活动基本能按照设计的程序来执行，活动设计比较可行，且能够得到预定的效果。

3. 社工自我评估

社工能够结合常见的水果、幻灯片图像、图片对比等方式，来协助组员较快、较有效地学习。而在了解到整个小组进度较快，引起组员的负面情绪后，及时放慢了小组进度，很好地缓解了组员的情绪。另外，社工不是纯粹地教绘画，亦注重一些知识的传递，能够协助组员在了解物品的特性后再进行绘画，从而提高学习效果。

（三）第三节

1. 目标成效之达成度

第一，提高认知能力与绘画能力，这个目标基本达成。结合花卉的特征以及观察角度来绘画，在一定程度上提高了组员的认知能力与绘画能力。但假若有实物或图片作为观察物，小组员的印象会更深，学习效果也将更为理想。而“合作绘画”环节，则提供了整体构图的机会，并考验组员合作绘画的能力，在这个过程当中，家长和社工亦给予了较有效的指导与协助，这能够促进组员认知能力与绘画能力的提高。

第二，提供合作机会，提升人际交往能力，这个目标较好地达成。“合作绘画”环节，组员要进行一定的讨论、协商，甚至是妥协，以达成一致的看法，最后仍要通过相互间有效的互动、交流，来完成绘画的任务，在这个过程中，组员能够得到人际交往方面的学习与体验，而顺利完成绘画任务、解决矛盾等，能够让他们的人际交往能力得到进一步的提升。

第三，提高组员的自信心，这个目标较好地达成。小组过程中，组员积极地绘画，积极地合作，绘画的成果和社工与家长及时由衷地赞扬，均给予小组员积极的情绪体验，这对于提高他们的自信心非常有效。

第四，提升家长教育子女的技巧，这个目标基本达成。小组过程中的每一个环节，均要求家长加以协助、引导，家长在这个过程中会更多地了解孩子的心理和行为，并从中尝试寻找适合的方式、技巧来让孩子愿意绘画、愿意交流、愿意合作，而社工及时的反馈、分享，则能够给予家长更多的教育技巧方面的信息，这能够直接或间接提升家长的教育技巧。另外，家长也可以通过观察、模仿、交流等方式，来了解其他家长的教育技巧，并结合自己的情况加以取舍，这也是一种技巧的提升途径。

2. 活动程序设计及执行

小组过程中的“花花世界”环节，因为多是静态的、各自的学习过程，组员较沉闷，提不起兴趣，活动程序设计方面有待改进。而“合作绘画”环节，给予组员根据前面所学习的绘画技巧进行自由发挥的机会，且进一步促进了组员间的交流，活动环节比较受组员的欢迎，执行的效果也比较好。

3. 社工自我评估

社工能够结合前面所学习的绘画技法和组员彼此间的熟悉度，设置了“合作绘画”环节，达成了多种目标，活动设计考虑较全面。而在出现小组冲突时，社工及时进行反思与调整，顺利地解决了问题，较好地推进了小组的进程。

（四）第四节

1. 目标成效之达成度

第一，提高认知能力，这个目标较好地达成。小组过程中，更多涉及动物方面的知识，能够相应提高组员的认知能力，而提高绘画能力方面的目标，由于时间的限制，未能依照计划进行“动物绘法”的环节，但社工相信，组员对动物的认知能力提高了，也能对绘画有一定的促进作用，能够间接提高组员的绘画能力。

第二，提供互动机会，融洽人际关系，加强交流、学习，这个目标较好地达成。结合动物的特征，组员间进行了较多的互动，人际关系更加融洽，配合更加默契，组员也更加认同与喜欢小组。

2. 活动程序设计及执行

活动程序设计较理想，充分给予组员交流、讨论与合作的机会，能够有效促进组员人际关系的提升和认知能力的提高。而由于组员普遍迟到较长时间，以及社工期望借助在“妙传动物”环节中添加“出难题”和“解难题”内容，来让组员间有更多的互动，加强交流与学习，遂取消了“动物绘法”和“瞧瞧我的作品”环节，相应添加了“我想画的动物”环节，为下一节小组聚会做好准备。

3. 社工自我评估

社工巧用游戏策略，来加强组员间的交流、学习，既能够有效提高组员的认知能力，又利于组员间融洽的人际关系的建立。在现场带领时，社工时时关注组员间的互动情况，及时给予引导、协助，确保了小组程序的顺利进行和小组成效的达成。

（五）第五节

1. 目标成效之达成度

第一，提高认知能力与绘画能力，这个目标较好地达成。社工在讲解与教授绘画的时候，注重所绘动物的知识的传递以及基本绘法的掌握，较好地提高了组员的认知能力与绘画能力。

第二，巩固组内人际关系，处理离别情绪，这个目标较好地达成。自由绘画的环节，提供给组员轻松、自由的活动氛围，而互赠贺卡的环节设计，能够增强组员间的情感联结，这些均能够促使有关目标的顺利达成。

第三，总结与评估小组，这个目标在此节没有达成。各种突发情况的出现，虽有家长们的协助，但社工仍比较忙碌，一时也忘记了派发问卷给家长填写，而家长在小组员绘画的过程中，需要不断协助、引导，也不便于填写评估问卷，因而此节未能以邀请家长填写评估问卷的方式来总结与评估小组。

2. 活动程序设计及执行

由于事先征求了组员的建议，因而“动物绘法”环节得到了组员的喜爱，组员也乐于投入其中。“自由绘画”和“互赠作品”的设置，能够营造一个轻松的氛围，给予组员最大的发挥空间，并协助组员进一步巩固组内的人际关系。因而整体而言，活动程序设计比较适合最后一次小组聚会。

在程序执行方面，除了问卷评估无法按照计划加以落实外，其他环节均能够落实，且取得了较好的活动成效。

3. 社工自我评估

此节是各种突发状况较多的节次，社工借助家长的帮助，妥善地处理了各种状况，并能够较完整地带领整个小组完成计划，这实属不易，也显示了社工较强的现场应对能力。

五、总结评估

（一）目标成效之达成度

	设定的目标	目标达成度
整体目标	儿童方面，提高绘画能力与认知能力，提升自信心；学习人际交往技能，发展社会支持网络；提供亲子互动机会，提升亲子关系	较好达成
	家长方面，提供亲子互动机会，提升亲子关系；提供交流平台，提升教育子女的技巧，发展社会支持网络	基本达成

续表

	设定的目标	目标达成度
工作目标	参加者在小组内能够学习到不少于5种物品的简笔画法	已经达成
	参加者能够对所绘物品的特征有进一步的了解	已经达成
	儿童能够相互认识，并合作完成不少于两次的任务	已经达成
	亲子能够在小组内合作完成不少于两次的家庭任务	已经达成
过程目标	组员在绘画的过程中，能够有积极的情绪体验	已经达成
	加强组员在绘画和社交活动中的能力与信心	基本达成
	提升家长教育子女的能力与信心	基本达成

（二）活动程序设计及执行

活动程序设计比较切合小组员的特点，活动大部分较受小组员喜爱，部分活动环节充分让家长参与、体验，也得到了家长的欢迎。而由于活动程序设计过于偏向小组员的学习与互动，家长方面的考虑较为不足。活动大都按照计划来执行，只是个别节次中的活动程序由于组员的迟到而无法依照计划进行，当节活动程序有所减少。另外，社工对小组员的学习进度、一次能够专注于绘画的时间方面了解与把握不足，当节学习的内容有所减少。

（三）社工自我评估

在整个小组过程中，社工充当了教育者、引导者、支持者、协调者等多种角色，亦不断依据小组和组员的需要而对自我的角色进行调整，有效地推动了小组的发展和组员的成长。而在小组过程中，各种突发情况比较多，社工借助家长的帮忙，有效地应对了这些情况，但也觉得小组参与人数过多时，需要有专门的协助人员，既能够减轻社工的负担，又有利于突发状况的及时处理，保障小组的顺利进行。在总结与分享方面，给予每名小组员展示与讲解作品的机会，加深了家长和其他小组员对该组员的了解，而这也是相互学习的机会，社工会结合作品绘画情况、绘画过程中组员的表现等加以点评，能够带给组员更具体、更深刻的感受。

六、专业反思

（一）准备工作

整体而言，小组的准备工作较充分，只是简笔画的参考素材需要社工一一地在网络搜索并手工制作出来，物资准备耗费了社工较多的时间精力，后续社工可以购买一些常用的工具书、工具包，方便策划开展相关小组活动。

（二）小组冲突解决

在小组过程中，出现了几次小组冲突，冲突主要出现在家长与小组员的意见不一致时、游戏分组时、选择同一个组员为赠送对象时。在冲突发生的时候，社工一方面注重组员负面情绪的疏导，另一方面也针对冲突产生原因、以后如何避免等，给予组员一定的引导。最后，冲突得到了及时、有效的解决，冲突双方也乐意接受社工的处理、建议等。

（三）小组沟通模式

小组过程中，组员相互间的沟通较为自发、多向，沟通方式也多元，而社工也根据不同的情况采取不同的沟通策略，整个小组沟通较顺畅。

七、督导点评

家庭是个体成长的基础，良好的亲子关系对于个体的发展具有至关重要的作用。作为学校教育与社会教育的基础，家庭教育是终身教育，是对人的一生产生影响最深的一种教育，它直接或者间接地影响着一个人人生目标的实现。良好的家庭教育是人形成良好的习惯和行为的基础，儿童时期，孩子在成长过程中，开始有意识地在父母的影响下去养成自己的性格特点和应对问题的方式，而孩子的家长，正处于成年中期，则面临着“培养和指导下一代”的主要任务。因此在这个阶段，社工的介入有助于充分支持家长承担亲职责任，帮助家长掌握良好的家庭教育方式，发挥家庭的正能量，以保护儿童的身心健康成长。社工以儿童易于接受和乐于接受的“绘画”作为媒介开展发展性和教育性的小组，在整个小组过程中，社工针对小组和组员的需要不断对自我的角色进行调整，充当了教育者、引导者、支持者、协调者等多种角色，有效地推动了小组的发展和组员的成长。小组内容设计丰富，组员互动良好，社工在小组过程中的引导和回应也体现了较好的专业素养。因小组的持续时间相对短暂，所以针对在小组过程中发现的亲子关系问题，无法在一个小组中就可以解决，建议社工后续能够进一步调研，为后续开展更深入的亲子关系调适服务奠定良好基础。

作者简介

罗穷格，广州粤穗社会工作事务所“粤穗学府”执行主任，中级社会工作师，从事社会工作服务12年，具有6年社会工作督导经验。

读你千“变”也不厌倦

——亲子沟通不预设活动

黄　婷

一、背景介绍

在A中学内，社工不仅作为专业辅助力量积极去支援学校工作和心理健康工作，也关注家庭在学生教育中的作用发挥，一方面为教育问题突出的家庭提供个案辅导，另一方面积极向广大学生家庭传播正向教育理念及方法。因此，A中学热情邀请社工提供相关的服务，以协助在校青少年及其家长改善亲子沟通状况。

二、分析预估

社工前期调研形成的《在校青少年身心健康和家庭教育服务需求调研报告》显示，在校青少年存在改善亲子关系的需求。而社工也根据近一年个案服务资料的统计数据及A中学老师反映的情况发现，67%的在校青少年在亲子沟通方面存在困难。因此，如何改善在校青少年及其家长的亲子沟通状况，令他们在互动与沟通中学习亲子交往的正确方式，强化青少年的家庭支持网络，这对学校和家庭来说均具有非常重要的意义。因此，社工积极联合A中学开展本次“读你千‘变’也不厌倦——亲子沟通不预设活动”。

三、服务计划

（一）服务对象

A中学学生家长、老师及社会工作者。

（二）服务目标

1. 总目标

通过活动，联动“家—校—社”三方资源，为家长、老师及社会工作者等群体提供一个学习、交流的平台，以协助在校青少年及其家长改善亲子沟通状况。

2. 分目标

增加服务对象对青春期心理特征的认识；服务对象至少掌握两种改善亲子沟通的技巧。

（三）服务理论

本次活动主要以经验式学习作为理论基础，以互动体验的方式开展，使服务对象能够通过实践学习相关的经验，借由思维方式测试、情景重现、演练和沙龙等环节，深入处理和转化在本次活动中所学习到的关于亲子沟通的技巧，以便于日后能够将其运用到日常的工作和生活当中。

（四）服务策略

1. 服务对象的自我反思

社工通过现场测试、模拟等方式，引导服务对象察觉自己在亲子沟通方面的思维方式是“问题导向”还是“焦点导向”，并据此引发自我反思，增强他们学习及转变的动力，进而达成活动的目标。

2. “家—校—社”联动

社工积极联动“家—校—社”三方的资源，为家长、老师及社会工作者等与青少年教育/服务相关的群体提供一个学习、交流的平台，以协助在校青少年改善亲子沟通的状况。

（五）服务程序

环节名称	程序设计
热身游戏	1. 游戏规则：所有服务对象围圈而站，左手伸出食指朝下，右手打开手掌平放；主讲嘉宾朗诵一个段落，其中包含“乌龟”“巫婆”和“乌鸦”等词语，当念到“乌龟”这个词语时，服务对象需要迅速用右手手掌捉住旁边人左手的食指 2. 游戏分享：有多少人成功捉住了别人？有多少人捉错了？有多少人被捉住了？各邀请一名服务对象分享其中的原因 3. 游戏解说：其实，我们在亲子沟通的过程中，往往也会遇到很多的干扰项，所以认真倾听也是非常重要的

续表

环节名称	程序设计
如果有一只动物……	1. 邀请服务对象用动物的形象代表不同时期的孩子，在白纸上画出来，并逐一进行分享 2. 邀请服务对象用动物的形象代表不同时期的自己，在白纸上画出来，并逐一进行分享 3. 社工进行总结
青春期心理特征知多少	1. 通过 PPT 向服务对象介绍青春期心理特征：自我意识增强；自控能力较弱；判断片面性；闭锁心理；性意识增强 2. 服务对象提出疑惑，主讲嘉宾逐一给予解答
亲子沟通秘籍	1. 通过 PPT 展示 9 个问题，服务对象在白纸上写下相应的选择，以此测试服务对象的思维方式是“问题导向”还是“焦点导向”的 2. 介绍两种思维方式的不同，并引导服务对象进行自我察觉 3. 通过 PPT 介绍亲子沟通的秘籍及要领
亲子沟通沙龙	1. 邀请服务对象讲述一个自己在亲子沟通的过程中遇到阻碍的情景，其他服务对象头脑风暴，并根据今天所学的内容为其提供应对策略 2. 邀请服务对象讲述一个自己在亲子沟通的过程中比较成功的情景，引导其他服务对象进行经验学习 3. 社工对本环节进行总结
分享及总结	1. 社工邀请 2 名服务对象分享参与本次活动的感受及收获，并进行总结 2. 社工邀请服务对象填写活动反馈表

四、计划实施过程

（一）前期筹备

1. 人员招募及活动宣传

在人员招募及活动宣传方面，社工通过前期的沟通，与学校确定了非常清晰的分工：社工机构负责从事青少年或家庭服务领域的社会工作者的招募工作，学校负责老师的招募工作，而家长方面的招募及宣传，则由社工负责通过 App 选择相关的报名工具制作报名及活动信息图表文件，然后由学校负责发送给各个班主任及级长，再由他们发送到各个班级的家委群，以确保活动宣传到位。因此，人员招募工作的完成情况良好。

2. 物资准备及场地布置

在物资准备及场地布置方面，社工根据主讲嘉宾及活动报名的情况选定了学校五楼的录播室作为本次活动的场地，故提前向校方申请场地使用，虽然活动开展当天恰逢学校期末考试，学校老师的安排较满，但校方为支持本次活动依然安排相关的老师帮忙检查及调试活动场地的多媒体，并特意为本次活动录制 DVD；而社工也能提前准备需要用到的物资并对活动场地进行布置，故物资准备及场地布置工作的完成情况良好。

（二）服务过程概述

在本次活动中，每个活动环节基本都能够按照计划有序开展，各个环节目标的达成情况也较好。首先，大部分的家长、学校老师和社工均能够按时到达学校五楼录播室，并在社工的指引下有序签到，但有 3 名家长因为临时有事而请假，故家长的实际出席率为 56%，其他参与人员分别为 7 名党员老师和 9 名社会工作者。其次，在社工的邀请下，A 中学的梁校长为活动致辞，说明本次活动开展的意义及家庭教育、亲子沟通的重要性，以此拉开了活动的序幕。最后，社工带领服务对象通过各个环节共同学习亲子沟通技巧，其幽默、生动的带领方式获得了服务对象的一致好评。部分家长和老师在活动结束后依然向社工请教并共同探讨各种关于“亲子沟通”方面的话题，还建议社工今后继续开展此类活动。综上所述，本次活动的开展过程总体来说较为顺利。

五、总结评估

（一）目标达成情况

1. 增加服务对象对青春期心理特征的认识

该目标达成。首先，社工通过带领游戏，邀请服务对象用动物的形象代表不同时期的孩子及自己，这种可视化的工具及分享令服务对象直观地看到了其他孩子及自己在不同时期的特征；随后，通过 PPT 向服务对象介绍五点青春期的心理特征，并根据他们提出的疑惑进行了详细的解答。而活动意见反馈统计表的数据也显示，100% 的服务对象认为通过参与活动，增加了他们对青春期心理特征的认识及了解，故本目标的达成情况较好。

2. 帮助服务对象至少掌握两种改善亲子关系的技巧

该目标达成。本次活动以互动体验的方式展开，这使服务对象能够从实践中学习，借由思维方式测试、情景重现、演练和沙龙等深入处理和转化在本次活动中所学习到的关于亲子沟通的技巧，他们并纷纷向社工表示，日后会积极将这些技巧运用到日常的工作和生活当中。而活动的总结和分享环节也显示，本项目标的达成情况较好，100%的服务对象认为参与本次活动能够令他们的亲子沟通技巧得到提升。

（二）满意度调查

1. 服务对象的满意度

本次活动共发出活动意见反馈表21份，成功回收21份，其中有效活动意见反馈表21份，回收率达到100%。而社工也通过整理及分析活动意见反馈，发现100%的服务对象对活动形式、时间编排、场地安排、活动内容、两个目标的达成情况、工作人员的表现以及自己投入活动的程度表示非常满意，满意率达到100%。

2. 校方的满意度

活动结束后，A中学的校长和德育处主任均与社工进行了总结和分享，并对本次活动给予较高的评价，肯定社工不仅作为专业辅助力量积极去支援学校工作和学生心理健康工作，也作为专业支持力量去关注家庭教育。

六、专业反思

（一）“校—社”联动

活动的整体设计周详，社工和学校在活动前进行了周密的安排，任务分工明确，活动现场有序，参与式的程序设计令服务对象的体验感增强，得到学校和服务对象的高度认可。

（二）活动内容的适切性高

本次活动的服务对象主要是与青少年教育/服务相关的群体：“家长+学校老师+社会工作者”，他们对亲子沟通以及“家—校—社”联动模式较为关注，故社工切合服务对象的关注点及兴趣点，分别设置了思维方式测试、情景重现、演练和沙龙等环节，以互动体验的方式展开活动。

（三）工作人员的表现

首先，作为服务提供者，社工能够及时了解服务对象的需求，并根据需求设计相应的活动主题及活动内容；其次，作为资源筹措者，社工能够积极整合社工站和学校的资源，为本次活动的开展奠定了良好的基础；最后，在活动开展的过程中，社会工作者积极引导服务对象投入活动，令活动能够有序开展。而活动意见反馈统计表的数据也显示，100%的服务对象对工作人员的表现表示满意。

（四）活动的不足之处

活动结束后，学校的德育处主任和校长均与社工进行了总结和分享，并对本次活动给予较高的评价。其中，校长对于部分家长因为临时请假无法参与本次活动表示遗憾，并提出希望今后能够继续开展此类活动，广泛发动及组织更多的人员参与，从而让更多与青少年服务相关的群体受益。

七、督导点评

青少年的健康成长离不开家庭、学校和社会各方的共同努力。在本案例中，社工以青少年教育/服务相关的群体：家长、学校老师、社会工作者为服务对象，设置了思维方式测试、情景重现、演练和沙龙等环节，以互动体验的方式展开活动，围绕如何通过“家—校—社”联动，增加服务对象对青春期心理特征的认识，帮助服务对象掌握改善亲子沟通的技巧。活动的整体设计周详，活动内容的适切性高，在活动过程中，社工扮演服务提供者、资源筹措者和引导者的角色，目标达成良好，获得了参与者的一致好评。建议社工能够将此类的服务进一步推广，除了在学校内也可以在社区内开展，广泛发动及组织更多的人员参与，从而让更多与青少年服务相关的群体受益，共同为青少年的健康成长营造良好的家庭、学校与社会环境。

作者简介

黄婷，中共党员，助理社会工作师、婚姻家庭咨询师，毕业于岭南师范学院社会工作专业，目前担任广州市站前街社工服务站基础服务部部长。

百梯牵百心，百日爱相融

——“百梯爱相融”社区自治服务

徐惠梅

一、项目背景

西站社区房屋主要建于20世纪七八十年代，目前房屋楼道老化，光线昏暗，卫生环境差，而街道居委会以及社工站多年来希望能够提高社区居民对社区公共问题的关注度，增强社区居民的社区参与，营造社区和谐互助的氛围。

站前街社工服务站以西站社区近期开展“百日百梯”计划为契机，计划开展“百梯爱相融”社区自治试点服务项目。西站社区地域范围东起黑山三街，西至西站西街；南起站前路广铁西站，北至环市西路，总面积约0.39平方千米。辖内户籍居民2012户，户籍人数6543人；出租屋1492间，流动人员3209人，空挂1100户，常住7300人。目前社区内党员146人，老人1882人、残疾人152人、独居老人73人、“三无”孤寡6人，低保低收家庭34户。

项目计划通过摸查社区试点大院人员的基本情况，将社区参与能力、参与意愿较强的社区居民培育成社区领袖，发挥社区领袖、社区居民的力量，营造社区和谐互助的氛围，增强社区居民的主人翁意识，逐渐达到社区自治、社区融合的目的。

二、问题分析

（一）社区环境改善的需求

社区环境改善包括社区设施的改造及维护、社区安全保障两方面：一方面，社区房屋修建已在40年以上，部分房屋的楼梯墙体已经脱落，有严重的安全隐患。而西站社区是老龄化较重的社区，居住在社区的高龄长者、独居长者、低保低收入以及残障居民没有行动能力以及经济能力进行设施改造，且当前社区缺乏专门的房屋监督及维护组织。另一方面，社区居民在与社工交流时表示，社区内既没有治安亭，也不是封闭式小区，存在较大的安全隐患，且自己家中以及邻居家中就曾经出现被盗的情况，希望社区能够加强管理，提高社区的安全性。

（二）社区参与的需求

通过社区走访了解到，社区居民对社区设施老旧、社区安全隐患问题都较为关注。退休的社区居民有较多的空余时间，希望能够为社区的建设贡献自己的力量，且部分长者在退休之前在企业担任重要职位，有较强的领导能力，但是缺乏能力展示平台。

（三）社区困境群体关爱的需求

通过与社区居委会交流了解到，社区中有较多的独居孤寡长者，独居孤寡长者一个人居住，除了居家照料方面的需求外，在居家安全方面也存在较大的隐患，该社区所在的街道就曾经出现过独居长者在家突发疾病急需救援的情况。另外，社工在以往的社区走访中了解到，西站社区的独居孤寡长者反映周边大多数为新广州人，他们感到十分孤独，有精神慰藉方面的需求。

三、项目目标及计划

（一）服务目标

搭建社工站、街道、社区、志愿者、党员等多方联系平台，促进社区居民对社区环境问题的关注。

为社区居民搭建社区参与的平台，提高社区居民对社区公共事务参与的意识和能力。

发掘社区资源，汇聚社区力量，推动社区居民对困难群体的关爱，形成互助机制，营造良好的互助氛围。

（二）服务策略

1. 百梯爱相融——初相识

（1）搭建社工站、街道、社区、志愿者、党员等多方联系平台，促进社区居民对社区环境问题的关注。

（2）社区认识：联合西站社区居委会开展居民议事会，邀请社区楼长及社区居民代表参加，增加社区楼长和社区居民对“百梯爱相融”社区自治项目的了解，使社区居民增加对社区环境和社区安全问题的认识和了解。

（3）社区倡导：开展社区倡导活动，倡导社区居民广泛参与社区微改造，发动社区各方力量参与社区百梯改造和社区垃圾分类行动。

2. 百梯爱相融——齐参与

本计划的宗旨为社区居民搭建社区参与的平台，提高社区居民参与社区公共事务的意识和能力。

（1）社区参与：发动西站社区党员突击队、社区居民代表、流动党员、地段单位、地区商户、慈善企业、热心人士等多方力量，参与“百日百梯”工程的建设，发动他们参与社区垃圾分类投放点升级改造的工程。

（2）居民公约：联合社区居委会、楼长代表、居民代表制定居民公约，并鼓励及支持社区居民一同遵守。

（3）社区安全巡逻：社工联合街道职能部门开展社区安全巡逻和环境整治行动。

（4）社区探访：邀请社区居民作为志愿者与居委会工作人员一起进行社区探索，了解和挖掘社区资源，共同关注西站社区的公共事务和社区问题。

（5）志愿者发展：邀请西站居委会的主任以及志愿者领域的社会工作者，对愿意参与志愿服务的社区居民进行培训，并邀请他们作为志愿者参与社区活动的开展以及社区的创文工作；对社区的志愿者进行表彰，提升志愿者参与社区公共事务的积极性，增强志愿者的凝聚力。

3. 百梯爱相融——爱相守

本计划的目的为发掘社区资源，汇聚社区力量，推动社区居民对困难群体的关爱，形成互助机制，营造良好的互助氛围，并提升居民参与社区事务的能力。

（1）关爱行动：社工联合西站社区居委会对社区的困境群体给予更多的关注，进行定期的电访和探访，在传统节日为他们送上祝福和慰问，倡导社区居民在困境群体有需要时给予帮助和支持，营造良好的互助氛围。

（2）稳定帮扶：在社区中筛选 7～8 名孤寡独居长者，并随机配对给维护小组的成员，形成相互帮扶的机制并通过结对子小册子进行记录。

（3）成员甄选：在前期积极参与公共事务的社区居民、兴趣团队的成员中进行竞选，最终形成拥有 7～8 名成员的维护小组，并推选出队长和副队长。

（4）运行机制：小组成员、居委会工作人员、社工举行联席会议，商定百人百梯维护小组的运行机制以及组员的权利义务。

（5）工作开展：维护小组进入社区，定期巡逻，了解已改造楼梯是否完好，若出现问题，开展小组会议，共同制定解决措施。开展爱护百日百梯的宣传工作。

（6）综合提升：每季度组织一次团建活动，不定期开展培训活动，对表现积极的成员进行表彰。

四、计划实施情况

服务	服务内容	服务成效
百梯爱相融之初相识	1. 社区自治小组议事会 2. “百日换新颜，百梯齐相助”社区微改造倡导活动 3. “回顾过去，展望未来”西站社区社会组织总结会暨培育启动仪式	1. 与居委会、社区居民一同召开居民议事会，商讨当前社区存在的问题以及社区维护小组计划的可行性，促进社区居民对社区情况的了解与关注计划 2. 101 名社区居民了解社区微改造，也促进了社区居民的相互认识，另外通过为困境长者遮掩门口物品，避免困境长者的物品由于微改造而造成损失，使得困境长者感受到社区的关怀 3. 联合西站社区居委会举办“回顾过去，展望未来”西站社区社会组织总结会暨培育启动仪式，通过回顾西站社区过去一年的工作成果，表彰优秀志愿者、社区居民代表，激发了社区居民和社区社会组织参与社区事务的热情，也提升了社会组织与居民参与社区共建的意识
百梯爱相融之齐参与	1. 日常服务：进行社区探访 24 次 2. 参与创文活动，清理街道周围的广告 3. 制定西站社区居民公约 4. 西站社区垃圾分类系列活动之携手西站社区，共创文明交流会 5. 西站社区垃圾分类系列活动之百梯齐参与，聚焦投放点换新装 6. 西站社区垃圾分类系列活动之垃圾分类我先行主题宣传活动	1. 通过走访西站社区，了解和挖掘西站社区资源，关注西站社区所开展的公共事务，发现和关注社区问题 2. 社工站对西站社区志愿者积极参与社区志愿服务的时数进行总结，向社区居民展现志愿者的事迹，对志愿者进行了表彰，鼓励他们继续参与社区志愿服务，带动其他的社区居民参与社区志愿服务 3. 发动社区党员、社区居民代表、地段单位参与“百日百梯”工程建设，为楼道粉刷墙面，安装楼梯扶手，使社区的楼道焕然一新，为社区居民上楼提供安全的辅助 4. 结合西站社区的创文工作，倡导社区多方力量积极参与社区创文工作，如分工协作进行社区文明规范的宣传，铲除社区楼道牛皮癣，社区环境卫生的整洁和垃圾分类的宣传等，共同关注和维护社区环境 5. 与社区居委会以及居民一同商讨制定社区居民公约，鼓励社区居民以居民公约为准则，严格要求自己的日常行为，有效地增强了社区居民的意识，创造文明有爱社区

续表

服务	服务内容	服务成效
百梯爱相融之齐参与	1. 日常服务：进行社区探访24次 2. 参与创文活动，清理街道周围的广告 3. 制定西站社区居民公约 4. 西站社区垃圾分类系列活动之携手西站社区，共创文明交流会 5. 西站社区垃圾分类系列活动之百梯齐参与，聚焦投放点换新装 6. 西站社区垃圾分类系列活动之垃圾分类我先行主题宣传活动	6. 与西站社区居委会交流垃圾分类示范点的升级改造，通过理论支持、实地考察、居民调查等多种方式确定升级改造方案，并探讨后期的维护与宣传工作，为社区自治工作的多方合作打下良好的基础 7. 引导西站社区居民分组行动，聚焦垃圾分类示范点的升级改造，采访和收集社区居民对垃圾分类示范点升级改造的看法，提升西站社区居民的社区参与意识。组建巡查小分队，对垃圾分类示范点进行定期巡查和维护，关注升级改造之后垃圾分类示范点的现状，并将情况反馈到巡查微信群 8. 通过开展垃圾分类的主题宣传活动，着重强调从我做起，引导居民发现社区存在的问题，推动居民自己解决问题，营造一个共建绿色社区的氛围 9. 社工站响应街道号召，鼓励西站社区居民积极参与街道公共文明引导站岗服务，在已招募到的14名志愿者当中，共有6名西站社区居民报名参与了公共文明引导站岗服务，并形成稳定的公共文明引导站岗志愿服务队
百梯爱相融之爱相守	1. 日常：联合街道职能部门开展社区安全巡逻和环境整治行动达40次 2. 组建5人社区维护小组 3. 百日百梯维护小组运行机制建立 4. “罩”顾你我，社区防疫活动 5. 社区维护小组防疫参与：防疫期间，社区居民、志愿者、党员和维护小组服务超过22950人次 6. 群防群治，战“疫”往事——西站社区开展防疫服务 7. 社区探访日：探访4次，共服务12人次 8. 浓情“粽”意，温暖我心——端午慰问活动	1. 联合街道各职能部门开展每周二的社区安全巡逻，对社区安全问题高度重视，及时提醒存在安全隐患的社区场所并采取相应的措施，促使社区店铺、酒店和企业提高安全意识，倡导它们重视安全问题，共同维护社区安全，为居民营造安全的社区环境 2. 组建了5人的社区维护小组，并制定了维护小组的运行机制，维护小组成员针对当前社区的情况，积极参与社区探访活动，关爱社区困境长者，营造有爱的社区氛围 3. 疫情期间，社工共到西站社区服务81次，服务约2430人次，时刻关注西站社区的疫情发展情况，通过在社区和居民楼张贴防疫宣传单张、上门派发防疫知识/政策的宣传单和提供防疫知识咨询等服务，提高了社区居民的自我防护意识，缓解了社区居民因疫情产生的焦虑情绪。在一“罩”难求的情况下，为49名有需要的社区居民免费派发了口罩 4. 在疫情防控期间，社区党员、社区志愿者、社区居民和社区维护小组，积极主动地加入疫情防控志愿队伍，为社区防疫工作献出自己的一分力量，服务社区居民约22950人次 5. 社工站根据社区的困境群体情况，设定每周四为社区探访日，与西站居委会工作人员互通困境对象的情况，以“社工＋志愿者”方式上门探访社区困境对象 6. 邀请西站社区的志愿者和社区居民共同参与端午慰问活动，营造友好互助的氛围，共服务10人 7. 西站社区志愿者自疫情以来，一直坚守在一线的防疫工作岗位上，受到居民和居委会的好评，其中2名志愿者成为广州市学雷锋志愿服务“最美志愿者”的候选人

五、项目成效

（一）搭建社工站、街道、社区、志愿者、党员等多方联系平台，促进社区居民对社区环境问题的关注

第一，社工站联合西站社区居委会开展居民议事会行动，邀请社区居民参与居民议事会，共同商讨当前社区存在的问题以及社区维护小组计划的可行性，以此增进了社区居民对当前社区情况的了解与参与。

第二，发动了社区党员、社区居民代表、地段单位志愿者等参与“百日百梯”工程建设，为楼道粉刷墙面，安装楼梯扶手，使社区的楼道焕然一新，为社区居民上楼提供了安全保障。

第三，社工站联合西站社区居委会举办了“回顾过去，展望未来”西站社区社会组织总结会暨培育启动仪式。回顾了西站社区过去一年的工作成果，表彰优秀志愿者、社区居民代表，激发了社区居民和社区社会组织参与社区事务的热情；社工站与西站社区居委会/社区党委、社区社会组织签订四方共建协议，共同营造共建共治共享社会治理格局。

（二）为社区居民搭建社区参与的平台，提高社区居民对社区公共事务参与的意识和能力

第一，社工站联合街道职能部门开展定期的社区安全巡逻和环境整治行动，倡导社区居民、店铺、酒店和企业重视安全问题，共同维护社区安全，为社区居民营造安全的社区环境。

第二，结合西站社区的创文工作，倡导社区多方力量积极参与社区创文工作。与社区居委会以及居民一同商讨社区居民公约，制定西站社区的居民公约，鼓励社区居民遵守并传播居民公约准则。

第三，开展了百梯户齐参与西站社区垃圾分类系列活动，为社区居民搭建社区参与的平台，引导西站社区居民聚焦垃圾分类示范点的升级改造，组成巡查小分队，定期巡查和维护社区卫生状况。

（三）发掘社区资源，汇聚社区力量，推动社区居民对困难群体的关爱

第一，通过链接社区党员和社区居民的资源实现社区困难群体的微心愿，如：为重病长者认领了折叠轮椅微心愿，为长者提供行动的工具。

第二，社工站根据社区困境群体的情况制定社区探访日，在初始阶段社工每周四会与西站居委会工作人员互通困境对象的情况，社工与志愿者上

门探访，为社区困境人群送上日常的关心和慰问，使得辖区困境对象感受到社区的关怀。如：社工与志愿者上门探访孤寡独居长者，发现其行动不便，家里缺乏菜肉，社工与志愿者为其送上菜肉，解决当前急需的物资难题。

第三，通过居委会、社工在以往工作开展中观察以及社区居民的推荐，最终形成了 5 人社区维护小组，并制定了运行机制，维护小组成员积极参与社区创文活动，对社区的环境安全以及环境美化起到了一定的作用。另外，在社区防疫期间，防疫小组成员在做好自我防护的前提下，积极参与社区防疫工作，每日在社区门口为每一位进入小区的居民测量体温，对外来人员进行登记，保障了社区的安全，维护了社区稳定，得到了社区居民的一致称赞。

（四）群防群治，共筑堡垒——社区多方力量积极参与疫情防控工作

社区的群防群治工作取得了显著效果。在疫情防控期间，社区党员、社区志愿者、社区居民和社区维护小组，积极主动地加入疫情防控志愿者队伍，为社区防疫工作献出自己的一分力量，为社区居民营造了安全安心的社区环境，服务社区居民约 22950 人次。

六、总结反思

该项目能够动员社区工作者、社区党员、社区志愿者等共同参与社区自治，并形成议事会与议事机制，社区自治取得较好的效果。

社区自治服务，还需要进一步加强多元主体参与，而在这个过程中，需要清晰地知道社区自治的主体，充分发挥主体的作用。

该项目在宣传方面较为薄弱，宣传途径单一。在未来的服务中，应当加强对项目成效的宣传，在不同的途径上展示项目成效，巩固成果。

七、督导点评

“百梯爱相融”社区自治项目既聚焦了社区兜底群体的生活需要，又注重了社区整体环境的维护；既组建了专门的社区维护小组、防疫志愿者小组，又联合了街道职能部门、居委会、企事业单位等社会资源的力量；既关注当前的社区疫情防控、垃圾分类整治，又推动居民制定社区公约，更全面地促进了社区的发展。不足之处正如社会工作者所反思的那样，目前

项目的推行，更多依赖社会工作者的牵头，仍需进一步挖掘与培育社区骨干、社区领袖。

作者简介

徐惠梅，助理社会工作师，广州粤穗社会工作事务所站前社工站社区发展部部长。

抗疫社会工作服务

爱不撤退，共同战“疫”

李志华

一、背景介绍

2020年年初，一场新型冠状病毒肺炎疫情的战斗打响，“一座座城市”戴上了口罩，遮住了笑容。对每一个人来说，这是一场生命与生活的大考。为响应中华全国总工会及区总工会有关抗击新冠肺炎疫情行动要求，在企业与职工复工复产期间，社会工作者积极配合周边社区做好防疫工作，同时宣传个人卫生健康管理及防疫安全知识，实行多方联动、多渠道筹备的服务策略。目前HP区已有90%的企业复工复产，但返岗职工的心理状态该如何调适，职工对疫情的关注是否超出心理负荷，针对这些问题，为缓解职工焦虑情绪，理性认知疫情，让心理得到放松，社会工作者计划开展一场无接触式的线上话题征集活动，通过疫情知识问答和开放式问题互动，帮助广大职工缓解疫情焦虑，调整不良认知。

二、分析预估

为了战胜新型冠状病毒肺炎疫情，前方有专家、医生、护士们不顾个人安危，义无反顾奔赴疫区，与生命赛跑。还有警察、街道办工作人员、社会工作者、社区工作者、抗疫志愿者等与广大人民群众一起抗击疫情。疫情之下，我们有劳累与困难，也有爱与感动，生活不会因为足不出户而丧失它原来的精彩。

根据心理学的认知理论，面对同样的疫情，不一样的想法和认知会带来完全不一样的情绪和影响。目前HP区已有90%的企业复工复产，为缓解职工的焦虑，社会工作者计划开展一场无接触式的线上的视频学习及话题征集活动，通过学习个人卫生健康管理知识、疫情防控知识以及参与话题互动，达到缓解疫情焦虑，舒缓身心的目的，同时也让服务对象学会合理宣泄情绪的方式方法。

三、服务计划

（一）服务目标

1. 总目标

通过线上活动，让服务对象广泛参与话题讨论，从中学习防疫小知识，以缓解服务对象复工的焦虑，并有一个可以发表感受的平台。另外，宣传项目公众号，让更多的服务对象关注本项目，了解活动资讯、法律知识以及关注项目的福利活动等。

2. 分目标

至少为50名服务对象缓解心理焦虑情绪；至少有200名服务对象共同参与本次话题互动学习活动；项目公众号通过本次活动，从原来的117人至少增加至300人关注。

（二）服务内容

疫情期间需要用特殊方式开展服务，当疫情防控进入关键阶段时，社工深入企业一线，通过线上线下开展宣传活动，以调查评选方式推动疫情防控知识的普及以巩固抗疫成效。一是在微信平台发布《面对疫情压力，心理上的“疫情”如何释放》一文，引导服务对象正确看待疫情，学习放松压力的方法，并开通“心理树洞”咨询平台，为前来留言倾诉的服务对象提供心理咨询服务；二是查找防疫相关资料，制作宣传知识海报，进行为期一周的持续宣传，进一步加强宣传效果；三是利用微信小程序作为本次线上知识问答活动的技术支撑，并制作话题互动问卷，收集服务对象留言、需求等，从参与话题的服务对象留言中，精选出部分留言进行展示宣传。

（三）服务策略

1. 解决技术问题

本次活动以线上方式展开，目的是减少人员聚集。为此，社工需要利用现有微信平台开展线上话题互动，首要解决的便是技术难题——如何利用微信小程序为本次话题互动留言活动服务。为此，社工需要了解微信小程序的作用和学习如何使用，包括第三方小程序嵌入微信公众号、嵌入后设置超链接、测试稳定性等相关技术。

2. 解决经费问题

前期技术难点攻克后，还需要解决经费问题。线上开展活动，活动礼品必不可少，如何让较少的活动经费发挥最大作用，社工既要设置恰当的奖品等级、品类，也要链接到区总工会的资源提供部分奖品。

3. 解决宣传问题

线上活动更加需要加强宣传，通过多平台多渠道，如微信公众号、区总工会粤工惠平台、企业工会主席群、工会群等宣传本次活动，这里需要全体项目同工的共同努力才可以让活动获得事半功倍的效果。

4. 解决活动策划问题

线上活动需要选取服务对象喜闻乐见的内容，且参与方法应简单便捷，不要设置过多过高的参与门槛，尽可能让服务对象减少操作步骤。

（四）服务程序

项目主任提出服务初步构想，社工结合项目年度服务计划，策划并具体实施。

活动负责人负责收集网上优秀活动案例，结合区总工会网上工作要求，完善活动方案。

负责活动的社工和项目全体人员针对方案初稿，经线上讨论、线下碰头会，进行头脑风暴，决定活动时间、形式等事宜。

活动负责人重新优化方案稿，编辑公众号初稿，制作疫情知识学习视频及话题互动问卷。对活动小程序进行技术测试，三次测试稳定后再让其他人测试完善。

所有准备工作完成后，发布活动推文，项目社工在一周内对活动进行广泛宣传，吸引服务对象关注公众号。

四、实施情况与服务成效

通过本次活动，开通“心理树洞”服务平台，为51名服务对象提供心理咨询服务，从而一定程度上缓解了服务对象因复工复产导致的焦虑情绪，同时为服务对象提供了一个情绪垃圾倾倒平台，因此受到服务对象好评，社工也将继续保留“心理树洞”服务，以此打造特色的心理服务品牌。

本次线上活动参与服务对象达282人，参与者纷纷加入话题互动，表达自己对疫情结束后的愿景。社工精选出十条热度和点赞最高的服务对象留言进行推送，进一步分享服务对象对后疫情时代的美好期望。经过小程序分析，参与的服务对象每道题的平均得分在95分以上，优秀率维持在90%以上，说明服务对象通过网络视频学习，对个人卫生健康管理和疫情防控基础知识的掌握程度达到优秀级别。项目公众号经过本次活动的宣传，关注人数增加到370人。活动目标达成。

五、专业反思

社工组织开展话题讨论工作坊，通过特定的主题，强调分享、互动、助人自助，重塑困扰服务对象的往事，更深层次地探索内心，找到焦虑的根本原因，来缓解焦虑产生的影响。本次活动从2月28日开始至3月6日结束，线上话题互动活动吸引了282名服务对象的热情参与，公众号关注人数增加至370人，收集到282名服务对象的留言评论，取得了良好的宣传效果。同时，社工为51名服务对象提供了心理咨询服务，活动取得良好效果。

接下来，社工会重点关注服务对象的需求，并提供一对一的个案咨询、心理辅导、法律维权等服务。在未来，社工将继续结合区总工会的要求和项目工作实际，不断推陈出新，与时俱进地为服务对象提供多元化的专业服务。

六、督导点评

疫情下，社会工作者针对复工复产后广大职工面临的防疫压力，通过“心理树洞”线上咨询平台、职工最关注话题讨论分享、防疫健康知识在线学习等多种形式的服务，助力职工健康心理的建设及抗疫成果的巩固，特别是负责本活动的社会工作者充分利用自己在互联网技术方面的能力优势，积极钻研微信小程序的使用，为本次无接触活动的顺利开展奠定了基础。

作者简介

李志华，社会工作专业毕业，助理社会工作师，现为广州粤穗社会工作事务所承接的黄埔区总工会“金雁工程”社会工作服务项目一线社工。

“爱心联动·共促成长”

——H街疫情下社区爱心联动平台营造服务项目

覃镜蓉

一、背景介绍

（一）广州市H街社工服务站服务概况

广州市H街社工服务站（以下简称“H街社工站”）以社会工作服务为核心，以“社工+党建+慈善+共建企事业单位+社会组织+志愿者”联动的服务模式，结合社区的实际，立足社区居民需求，为辖区内有需要的居民提供专业化、个别化、多元化的社工专业服务。H街社工站以“113X模式”为指导，设置党建核心服务、重点服务、长者服务、青少年服务、家庭服务、特色服务和社区培育等服务项目。H街社工站以“以党建引领，架党群之桥，搭服务平台，活社区资源，促社区参与”为服务主题，各服务板块以“能提升—促参与—搭平台—齐治理—享成果”为服务策略，以党建为引领，各服务板块依据相应群体的实际需求，通过联动社区内外资源，整合多元化的服务，搭建社区支持网络及社区参与平台，在增强困难群体社会支持网络的同时，促进居民参与社区事务，推动建设共建共治共享的多元发展社区。

（二）新冠疫情背景下H街社区概况

H街自然、人文景观丰富，有一定的社区资源，但缺乏资源的挖掘运用和系统整合；青少年、长者、亲子家庭、党员有社区参与意愿，但缺乏系统的志愿服务平台。在新冠疫情背景下，H街困境群体在防疫资讯、防疫物资、生活日用品等方面普遍存在较大困难，影响日常的生活起居；青少年、长者、亲子家庭、党员等有社区参与意愿的居民则希望搭建社区志愿服务互助平台，发挥各自的优势助力社区的发展。通过前期与街道各职能部门及社区居民的沟通了解到，H街2020年有三个重点问题亟须解决：一是拆迁改造，社区因交通大学落地建设和五号线延长线途经，正在进行大范围拆迁改造建设，随着原有商铺的拆迁，居民日常生活起居的便利性受到影响，特别是行动不便的居民受影响更大。二是垃圾分类，辖区居民对垃圾分类认识较低，特别是纯老家庭因居住楼梯房及行动不便等原因，在定点定时定投方面存在困难；辖区环卫工工作强度大，特别是在厨余垃圾收集方面缺乏辖区商铺的支持，环卫工希望得到社区的支持与关爱。三是困境群体关爱，辖区内困境群体普遍存在经济困难、获得社会资源的方式和途径单一、社会支持网络薄弱等问题，希望得到来自社会的关爱。

二、分析预估

H街社工站以“以党建引领，架党群之桥，搭服务平台，活社区资源，促社区参与”为服务主题，各服务板块以“能提升—促参与—搭平台—齐治理—享成果”为服务策略，发挥以往一年多开展社区服务奠定了良好基础的优势，在“113X”模式下实施“社工＋”战略，使社区爱心联动平台营造服务项目得到了街道的肯定和大力支持，服务有了强大的政策资源保障。结合辖区困境群体和特定群体的需求，整合青少年、长者、亲子家庭、党员等社区力量，搭建辖区双需求服务平台，增强各群体间的互助。

三、服务计划

（一）服务目标

联动社区内外资源，搭建多样化的社区参与平台，增强社区的支持网络，营造互助关爱的社区氛围。

（二）服务策略

结合辖区困境群体和特定群体的需求，以及青少年、长者、亲子家庭、党员等的社区参与意愿，发掘整合社区企事业单位和团队的资源，搭建辖区双需求服务平台，促进社区内部资源的分享、互助。

（三）服务程序

1. 疫情初始阶段

组建由社工党员牵头的防疫工作小组，发挥社会工作专业优势，借助市局和协会提供的“红棉守护热线”平台，从防疫宣传、物资援助、心理辅导、安全保障等方面共筑防疫网。

2. 疫情常态化防控阶段

为辖区困境群体和特定群体搭建多样化的互助支持平台，为辖区有社区参与意愿的长者、青少年、亲子家庭、党员和热心慈善公益的企事业单位搭建社区志愿参与服务平台，促进各群体间的联系与互助，实现辖区内资源的有效流动和作用发挥。

四、计划实施过程

（一）疫情初始阶段

结合疫情发展的实际情况，H 街社工站于 2020 年 1 月 28 日迅速召开防疫工作线上会议，将发挥社会工作者力量协助疫情防控作为疫情期间的工作重点，号召在辖区内的党员社会工作者发挥先锋模范作用，迅速组建由党员社会工作者牵头的防疫工作小组，发挥社会工作专业优势，借助市民政局和协会提供的“红棉守护热线”平台，从防疫宣传、物资援助、心理辅导、安全保障等方面共筑防疫网。

1. 以“线”为媒，构筑安心港湾

H 街社工站于 1 月 28 日开通 24 小时在线的“红棉守护热线”，为有需要的居民提供防疫资讯、政策指引、压力缓解、情绪疏导等服务。站点的社会工作者通过每日致电、每月定期致电和上门探访社区困境居民的方式，协助社区居民解决困难 216 人次，为困境群体圆梦微心愿 510 人次，构筑居民安心港湾。

2. 以“线”为媒，架起党群之桥

针对疫情下防疫物资短缺、防疫资讯获取困难的困境居民，H 街社工站整合各级党组织、党员、慈善机构的资源，为有需要的困境群体提供口罩、消毒水、防疫资讯等，党群共同助力困境群体抗疫防疫，架起党群服务之桥。

3. 以“线”为媒，架起社群之桥

H 街社工站结合辖区困境群体的实际情况，按照需求的急需度分层、分级提供服务，针对需关注的 99 名重点群体，通过分部门、分片区的网格分工模式，建立“每日定时问候”机制，传递相关资讯的同时表达社会工作者的关心，保证第一时间了解其需求并提供相应的服务，增强了重点群体的防疫抗疫的信心，架起社群之桥。

4. 以“线”为媒，架起睦邻之桥

在疫情较严峻时期，为响应政府居家学习、工作的号召，H 街社工站创新服务内容和服务形式，设计亲子宅家健康运动、青少年宅家社区参与、青少年抗疫生活志、志愿服务培训、寻找社区英雄等线上服务模块，通过运动、学习、厨艺等媒介促进“一问候”“一协助”“一分享”“一探讨”“一支持”的效果。初步形成困境群体有协助支持（如社会工作者通过邻里群协助城市社区长者购物接龙）、学生群体有学习经验交流（如学生通过分享各自的学习场景促进彼此间的交流，成立学生党员线上课业辅导志愿服务队为小学生提供线上辅导）、妇女群体有生活技能探讨（如通过三八节等契机组织辖区妇女开展线上分享交流）、上班族有防疫技巧和工作交流分享（如定期通过公众号、微信群推送最新网络招聘信息和工作压力舒缓文章），通过多种形式架起了睦邻之桥。

5. 以“线”为媒，架起社志之桥

疫情发生以来，H 街社工站充分发挥社区党员和志愿者的先锋模范作用，重点关注其在开展志愿服务中的安全防护和服务指引工作，通过公众号、微信等方式为党员和志愿者送去防疫知识、疫情期间如何开展志愿服务等培训资源，让坚守在疫情防控第一线的党员和志愿者既做好个人防护又能更有效地开展防疫志愿服务，为有需要的社区居民提供更全面的服务。

6. 以“线”为媒，扩大防疫网络

疫情发生以来，广州粤穗社会工作事务所积极探索“红棉守护热线”品牌的建立，扩展红棉守护热线的影响力，积极联动高校心理学、社会学教授（如广州大学、华南师范大学教授）、医院心理学专家（如广东省人民医院心理学专家）、国家移民管理局一线心理咨询师的资源，带领机构内各社工站、工会项目负责人等，组建机构层面的红棉热线，面向广州市的全体职工，搭建“职工心理加油站”。

（二）疫情常态化防控阶段

为维系和扩大疫情初始阶段取得的服务成效，H 街社工站结合社区的实际需求情况，为辖区困境群体和特定群体搭建多样化的互助支持平台，为辖区有社区参与意愿的长者、青少年、亲子家庭、党员和热心慈善公益的企事业单位搭建社区志愿参与服务平台，实现辖区内资源的有效流动和作用发挥。

1. 联爱心居民和商铺，专业助力促成长

一是培育了10支志愿服务队伍，包括“益起助力”微心愿圆梦志愿服务队、“帮把手”家政服务志愿服务队、“慢病管理”志愿服务队、“课业辅导”志愿服务队、“垃圾分类”志愿服务队等。二是通过项目宣传和媒体的影响，吸纳了佳华商场、梅州小厨、中国建设银行、社区卫生服务中心等32家商铺加入爱心志愿服务，以单位形式参与志愿者服务。三是与航海学院、文船技校等15个企事业单位共建，发挥党群共建的优势，团体助力解决H街居民和社区的个性和共性需求。

2. 搭爱心联盟和平台，资源互助送关爱

学校心理健康咨询平台：一是继续推进疫情初期“红棉守护热线”的宣传，开通24小时热线为有需要的社区居民提供咨询服务。二是回应学校复学后学生出现心理预警信号的实际情况，与学校共建心理咨询室，社会工作者定期入校为有需要的学生提供心理辅导服务。

“课业辅导”与成长支持平台：社会工作者结合大学生志愿者的参与意愿以及课余时间，同时分析服务对象需求，搭建结对辅导网络，通过线上和线下的形式，辅导双职工小学阶段的子女完成课业，减轻家长教育压力；为中学生提供成长困惑指引，帮助规划个人成长方向。

情暖夕阳爱心送餐平台：周一到周五，为社区12名行动不便的困境长者提供爱心送餐服务。同时，针对辖区行动不便的困境群体，协助其外出购买物资并送货上门，扩展了其社会支持网络。

失能长者家庭喘息服务平台：培育两支志愿者队伍，为失能长者家庭提供陪伴及家务协助服务，并与社区医院签订上门护理服务合作协议，为社区失能长者免费提供上门护理服务。该平台为社区内35名失能长者家庭提供了629小时上门服务，为照顾者提供了喘息服务，舒缓了他们的照顾压力。

长者慢病管理服务平台：结合社区志愿者的需求以及困境长者健康管理的需求，组织对慢病管理感兴趣的社区退休低龄长者，链接社区医院护理站提供专业指导，由社工站培育孵化，为志愿者提供服务平台，在服务中实现自我价值，同时为长者提供健康维护、心理指导等服务，具体包括定期上门探访社区困境长者，免费为其量血压、测血糖；提供心理疏导，倾听长者的烦心事；协助居家安全宣传，联合社区医院普及健康维护的知识。

结对帮扶互助垃圾分类平台：搭建志愿服务队结对探访纯老家庭的互助

平台，开展“壹耆分”纯老家庭垃圾分类系列活动，每月定期上门探访40户纯老家庭一次，为其示范和讲解垃圾分类的知识，完善了其居家垃圾分类软硬件设施，协助其更好地参与垃圾分类的行动。依据纯老家庭在垃圾分类知识测评、家庭垃圾分类的实施情况、参与度和积极性等方面的情况，有15户纯老家庭在服务项目中被评为“垃圾分类模范家庭”。

果蔬配送进社区平台：开展“果蔬配送进社区，暖心公益齐参与”系列活动，活动通过设置“菜篮子”爱心平台搭建服务项目介绍、爱心公益齐参与、爱心助困宣传区和农产品采购区，让社区买菜不便的困境群体及社区居民，能就近便捷地购买到心仪的食品；行动不便的困境群体，也有志愿者协助送货上门；社区居民在低价买菜的同时，也参与和支持了社区的爱心公益事业——爱心企业在活动中，为社区的孤寡、低保低收的困境群体准备了50份“惠民菜礼包”，并为协助活动的志愿者赠送免费蔬菜。在活动过程中，不少长者表示很感谢社工站特别关心他们这一群体，并希望定期开展此类活动。

爱心商铺联盟：为动员爱心商铺加入困境群体帮扶网，营造关爱困境群体的良好社区氛围，社工站组织“益起助力”微心愿圆梦志愿服务队走访H街的社区商铺，宣传和倡导爱心商铺联盟平台的理念，共成功吸引了32家爱心商铺加入。搭建的爱心商铺联盟平台，主要针对社区的环卫工和困境群体：在环卫工小憩站，爱心商铺可为辖区的环卫工提供临时休息、洗手间、饮用水等爱心服务；在困境群体暖心站，爱心商铺可为辖区的困境群体提供两项服务：一是免费送货上门，如困境群体可通过现场购买或电话订购，爱心商铺协助免费送货上门；二是助力困境群体圆梦微心愿，如困境群体到店里消费可享受相应的折扣，或为有需要的困境群体认领微心愿。“我很愿意尽自己的一分心意，去帮助社区有需要的人。”爱心商家表示。经过媒体报道，也有其他爱心企业主动联系社工站，希望能加入爱心商铺联盟平台，如中国建设银行。

圆梦微心愿服务平台：定期征集困境群体的微心愿，并通过爱心商铺、企业、社区居民和志愿者，在2020年度共为困境群体圆梦“微心愿”2079个，其中，物品类的759个，服务类的1320个，在一定程度上扩展了其社会支持网络。

3. 传爱心服务与成效，营造社区关爱氛围

H街社工站定期在各个社区开展公益慈善、志愿服务、爱心服务等宣传

及成效展示，同时加大线上媒体的宣传报道，扩大影响力，号召更多的居民、团体和单位加入，随着服务的持续推进，每月都有新的个人和团体加入爱心联盟。

五、项目服务成效

（一）困境群体全覆盖，服务及时、全面获肯定

在全面覆盖民政兜底六类人员的基础上，社工站将高龄长者、临时陷入困境的居民、来穗困难居民等纳入社工站的重点服务群体，并建立花名册动态更新工作机制，对新增的服务对象及时上门探访并建立档案，根据建档的具体情况评估需求，提供相应的服务，将应急保障服务和“红棉守护”热线纳入常态化服务。针对搬离辖区居住或者在院舍集中供养的特困人员，社工定期电话联系关心慰问，通过社区居委会、院舍工作人员等了解情况，综合评估其需要，在必要的时候联动其所居住地资源共同跟进。

在此基础上，社工站充分发挥“113X”模式的优势，联合爱心企业、社区志愿者、社区医院、羊城家政、居委会和街道相关职能部门等，为困境群体搭建关爱平台，从家政、医疗保健、物资援助、政策支持、心理慰藉等方面提供全方位服务。例如促进大学生志愿者与困境青少年的互动与交流，通过结对探访的形式，建立困境青少年社交支持平台；建立爱心商铺联盟，发动社区商铺、社区志愿者为社区独居孤寡长者提供指导和免费送货上门等服务，解决独居孤寡长者在垃圾分类、外出购物等方面存在的困难；搭建“帮把手”服务支持平台，为失能长者家庭和特困家庭整合链接免费的居家清洁服务、医疗保健服务；建立“圆梦微心愿”服务平台，整合热心居民、爱心企业的资源为困境群体圆梦“微心愿”，实现物资援助的有针对性。困境群体服务得到了困境群体的肯定和各大新闻媒体的报道，从2020年7月1日至2021年6月底，社工站共收到困境群体感谢信18封，锦旗1面，困境群体服务获得“学习强国”报道1次，市《老人报》报道4次，市社会工作协会报道3次，区政府信息网报道4次。

（二）特定群体有支持，社区关爱支持氛围浓

社工站在为困境群体搭建支持网络的基础上，针对辖区的实际情况，积极回应纯老家庭垃圾分类、环卫工关爱支持、学生心理健康、长者健康管理等方面的共性需求，搭建相应的服务支持平台，从多维度联动社区各类资源

助力各项服务的开展。同时通过定期的线上线下宣传和成效展示，促进更多的居民和单位团体参与项目服务，爱心联盟队伍逐渐壮大，社区关爱支持的氛围越来越浓厚。

（三）社区培能有创新，社区资源优势充分发挥

社工站以“113X”模式为框架，在“能提升—促参与—搭平台—齐治理—享成果”服务策略的指导下，致力提升社区单位、社区社会组织和居民的参与能力，搭建社区参与服务平台。社工站志愿者队伍得到壮大，志愿服务得到了迅速发展，从2018年11月至今，新培育志愿者666人、志愿者服务队10支、社区社会组织3个、社区基金1个。根据社区的街情和社会组织、志愿者的需求，共搭建73个多样化的志愿服务平台，有效地进行了需求的对接，包括活动协助、社区探访、义演、义教、义剪、慈善宣传、医疗护理等，同时结合新冠疫情的实际情况，增加了线上志愿服务平台，如线上课业辅导、线上办公软件一对一教学等。在社工站自主搭建志愿服务平台的基础上，发挥党建引领的优势，积极联动街道相关职能部门、社区医院、航海学院、文船小学、双沙中学、蓝天幼儿园、长视科技等企事业单位合作共建，共同组织开展志愿服务和公益慈善服务，促进资源整合和实现志愿服务与居民需求的有效对接，例如在2020年的“99公益日”长视科技有针对性地认领了辖区36户困境群体的微心愿，其中接受圆梦的困境居民代表表示：“我妈妈瘫痪在床3年，家里经济条件不好，因为没有轮椅，妈妈瘫痪后就没有出过门。疫情期间社工上门探访的时候，妈妈提及希望有个轮椅出门看看社区的变化，不承想社工一直放在心上，通过本次微心愿活动，得到爱心企业的大力支持，为我们圆梦了，很感动，感谢党和政府，感谢企业，谢谢你们！”

H街社工站被广州市志愿者协会评为广州公益“时间银行”最活跃社工站（全市共10家社工站获评）；“凝聚微力量·圆梦微愿望”学生党员关爱困境长者志愿服务项目被广州市志愿者协会评为“优秀志愿服务项目”；“情暖夕阳”爱心午餐送餐志愿服务队、“线上课业辅导”志愿服务队被评为H区志愿者协会“优秀志愿团队”；多位志愿者个人分别荣获H区志愿者协会优秀党员志愿者、优秀抗疫志愿者、优秀志愿管理者、金牌志愿者、银牌志愿者、铜牌志愿者等荣誉称号。

六、专业反思

H 街爱心联动平台营造项目充分利用 H 街社工站进驻以来奠定的基础，发挥社区的资源优势，在新冠疫情背景下，及时回应居民、单位团队和社区的多元需求，寻找其中的链接点，搭建联动与互助的平台，在解决社区困难群体、特殊群体的需求方面，发挥了积极的作用，并取得较好的成效，在营造关爱互助的社区氛围方面有较大的助力。

七、督导点评

H 街社工站开展的社区爱心联动平台营造项目，让我们看到了一个优秀的社会工作团队所具有的专业的服务理念、敏锐的需求洞察力、系统的项目运作经验、强大的社会动员与资源整合能力。特别是在新冠疫情下，无论是社区兜底对象的民生保障还是普通大众的生活工作，无不受到严重的冲击，但是这个团队以此富有成效的项目服务，向我们展示了何为专业社会工作，社会工作何以为。希望社工站进一步完善这一服务平台，不断深化服务内容，始终以“领头羊”的姿态，为兜底民生保障、公益慈善、社区治理、疫情防控等工作，提供更多更好的示范。

作者简介

覃镜蓉，党员，中级社会工作师，现任广州粤穗社会工作事务所社工服务站中心主任。从事社会工作服务 12 年，擅长党建社会工作、长者服务、青少年服务。

后　记

当代中国社会工作伴随着中国共产党百年历程跨越了一个世纪的历史长河。审视当代中国社会工作的百年发展历程，可以将其分为四个历史时期，即新民主主义革命时期、社会主义革命和建设时期、改革开放和社会主义现代化建设时期、中国特色社会主义新时代。在新民主主义革命时期，社会工作主要是以社会为主体，开展百姓生存性福利活动，社会工作服务在党的领导下，坚持从群众中来到群众中去的工作方法，把建立民主政权当作社会工作的重心，实现中国人民的自由、民主、独立和统一的伟大理想。在社会主义革命和建设时期，社会工作的主要任务是促进社会和谐，推动社会资源和机会的公平合理配置，实现公平正义。改革开放和社会主义现代化建设时期，社会工作的主要任务是积极推动制度建设，社会工作专业伴随改革开放重建，在市场化改革和服务民生中扎根成长、不断发展，在促进和谐社会建设中施展才能、贡献专业力量。进入中国特色社会主义新时代，我国社会工作发展总体上呈现出从依附式嵌入、有限自主性探寻再到共享发展的宏观结构转向，展现了社会工作与国家治理演进之间的趋同。社会工作坚持以人为本，从需求出发，针对人民群众日益增长的美好生活需求，具备整合基层党建等政治优势和制度优势的能力，助推社会工作深耕于基层社会和人民大众的日常生活，从而实现真正意义上的快速发展。

百年社会工作成就与经验给了我们深刻启示，进而推动了中国社会工作的深入发展。广州粤穗社会工作事务所的社工们，与时俱进，不断创新，形成了特色的粤穗社工服务经验，细读他们的一篇篇案例，我们仿佛从中体验到广大一线社会工作者不仅仅是普通服务者，更是社会民生工程的建设者、社区抗疫的支持者、社区治理的协同者、社区居民共同富裕的促进者。正是因为有了他们的奉献精神，有他们真诚、耐心地对待每一位有需要的人，才有了社区的和谐发展。他们深入社区，深入居民家庭，关心服务对象的方方面面，及时了解社区每个居民的需求，及时为他们排忧解难。服务对象满意，是广大社会工作者最大的心愿。

2021 年，广州粤穗社会工作事务所（以下简称“粤穗”）全面贯彻落实党的十九大精神及习近平总书记系列讲话精神，在市委、市政府的正确领导下，在相关部门的大力支持下，在做好常态化疫情防控的同时，以促进机构发展为中心，全面落实责任，狠抓工作落实，不断加强党的建设，创新工作方法，拓宽工作思路，保持了良好的发展态势，各项工作取得了新的进展。

第一，党建引领，聚焦群众挂心事。粤穗社工在党建引领下，围绕孤寡老年人、残障人士、困难职工群众等群体的不同需求，以开展党史学习教育为契机，日常工作中运用社会服务聚集、聚合、聚力正能量，通过“党建 +”模式，切实把“我为群众办实事”实践活动贯穿学习教育全过程，把党史学习教育成果转化成为民办实事、解难事的实际行动，零距离解决群众“急难愁盼”问题。截至 2021 年 11 月底，粤穗党建服务 13199 人次。

第二，不忘初心勇担当，抗击疫情在一线。2021 年 5 月 21 日广州本土疫情突发以来，在街道的指导下，粤穗党支部以党建为统领，党员带头，社工们积极响应，充分发挥社会工作的专业优势，勇于担当，以投身抗疫一线的实际行动践行初心使命，为打赢疫情防控硬仗贡献社工的智慧与力量。截至 2021 年 6 月 23 日，粤穗党员与社工累计协助核酸检测 103250 人次，累计协助疫苗接种 62690 人次；同时，粤穗社工还开展了一系列社区抗疫服务，开通社工站“红棉守护热线”电话，24 小时在线为 828 名困在高风险区的企业职工和低风险社区居民提供防疫期间的必要帮助；协助企业、街道、居委会在社区摸查排查在册居民情况，核实、登记返穗人员信息，及时掌握社区困难群体的需求，为居民提供宣传教育、政策指引、居家防护等防疫知识；链接社区院校、爱心商企、公益热心人士、社区志愿者等资源为疫情防控期间有需要的居民提供帮助，多渠道、多主体共同全力以赴守护社区，最大限度地保护人民群众身体健康和生命安全，共同维护社区稳定。截至 2021 年 11 月底，粤穗疫情防控服务 148752 人次。

第三，社区服务聚焦精细化，社会工作成效凸显。粤穗本年度社会工作服务项目，均以坚持需求为导向，以优质优化服务社区居民、职工等为出发点和落脚点，不断满足社区居民、职工等群体的个性化、多元化要求，得到服务对象的一致好评。截至2021年11月底，粤穗社工总体服务近27万人次。

第四，积极开展学术交流，促进社会工作专业发展。一是开展学术研讨。本年度，粤穗与中国社会学会、中国社会工作教育协会企业社会工作专业委员会、中国劳动关系学院、广州市社会科学界联合会、广州市社会工作学会等单位，分别围绕建党100周年、社区治理、企业社会工作、社会工作人才建设等热点主题，开展多场大型学术研讨，来自全国高等院校专家学者、地方职能部门代表以及社会工作服务机构的资深社会工作者，通过线上线下形式，积极参与交流研讨，提出了具有时代性、专业性和创新性的理念，对助推新时代社会工作创新发展、基层社会治理、居民共同富裕都发挥了积极作用。二是开展社工专业普及工作。为进一步宣传社会工作在社区治理中的作用，由广州市社会科学界联合会主办，粤穗联合广州市社会工作学会承办的六期“发挥社工专业优势，助力社区治理创新”广州社工专业成长科普讲座，吸引了300余名社区志愿者、居民、一线社工参与，并获得大家的一致好评。

本书正是广州粤穗社会工作事务所一线社会工作者的集体成果。在编撰过程中，我们得到了国内高校专家和学者的精心指教和督导点评，得到了广州市社会工作学会的大力支持；中国社会出版社的领导对本书的出版给予了大力帮助，责任编辑刘云燕更是付出了辛勤的劳动，借此机会，一并表示深深的谢意！

本书作为广东省社会工作专业人才重点实训基地教材、华南理工大学—广州粤穗社会工作事务所全日制硕士专业学位研究生联合培养基地阶段性成果，在编撰过程中，我们学习并引用了许多专家和学者的科研成果，在此表示感谢。由于作者水平所限，错误和不足之处在所难免，凡有不准确、不专业和不全面之处，恳请广大读者批评指正。

谢　宇

2021年12月18日于广州